『폴 틸리히 조직신학』은 20세기 중반 서구 지성인들의 눈높이에 맞추어 기독교의 신학 체계(theological system)를 재구성한 고전적 작품이다. 경계에 선 신학자로서 틸리히는 상황의 질문에 복음으로 응답하는 변증신학의 진수를 보여준다. 특히 복음과 상황을 연결하는 틸리히의 상관관계 방법은 지난 반세기 동안 상황과 상황을 이해하는 방식이 다변화하는 가운데 다양한 상황 신학의 출현에 직간접적인 영향을 끼쳤다. 이 점에서 이 책은 현대 기독교 사상을 공부하는 모든 사람이 읽어야 할 필독서다.

김정형 | 장로회신학대학교 조직신학 교수

폴 틸리히는 우리나라에 신학책보다는 설교집으로 더 잘 알려져 있다. 청년 시절 『존재에의 용기』나 『흔들리는 터전』, 『영원한 지금』, 『새로운 존재』 등의 설교집을 읽었던 기억이 있다. 이러한 설교집은 지금까지도 출간되어 수많은 사람의 사랑을 받고 있다. 틸리히는 바르트와 같이 신정통주의 신학자로 분류되면서도 그와는 그 논조나 신학 방법론이 상당히 다른 것을 볼 수 있다. 바르트의 신학이 복음주의 신학이 맞느냐는 것에 대한 토론이 여전하지만 그럼에도 분명한 것은 "하나님의 말씀의 신학"을 바르트가 시도했다는 것은 분명하다고 할 수 있다. 그런 의미에서 보면 『폴 틸리히 조직신학』은 바르트의 『교회교의학』과는 달리 성경 인용 구절이 거의 없는 것으로 유명하다. 신학의 기본적인 출발점이 실존적인 물음이기 때문이다. 틸리히나 바르트 두 사람 모두 히틀러의 나치를 반대한 사람들이다. 그것 때문에 두 사람 모두 독일을 떠나야 했지만, 틸리히가 바르트보다 치른 대가는 더 컸다고 할 수 있다. 바르트는 여전히 독일어를 모국어로 신학 작업을 계속할 수 있었지만, 틸리히는 영어라는 새로운 언어로 신학 작업을 해야 했기 때문이다. 『폴 틸리히 조직신학』은 이전에 한 번 번역 출간된 적이 있다. 금번 새롭게 새물결플러스에서 심혈을 기울여 다시금 출간하게 되었다. 아무래도 보수적인 신학의 약점은 상황에 대한 관심의 부족이라고 할 수 있을 것이다. 그런 의미에서 격동의 시대 가운데 자신의 모국에서 추방당하여 미국 땅에서 신학 작업을 했던 틸리히가 제시하고 있는 이 시대의 진지한 물음들에 대한 존재론적 대답을 발견할 수 있기를 바라는 마음으로 이 책의 일독을 권한다.

박찬호 | 백석대학교 신학대학원 조직신학 교수

틸리히는 현재의 문화와 역사적 기독교를 중재하는 문화신학을 시도한다. 그것은 변증학적 차원을 지닌 상관관계의 신학이며, 유한한 인간의 실존이 당면한 깊은 질문을 하나님의 계시로부터 신학적으로 대답하는 체계다. 하나님은 존재 자체이시며 존재의 근거이시다. 인간의 실존은 이 존재로부터 소외되었고, 육신이 되신 로고스인 예수 그리스도는 궁극적 관심을 계시하는 새로운 존재이시다. 이를 실존주의적인 언어로 표현하는 틸리히는 철학을 포함한 문화의 어휘들을 새롭게 해석하고, 신학적 용어들도 새롭게 해석하는 방식으로 이 책에서 서론과 신론을 제시한다. 새로운 존재에 실존적 참여를 독려하는 그의 생각은 깊고 우상 파괴적이며 표현은 명료하면서도 함축적이어서 이 책의 독서에 필요한 인내만큼 얻는 유익도 황홀할 것이다.

유해무 | 고려신학대학원대학교 교의학 교수

폴 틸리히는 칼 바르트와 함께 개신교 현대신학의 새로운 문을 활짝 열었다. 그는 신과 존재의 심원한 차원을 심층적으로 해명한 가장 영향력 있는 신학자다. 『폴 틸리히 조직신학』은 진리를 상황과 연결시킨 20세기 개신교 신학의 최고 역작이다. 이 책은 복음의 합리적 증언을 목적으로 한 기독교 신학의 고전이다. 신학적 사유의 깊이와 체계적 완결성은 독자에게 깊은 울림을 선사한다. 특히 이 책은 시대의 물음에 대한 많은 대답의 실마리를 제공한다. 신의 의미를 상실한 혼돈의 시대일수록 『폴 틸리히 조직신학』은 신학의 매력과 존재의 심원한 의미를 더욱 드러낼 것이다.

전 철 | 한신대학교 신학부 조직신학 교수

"조직신학"이라고 번역되는 틸리히의 작품은 사실 "신학의 체계화"로 새기는 것이 취지에 더 적합할 수 있다. 여기서 "체계"는 긴장관계를 이루는 상황과 복음 사이의 상호관계를 작동시키기 위한 장치를 가리킨다. 말하자면, 『폴 틸리히 조직신학』은 진리의 보편타당성과 객관성이라는 근대적 기준이 우리가 살아야 하는 상황에 무관하게 군림해온 문제를 직시하고 상황에 의미 있게 구현될 진리의 가능성을 추구하려는 우리 시대를 열어준 선구적 작품이다. 아직도 초역사적 진리관이라는 강박에 지배당하는 한국교회를 향한 흔하지 않은 예언자적 사자후이니 밀도 있는 독해는 새로운 믿음의 지평을 열어줄 것이다.

정재현 | 연세대학교 연합신학대학원 종교철학 교수

『폴 틸리히 조직신학』이 새롭게 번역 출간된다는 소식을 듣게 되어 너무나 기쁘다. 틸리히에 대해 계속해서 연구하고 가르치는 본인에게 반가운 소식이 아닐 수 없다. 문화신학자로 널리 알려진 틸리히는 전 세계의 많은 신학자에게 "궁극적 관심"과 "철학적 질문과 신학적 응답"이라는 상관관계의 신학으로 널리 알려진 대단히 훌륭한 학자다. 『폴 틸리히 조직신학』이 앞으로 한국 신학이 발전하는 일에 밑바탕이 되길 소망한다. 이 책이 조직신학을 배우길 소망하는 목회자와 신학생 그리고 평신도들에게 두루 읽히길 바란다. 조직신학자로서 본인은 이 책을 적극적으로 추천한다.

최태관 | 감리교신학대학교 조직신학 교수

Systematic Theology

Volume 2

Existence and The Christ

Paul Tillich

폴 틸리히
조직신학
실존과 그리스도

2

폴 **틸리히** 지음 · **남성민** 옮김

PAUL TILLICH

SYSTEMATIC THEOLOGY
EXISTENCE AND THE CHRIST

새물결플러스

미국과 독일에 있는
나의 옛 제자들에게
이 책을 바칩니다.

머리말

많은 사람이 『폴 틸리히 조직신학 2』의 신속한 출간을 요청하고 원했지만, 사실 나는 2권의 출간이 큰 기대를 저버리지 않을까 두려웠다. 제2권이 조직신학의 나머지 세 부들을 포함하고 있기를 기대했던 분들에게 이 출간은 분명히 실망스러운 일이 될 것이다. 한동안 나도 그런 기대를 갖고 있었다. 하지만 실제로 저술을 시작하니 그런 기획은 책의 출간을 무한정 지연시키고 또 책은 감당할 수 없는 두께로 확장될 것임이 확실해졌다. 그래서 나는 조직신학의 제3부 "실존과 그리스도"를 『폴 틸리히 조직신학 2』로 출간하고 제4부 "생명과 영" 그리고 제5부 "역사와 하나님의 나라"를 뒤이어 출간하기로 출판사와 합의했다. 후속 작품이 머지 않은 미래에 나오기를 바란다.

이 책에서 논의된 문제들은 모든 기독교 신학의 핵심 주제, 즉 인간의 소외라는 개념과 기독론을 구성하고 있다. 따라서 그 문제들을 조직신학의 중심이 되는 별도의 책으로 다루는 것도 좋을 것이다. 이 책은 제1권이나 기획하고 있는 제3권보다 더 작은 책이지만, 조직신학의 다섯 부(part) 중에서 가장 많은 것을 담고 있다.

수년간의 강의로 준비한 이후 이 책의 내용은 첫 번째 해의 기포드(Gifford) 강연을 통해서 스코틀랜드 아버딘(Aberdeen) 대학교의 신학교수진에게 전달되었다. 두 번째 해의 기포드 강연은 조직신학 제4부를 다루었다. 이 강연을 준비하면서 문제들과 그 문제의 해답들을 최종적으로 정식화하는 데 큰 진전을 얻을 수 있었다. 나는 기포드 강연 주최 측이 내게 허락해준 명예와 기회에 대해서 출판물을 통해서는 처음으로 깊은 감사를 표한다. 물론 책은 일련의 강의와 다르다. 특히 저술이 더 큰 전체의 일부를 제시하는 것이라면, 많이 다를 수밖에 없을 것이다. 강연들은 비평적 퇴고를 거쳐 꽤 확장되었고 부분적으로는 다시 작성되어야 했다. 하지만 기본적인 생각들은 변하지 않았다. 두 번째 해에 했던 기포드 강연의 내용은 제3권으로 나올 것이다.

여기서 나는 제2권과 관련하여 예상되는 비판들에 대해 몇 마디 하고자 한다. 나는 내 사상의 실체에 대한 가치 있는 비평을 많이 받고 싶다. 제1권과 내 소책자들에 대한 비평을 받았던 것처럼 말이다. 그 비평에 동의하든 하지 않든 나는 그 비평이 신학자들 사이에서 그리고 각 신학자 내부에서 일어나는 지속적인 신학 토론에 공헌한다고 생각한다. 하지만 성서의 언어나 교회의 언어에서 벗어난 용어를 의식적으로 사용했다는 이유만으로 내가 기독교 메시지의 실체를 포기했다고 몰아붙이는 비판을 나는 가치 있는 비판으로 받아들일 수 없다. 그렇게 벗어나는 일이 금지된다면, 나는 우리 시대를 위해서 조직신학을 발전시키는 일이 가치 있는 일이라고 간주할 수 없을 것이다.

지금 나의 동료이며 내 친구이기도 한 존 딜렌버거에게 다시금 감사를 표한다. 그와 그의 아내 힐다(Hilda)는 협력하여 내 문체를 "영어화"하는 힘든 작업을 감당해주었고 문장을 교정해주었다. 그렇게 해주지 않았다면, 문장들은 이해하기 힘들고 모호했을 것이다. 헨리 D. 브래디 주니어(Henry D. Brady Jr.)에게 감사를 전한다. 그는 원고를 읽고서 특정한 문체의 변경을 제안해주었다. 또 나는 비서 그레이스 칼리 레너드(Grace Cali

Leonard)에게 감사를 전한다. 그는 최선을 다해서 타이핑해주었고 손으로 쓴 원고를 부분적으로 수정해주었다. 마지막으로 2권을 따로 출간할 수 있게 해준 출판사에 감사를 전한다.

이 책을 유니온 신학대학교 신학교수진에게 헌정한다. 신학대학이 1933년 독일 난민으로 왔던 나를 받아주었다는 사실, 교수진과 행정부가 내게 가르침, 저술, 무엇보다도 배움의 기회를 풍성하게 제공해주었다는 사실, 22년이 넘는 시간 동안 학문적이고 인격적인 교류를 통해서 매우 우호적으로 협조해주었다는 사실, 그뿐 아니라 이 책의 내용은 그 기간 동안 학생들 및 교수진들과 해왔던 신학적 토론의 핵심이라는 사실로 인해서 이러한 헌정은 정당화될 수 있을 것이다. 이 토론에 참여했던 사람들은 이 책의 내용들에 끼친 자신의 영향을 확인할 수 있을 것이다.

목차

서론

서론

A. 『폴 틸리히 조직신학 2』와 『폴 틸리히 조직신학 1』 그리고 조직신학 전체의 관계

조직(system)은 일관성을 요구하지만, 누군가는 이렇게 물을 수도 있다. 7년의 간격을 두고 저술된 두 권의 책이 서로 일관적일 수 있는가? 비록 특수한 문제들에 대한 해답들은 서로 다를지라도, 내용의 조직적 구조가 변하지 않았다면 두 권의 책은 일관적일 수 있다. 제기된 많은 비판과 그 사이에 발전된 새로운 생각들은 조직의 기본 구조를 변화시키지 못했다. 하지만 형식과 내용에 관련해서는 그것들이 확실히 많은 영향을 주었다. 어떤 주장에서 다른 주장을 합리적 필연성을 따라 추론해내는 수학의 조직과 같이 조직신학도 연역적인 것이라면, 사유에서 활용하는 개념의 변화로 인해 조직 전체가 손상을 입을 것이다. 하지만 신학에는 연역적 특징이 없으며 이 조직신학은 이런 위험을 분명히 피할 수 있는 방식으로 이루어졌다. 어떤 물음에 대해서 핵심적인 신학적 대답을 제시한 이후에 언제나 실존적 물음으로, 즉 신학적 대답을 다시 제시해야 하는 실존적 물음으로 되돌아간다. 새로운 물음이나 이전의 물음에 대한 새로운 대답들로 인해서 조직신학의 앞부분과 뒷부분의 통일성이 반드시 훼손되는 것은 아니다. 그것은 역동적 통일성이기 때문에 이미 전체가 정립된 이후라고 해도 새로운 통찰에 개방되어 있다.

『폴 틸리히 조직신학 2』의 제3부는 이 특징을 명확하게 보여준다. 『폴 틸리히 조직신학 1』의 제2부 "존재와 하나님"이라는 제목은 이 책에서 "실존과 그리스도"라는 제목으로 이어지지만, 존재에서 실존으로 또는 하나님에서 그리스도로 이행해야 할 필연적이거나 연역적인 논리적 단계는 존재하지 않는다. 본질에서 실존으로 이행하는 방식은 "비합리적"이다. 하나님에서 그리스도로 이행하는 방식은 "역설적"이다. 이런 용어들의 정확한 의미는 이후에 논의될 것이다. 지금 그 용어들은 이 『폴 틸리히 조직신학 2』의 개방적 특징을 확인해줄 뿐이다.

본질적 존재에서 실존적 존재로의 이행은 필연으로 이해될 수 없다. 하지만 인간의 실존적 갈등 상황을 진지한 고전 신학의 관점과 모든 철학자, 예술가, 작가의 관점으로 바라보면, 실재에는 그 이행이 포함되어 있다. 따라서 제1권에서 제2권으로의 도약에는 인간의 본질적 본성에서 그 본성의 실존적 왜곡으로의 비약이 반영되어 있다. 하지만 우리가 어떤 왜곡을 이해하고자 한다면, 우리는 본성의 왜곡되지 않은 본질적인 특징을 알아야만 한다. 따라서 제2권에서 다루어질 실존의 소외는 (그리고 생명의 모호성은) 제1권 "존재와 하나님"에서 전개된 유한성의 본성을 알아야만 이해될 수 있다. 게다가 소외와 모호성에 내포되어 있는 물음에 대한 대답을 이해하기 위해서, 우리는 유한성에 내포되어 있는 물음에 대한 대답뿐만 아니라 물음과 대답이 서로 연관되는 신학적 방법도 알아야만 한다. 이 말은 제2권을 제대로 읽기 위해서는 제1권을 제대로 읽어야 한다는 말이 아니다. 그 이유는 이미 말했듯이 조직신학의 각 부에서 제기되는 물음들은 새롭게 발전되고 그 대답들은 특별한 방식으로 그 물음들과 연관되기 때문이다. 제1권에서 논의된 생각들이 부분적으로 반복되면서 다시 정식화되기 때문에 제2권만 읽을 수도 있다.

제3부 "실존과 그리스도" 뒤에 올 『폴 틸리히 조직신학 3』의 제4부 "생명과 영"에서는 생명의 모호성에서 나타나는 본질적 유한성과 실존적 소외의 구체적 일치를 기술할 것이다. 제4부에서 주어질 대답은 신적인 영이다. 하지만 이 대답은 불완전하다. 생명이 존재하는 한 생명은 모호하게 남아 있을 것이다. 생명의 모호성에 내포되어 있는 물음은 새로운 물음, 즉 생명이 지향하는 방향에 관한 물음이 된다. 이것은 역사에 관한 물음이다. 조직신학적으로 말하자면, 미래지향적인 역사는 생명의 역동적 성질이다. 따라서 "역사의 수수께끼"는 생명에 관한 문제의 일부다. 하지만 역사에 관한 논의를 생명 일반에 관한 논의로부터 분리하고 또 최종적 대답인 "영원한 생명"을 인간의 역사적 실존에 내포되어 있는 모호성과 물음에 연결하는 것이 실천적 목적들을 위해 유용할 것이다. 이런 이유로 제3권에는 "역사와 하나님의 나라"라는 제목의 제5부를 더하게 되었다. 비록 그 내용은 생명의 범주에 속할지라도 말이다. 이런 결정은 제1부 "이성과 계시"를 기술했던 실천적 이유, 즉 조직신학적으로 말해서 제1부의 내용은 다른 부들에 속해 있다는 이유와 유사하다. 그리고 이런 결정은 이 전체 기획의 비연역적 특징을 다시금 보여준다. 이런 결정은 조직신학적 엄격함과 관련해서는 단점이 되지만 실천적 유익이 더 클 것이다.

조직신학에 비조직적 요소들이 포함되어 있기 때문에 각 부들 그리고 세 권은 모두 상호의존한다. 제2권은 제1권에 의존할 뿐만 아니라 제1권을 더 온전히 이해할 수 있게 해준다. 뒤에서만 온전히 논의될 수 있는 문제들이 앞에서 많이 예견되어 있었다. 유기적 생명의 과정과 마찬가지로 조직에도 순환적 특징이 있다. 기독교적인 생명의 순환 안에 있는 자들은 이 사실을 이해하는 데 전혀 어려움을 느끼지 않을 것이다. 이 점을 낯설게 느끼는 자들은 어느 정도는 혼란스럽게 제시된 내용들에서 비조직적 요소들을 찾아낼지도 모른다. 하지만 "비조직적"이라는 말은 비일관적이라는 말이 아니다. 그 말은 단지 비연역적임을 의미할 뿐이다. 그리고 생명은 그 모든 창조성과 다사다난함으로 인해 비연역적이다.

B. 제1권에서 제시된 대답의 재진술

1. 자연주의와 초자연주의를 넘어서

서론의 나머지 부분에서 나는 제1권의 개념들을 재진술하고 부분적으로는 재정식화할 것인데 그 개념들은 제2권에서 발전될 생각들의 기초가 될 것이다. 만약 우리가 앞서 말한 것을 간단히 언급할 수 있다면, 그렇게 할 필요가 없을 것이다. 하지만 간단히 언급할 수 없다. 그 이유는 먼저 공적·사적 토론을 통해서 제기된 물음들에 대답해야 하기 때문이다. 그 어떤 경우에도 예전에 내가 했던 생각의 실체는 변하지 않았다. 하지만 명확성, 세밀함, 강조점과 관련해서는 생각을 부적절하게 정식화했음이 증명되었다.

『폴 틸리히 조직신학 1』의 제2부 "존재와 하나님"에서 전개된 신론과 관련하여 많은 비판이 제기되었다. 하나님 관념은 모든 신학 사상의 토대이자 핵심이기 때문에 이 비판은 가장 중요하며 환영할 만한 비판이다. 많은 사람에게 걸림돌이 되었던 것은 하나님과 관련하여 "존재"라는 용어가 사용된 사실이다. 특히 다음과 같은 진술, 즉 "우리가 하나님에 관해 가장 먼저 말해야 하는 것은 하나님이 존재-자체 혹은 존재로서의 존재(being as being)다"에서 그 용어 사용이 문제가 되었다. 이 주제에 관해 직접적으로 언급하기 전에 나는 다른 용어로 내 신론의 기본 의도를 설명하고 싶다. 그 의도는 "자연주의와 초자연주의를 넘어서"라는 제목으로 더 간단히 표현될 수 있다. 자연주의와 초자연주의의 갈등을 극복하는 신 관념은 "자기-초월적" 또는 "황홀경적" 신 관념이라 불릴 수 있을 것이다. 우리는 이러한 (임시적이고 잠정적인) 단어 선택을 이해하기 위해서 "신"이라는 용어의 의미를 해석하는 세 가지 방식을 구별해야 한다. 첫 번째 방식은 하나의 존재자, 최고 존재자인 신이 다른 모든 존재자와 분리되어 그것들과 별개로 또는 그것들 위에 실존하는 방식이다. 이런 입장에 따르면 신은 어떤 순간에(오천 년 또는 오십억 년 전에) 우주를 존재케 했고, 어떤 계획을 따라서 우주를 다스리며 종말을 향해서 우주를 인도하며, 자신의 목적을 완수하고자 우주의 일상적 과정에 개입하여 저항을 극복하고 최후의 환난을 통해서 우주를 완성한다. 우리는 이런 틀 안에서 전체적인 신-인 드라마를 보게 된다. 분명히 이것은 초자연주의의 원형을 이루는 형식이지만 이 입장을 개선한 어떠한 신학적 형식보다도 이 형식은 종교 생활과 그 상징적 표현에 있어서 더 중요하다.

이 방법에 따르면 신의 무한성은 유한성 범주들을 확장한 것일 뿐이라는 논증은 이 방식에 반대하는 주요한 논증이다. 공간적 측면에서 이런 일은 자연적인 인간 세계와 별개로 존재하는 초자연적인 신적 세계를 정립하는 방식으로 일어났고 또 시간적 측면에서 신적 창조의 시작과 끝을 결정하는 방식으로 일어났다. 그리고 인과율적 측면에서 이런 일은 신을 다른 원인들과 별개로 존재하는 원인으로 상정하는 방식으로 일어났으며 또 실체적 측면에서 신에게 개별적 실체성을 부여하는 방식으로 일어났다. 이런 종류의 초자연주의에 반대하는 자연주의의 논증은 타당하며 그런 식으로 종교의 참된 관심, 즉 무한한 것의 무한성, 창조된 유한한 것의 구조적 불가침성을 제시한다. 신학은 자연주의가 행하는 초자연주의에 대한 비판을 수용해야 한다.

"신"이라는 용어의 의미를 해석하는 두 번째 방식은 신을 우주와 우주의 본질 또는 우주 안에 있는 특별한 힘들과 동일시하는 것이다. 신은 실재의 힘과 의미에 해당하는 이름이다. 신은 실재 전체와 동일하지 않다. 어떠한 신화나 철학도 그런 부조리한 주장을 하지 않는다. 신은 일치, 조화, 존재의 힘에 해당하는 상징이다. 신은 실재의 역동적이고 창조적인 중심이다. 스코투스 에리우게나나 스피노자 같은 사람들이 사용했던 **신 또는 자연**(*deus sive natura*)이라는 문구는 신과 자연이 동일하다는 말이 아니라 신이 **생산하는 자연**(*natura naturans*), 창조적 자연, 모든 자연적 대상의 창조적 근거와 동일하다는 말이다.[1] 현대 자연주의에서, 특히 자연을 유물론과 기계론을 통해 이해하는 철학적인 과학자들 사이에서 이런 주장의 종교적 성질은 거의 사라졌다. 하지만 글자 그대로의 철학에서도, 실증주의적이고 실용주의적인 철학에서도 자연 전체에 관한 그런 주장이 필요했다. 역동적 과정을 포함하도록 발전된 생명의 철학 전체 속에서 철학은 다시 자연주의라는 종교적 형식에 가까워졌다.

---

[1] 역주. 스코투스 에리우게나는 신플라톤주의적인 위계질서를 상정하고 있다. 가장 높은 곳인 신의 자리에는 "창조되지 않고 창조하는 자연"(*natura creans increata*)이 있고, 그 아래에는 "창조되었고 창조하는 자연"(*natura ceata creans*)이 있으며, 가장 아래에는 "창조되었고 창조할 수 없는 자연"(*natura nec creans*)이 있다. Johannes Hirschberger, 『서양철학사(上)』, 강성위 옮김(대구: 이문출판사, 1991), 472.

모든 형식의 자연주의에 반대하는 주요한 논증은 다음과 같다. 자연주의는 모든 유한한 것들과 유한한 것들의 무한한 근거 사이에 존재하는 무한한 거리를 부인하며 그 결과 "신"이라는 용어가 "우주"라는 용어와 교환 가능한 것이 되고, 그래서 "신"이라는 용어는 의미론적으로 잉여적인 것이 된다. 이러한 상황은 의미론적으로 자연주의가 거룩함 경험의 결정적 요소를 이해하지 못하고 있음을 보여주는데, 그 요소는 유한한 인간이라는 한쪽과 수많은 현현을 통해서 나타나는 거룩함이라는 반대쪽 사이의 거리다. 자연주의는 이것을 설명할 수 없다.

"신"의 의미에 대한 초자연주의적 해석과 자연주의적 해석에 대한 이러한 비판은 세 번째 방식을 요구하는데, 불충분하고 종교적으로 위험한 두 가지 해결책들 사이에서 요동하는 논의가 이 세 번째 방식을 통해서 풀려날 수 있기를 기대한다. 그러한 세 번째 방식은 새로운 것이 아니다.

아우구스티누스, 토마스 아퀴나스, 루터, 츠빙글리, 칼뱅, 슐라이어마허 같은 신학자들은 제한적으로나마 그 방식을 파악했다. 그 방식은 다음과 같이 주장함으로써 자연주의적 견해에 동의했다. 신이 존재하는 모든 것의 창조적 근거가 아니라면 신은 신이 아닐 것이다. 사실상 신은 존재의 무한하고 무조건적인 힘이다. 또는 가장 철저하게 추상적으로 말하자면, 신은 존재-자체다. 신은 이런 점에서 존재자들과 별개로 심지어 그 "위"에도 존재하지 않는다. 그는 존재자들이 자신에게 근접해 있는 것보다 존재자들에게 더 가까이 존재한다. 신은 지금 여기서 언제 어디서나 존재자들의 창조적 근거다.

몇몇 자연주의 형식들도 이 지점까지는 세 번째 방식을 수용할 수 있을 것이다. 하지만 이제 그 길이 갈라진다. 내가 "신"이라는 용어를 이해하기 위한 세 번째 방식에서 활용하는 "자기-초월"이나 "황홀경"이라는 용어들이 바로 이 지점에서 유의미해진다. "자기-초월"이라는 단어에는 두 가지 요소, 곧 "초월"과 "자기"가 있다. 존재의 근거인 신은 자신이 근거가 되어주고 있는 것을 무한히 초월한다. 세계가 신에게 맞서 있는 한, 신도 세계에 **맞서**(against) 있다. 그리고 신은 세계를 **향해**(for) 있음으로써 세계가 자신을 향하게끔 한다. 서로로부터 그리고 서로를 향하는 이러한 상호적 자유는 "초자연주의"(supranaturalism)의 "초"(supra)에 해당되는 고려할 만한 유일한 의미다. 우리는 신과 세계의 관계와 관련하여 오직 이런 의미로만 "초월"을 말할 수 있다. 이런 의미에서 신이 초월적이라고 말한다면 이것은 우리가 신적인 대상들로 이루어진 "위의 세계"(superworld)를 건설해야 한다는 말이 아니다. 이것은 유한한 세계가 자신으로 존재하면서도 자신 너머를 가리킴을 의미한다. 즉 그것이 자기-초월이다.

이제 "자기-초월"에서 "자기"(self)라는 단어가 필요한 이유도 이해할 수 있게 되었다. 우리가 만나는 어떤 실재는 서로 다른 차원들에서 경험되는데 그 차원들은 서로를 지시한다. 유한한 것의 유한성이 무한한 것의 무한성을 지시한다. 유한한 것은 새로운 차원의 자신에게로 돌아오기 위해서 자신을 넘어선다. 이것이 "자기-초월"의 의미다. 직접적 경험에 의한 자기-초월은 거룩한 것과의 만남, 황홀경적 특징을 가진 만남이다. "황홀경적 신 관념"이라는 말에서 "황홀경"이라는 용어는 일상적 경험을 제거하지 않으면서 일상적 경험을 초월하는 것을 가리킨다. 마음의 상태로서의 황홀경은 실재의 상태로서의 자기-초월과 정확하게 상응한다. 신 관념에 관한 그런 이해는 자연주의적이지도 않고 초자연주의적이지도 않다. 그런 이해가 이 신학 조직 전체의 기초에 놓여 있다.

이러한 신 관념에 기초하여 "신, 즉 존재하는 모든 것의 근거가 세계에 맞서 있으면서 세계를 향해 있다는 것은 무슨 의미인가?"라고 묻는다면, 우리는 유한한 자유를 통해서 자신을 표현하는 세계의 성질, 우리가 우리 자신 안에서 경험하는 그 성질을 언급해야 한다. 자연주의적 신 관념과 초자연주의적 신 관념 사이에서 이루어진 전통적 논의는 각각 "안"과 "위"라는 단어를 사용한다. 두 단어 모두 공간 영역에서 가져온 것이기 때문에 신과 세계의 참된 관계를 표현할 수 없다. 분명히 신과 세계의 관계는 공간적이지 않다. 자기-초월적 신 관념은 공간적 심상을 적어도 신학 사상에서만큼은 유한한 자유라는 개념으로 대체한다. 신적 초월은 자기 존재의 창조적 근거와 이루는 본질적 일치에서 벗어날 수 있는 피조물의 자유와 동일하다. 그런 자유는 피조물의 두 가지 성질을 전제한다. 첫째는 피조물이 신적 근거로부터 실체적으로 독립해 있다는 성질이고, 둘째는 피조물이 신적 근거와 여전히 실체적으로 일치된 채 남아 있는 성질이다. 두 번째 일치가 없으면 피조물에게는 존재의 힘이 없을 것이다. 바로 그것이 유한한 자유가 가진 성질인데 이 성질 때문에 범신론은 불가능하며 세계와 별개로 존재하는 최상의 존재자 개념도 불가능해진다. 비록 그 존재자와 세계의 관계가 이신론적 용어나 유신론적 용어로 묘사된다고 하더라도 말이다.

자기-초월적 신 관념이 (기독론 문제에 결정적인) 계시와 기적 같은 개념들에 끼친 영향의 결과는 제1부 "이성과 계시"에서 충분히 전개되었다. 이것들을 다시 진술할 필요는 없겠지만, 이것들은 신과 세계의 관계에 대해서 황홀경적 해석이 가진 지대한 의의를 보여주고 있다.

하지만 제1권이 나온 이후 종교에 대한 철학적 관심을 두드러지게 받은 한 가지 문제가 있다. 그것은 상징을 통한 하나님 인식의 문제다. 만약 존재의 근거인 신이 존재하는 모든 것을 무한하게 초월한다면, 두 가지 결과가 뒤따르게 된다. 첫째, 우리가 유한한 사물에 관해 무엇을 알든지, 우리는 신에 관해 아는 것이다. 왜냐하면 유한한 사물은 자신의 근거인 신에 뿌리를 두고 있기 때문이다. 둘째, 우리가 유한한 사물에 관해 알고 있는 그 무엇도 신에게 적용될 수 없다. 왜냐하면 앞서도 말했듯이 신은 "전적으로 다르고" 이렇게 말할 수 있다면, 그는 "황홀경적으로 초월해" 있기 때문이다. 이런 상반된 두 결과를 일치시킨 것이 유비적 신 인식 또는 상징적 신 인식이다. 종교적 상징은 신을 말할 때 일상 경험의 자료들을 활용한다. 하지만 그것은 사용되는 자료의 일상적 의미가 긍정되기도 하고 부정되기도 하는 방식으로 활용한다. 모든 종교적 상징은 그 자체의 문자적 의미는 부정하지만, 그 자체의 자기-초월적 의미는 긍정한다. 상징은 자신과 아무런 본연의 관계도 없는 어떤 것을 지시하는 기호가 아니다. 상징은 참여를 통해서 상징되는 것의 힘과 의미를 나타낸다. 상징은 상징되는 실재에 참여한다. 따라서 우리는 결코 "단지 상징일 뿐"(only a symbol)이라고 말해서는 안 된다. 이 말은 상징과 기호를 혼동한 것이다. 따라서 다음과 같은 사실이 뒤따라 나온다. 신의 성질, 행위, 현현 등 종교가 신에 관해 말하는 모든 것에는 상징적 특징이 있으며, 만약 누군가가 상징 언어를 문자적으로 받아들인다면 "신"의 의미를 완전히 놓쳐버릴 것이다.[2]

그러나 이런 진술 이후에는 다음과 같은 물음이 제기된다(그리고 공적 논의에서는 제기되었다). 신에 관해서 상징적이지 않은 주장을 해야 하는 지

---

2   역주. 예를 들어 칼뱅은 하나님의 "후회하심"을 문자적 의미가 아닌 비유적 의미로 받아들여야 함을 역설하면서 다음과 같이 말한다. "우리가 연약하여 하나님의 그 높으신 상태에까지 도저히 미치지 못하기 때문에 우리에게 하나님을 묘사할 때에는 우리의 역량에 맞추어 묘사함으로써 우리로 하여금 이해할 수 있도록 할 수밖에 없기 때문이다. 그런데 그렇게 우리에게 맞추어 표현할 때에, 하나님께서는 그 자신의 본연의 모습 그대로가 아니라 우리에게 비쳐지는 모습대로 자신을 표현하는 방법을 사용하시는 것이다." 칼뱅, 『기독교강요(상)』, 원광연 옮김(서울: 크리스챤다이제스트, 2003), 1.17.13.

점이 있는가? 그런 지점이 있다. 그 지점은 우리가 신에 관해 말하는 모든 것이 상징적이라는 진술이다. 그 진술은 그 자체로는 상징적이지 않은 신에 관한 주장이다. 그렇지 않다면 우리는 순환논증에 빠져버릴 것이다. 반대로 만약 우리가 신에 관해 **한 가지** 상징적이지 않은 주장을 한다면, 신의 황홀경적·초월적 특징은 위협받는 것처럼 보일 것이다. 이런 변증법적 난점은 신적인 존재의 근거와 관련된 인간의 상황을 반영하고 있다. 인간이 현실적으로는 무한에서 분리되어 있으면서도 잠재적으로는 무한에 참여하고 있지 않다면, 인간은 무한을 깨달을 수 없다. 이 사실은 궁극적 관심의 상태, 인간의 보편적 상태로 표현된다. 비록 그 관심의 내용이 어떤 것일지라도 말이다. 이것이 우리가 신에 관해 상징적이지 않은 형식으로 말하지 않지만 신을 요청하는 형식으로 말하는 지점이다. 하지만 우리가 이 지점의 특징을 기술하는 순간 또는 우리가 요청하는 것을 정식화하려는 순간 상징적 요소와 비상징적 요소의 결합이 발생한다. 만약 우리가 신을 무한 또는 한정되지 않음 혹은 존재-자체라고 말한다면, 우리는 합리적인 동시에 황홀경적으로 말하는 것이다. 이런 용어들은 상징적인 것과 비상징적인 것이 일치하는 경계선을 정확하게 지시한다. 이 지점에 이르기까지 모든 진술은 (종교적 상징이라는 의미로) 비상징적이다. 이 지점을 넘어서면 모든 진술은 (종교적 상징이라는 의미로) 상징적이다. 이 지점 자체는 비상징적이기도 하고 상징적이기도 하다. 이러한 변증법적 상황은 개념을 통해 인간의 실존적 상황을 표현해준다. 그것은 인간의 종교적 실존의 조건과 계시를 수용할 수 있는 인간적 능력의 조건이다. 그것은 자연주의와 초자연주의를 넘어선 자기-초월적 신 관념 또는 황홀경적 신 관념이 가진 또 다른 측면이다.

2. 조직신학에서 존재 개념의 사용

하나님을 존재-자체로 정의하면서 신론이 시작되었을 때 존재라는 철학적 개념이 조직신학에 도입되었다. 이것은 기독교 신학의 가장 초기에 이루어졌던 일이고 기독교 사상사 전체에서 지속되었던 일이다. 존재 개념은 현 조직신학의 세 가지 지점에서 나타난다. 우선 하나님을 존재로서의 존재 혹은 존재의 근거와 힘이라고 부르는 신론에서 나타나고, 두 번째로는 인간의 본질적 존재와 실존적 존재를 구별하는 인간론에서 나타난다. 그리고 마지막으로는 그리스도를 새로운 존재의 현현, 즉 신적인 영의 사역에 의한 새로운 존재의 현실화라고 부르는 기독론에서 나타난다.

고전 신학이 항상 "존재"라는 개념을 사용해왔다는 사실에도 불구하고 이 용어는 유명론 철학과 인격주의 신학의 관점에서 비판받았다. 그 개념이 조직신학에서 담당하는 두드러진 역할을 고려해보면, 비판에 대해 응답하는 것과 그 용어가 적용되는 서로 다른 방식을 규명하는 것은 필수적인 일일 것이다.

유명론자들과 현대에 이르는 실증주의의 후계자들은 존재 개념이 할 수 있는 한 최고의 추상을 나타낸다는 가정에 근거하여 존재 개념을 비판한다. 존재 개념은 보편성이라는 면과 추상의 등급이라는 면에서 모든 유들(genera)이 종속되어 있는 어떤 유(genus)로 이해된다. 만약 유명론이 이런 방식으로 존재 개념에 도달한다면, 유명론은 다른 모든 보편자를 해석하는 것처럼 존재를 해석할 수 있을 것이다. 즉 개별자들을 가리키는 의사소통적 명칭이기는 하지만 자체적으로는 어떠한 실재성도 갖고 있지 않은 명칭으로 존재를 해석할 수 있을 것이다. 완전하게 개별적인 것, 지금 여기에 있는 것만이 실재성을 가진다. 보편자는 어떠한 존재의 힘도 갖지 못한 의사소통의 수단일 뿐이다. 따라서 그러한 존재는 어떠한 실재도 지시하지 않는다. 만약 신이 실존한다면, 신은 개별자(a particular)로서 실존하는 것이며 모든 존재자들 중에서 가장 개체적인 존재자(the most individual)라고 불릴 수 있을 것이다.

우리는 이 논증에 대해서 존재 개념에는 유명론이 부여하는 그런 특징이 없다고 대답할 수 있을 것이다. 비록 존재 개념이 철저한 추상 능력을 요구한다고 하더라도 그것은 최고로 추상화된 개념이 아니다. 그것은 비존재를 능가하는 존재 경험을 표현한다. 따라서 그것은 비존재에 저항하는 존재의 힘이라고 기술될 수 있다. 이런 이유로 중세 철학자들은 존재를 보편적인 것과 개별적인 것을 넘어서는 기본적인 **초월**(transcendentale)이라고 불렀다. 고대 그리스의 파르메니데스와 인도의 상카라(Shankara)[3] 같은 사람들은 존재라는 명칭을 이런 의미로 이해했다. 하이데거와 마르셀 같은 현대의 실존주의자들은 이런 의미의 존재가 가진 의의를 재발견했다. 이러한 존재 관념은 유명론과 실재론의 갈등 너머에 있다. 그 단어는 추상적으로 수용될 경우 모든 개념 중에서 가장 공허한 개념이 될 수도 있지만, 존재하는 모든 것 안에 있는 존재의 힘으로 이해될 경우 모든 개념들 중에서 가장 유의미한 개념이 된다.

어떤 철학도 존재의 힘이라는 존재 개념을 숨길 수 없다. 그것은 전제들과 환원주의적인 정식들에서 은폐될 수도 있지만, 그럼에도 철학을 하기 위한 기본 개념으로 자리 잡고 있다. 왜냐하면 "존재"는 사유의 내용, 신비, 영원한 **아포리아**(aporia)로 남아 있기 때문이다. 어떤 신학도 존재의

---

3   역주. 상카라는 800년경에 생존했던 인물로서 우파니샤드 사상의 융성기를 이끌며 인도 베단타 학파의 창시자가 되었다. 상카라의 사상에 관해서는 Hans Joachim Störig, 『세계철학사』, 박민수 옮김(서울: 이룸, 2008), 111-14을 참조하라.

힘이라는 존재 개념을 숨길 수 없다. 우리는 그것들을 분리할 수 없다. 우리가 하나님은 **존재한다** 또는 하나님은 존재를 가진다고 말하는 순간 하나님과 존재의 관계를 어떻게 이해해야 하는가라는 물음이 제기된다.[4] 가능한 대답은 이것밖에 없는 것 같다. 하나님은 존재의 힘, 비존재를 정복하는 힘이라는 의미로 존재 자체다.

인간의 거룩함 경험을 신들의 인격적인 모습으로 표현하고 살아 있는 경건 속에서 나타나는 인간과 하나님의 인격 대 인격의 관계로 표현하는 신학은 이런 인격주의에 근거하여 존재 개념 사용에 반대한다. 이런 인격주의는 성서 종교에서 가장 많이 선언되었다. 그것은 수많은 아시아 종교와 기독교 신비주의와는 달리 존재 물음을 묻지 않았다. 이 문제를 더 폭넓게 논의하기 위해서 나는 『성서 종교와 궁극적 실재 탐구』(*Biblical Religion and the Search for Ultimate Reality*, Chicago: University of Chicago Press, 1955)라는 내 소책자를 언급하고자 한다.[5] 성서 인격주의와 철학적 존재론을 아무런 타협 없이 철저히 대조하며 설명했다. 그리고 성서 안에서는 어떠한 존재론적 탐구도 찾을 수 없다고 강조했다. 동시에 존재론적 물음이 필수적이라는 사실도 진지하게 고찰했다. 성서 종교에는 존재론적 사상이 없다. 하지만 성서 종교에는 존재론적 함의를 갖고 있지 않은 상징, 신학적 개념도 없다. 하나님의 존재에 관한 물음, 인간의 본질적 존재와 실존적

---

4   역주. Tillich에 따르면, "신"(*Deus*)과 "존재"(*esse*)의 연결 방식으로 아우구스티누스적 방식과 토마스 아퀴나스적 방식이 있는데 이 두 가지 방식의 대결을 통해서 서구의 종교 의식이 전개되어왔다. Tillich는 이 대결을 통해서 종교 의식이 상실되어가는 현대적 상황에 반전을 일으키고자 하는데, 그의 입장은 아퀴나스보다는 아우구스티누스의 방식에 더 근접해 있다. Paul Tillich, "종교철학의 두 유형", 『문화의 신학』, 남성민 옮김(서울: IVP, 2018), 25-47을 참조하라.

5   역주. Paul Tillich, 『성서 종교와 궁극적 실재 탐구』, 남성민 옮김(서울: 비아, 2021)을 참조하라.

존재의 분리에 관한 물음, 그리스도에게서 나타난 새로운 존재에 관한 물음을 묻는 탐구심을 막는 것은 오직 인공적 장벽일 뿐이다.

어떤 사람들은 "존재"라는 단어가 비인격적으로 들린다는 사실에 관심을 기울인다. 하지만 초인격(suprapersonal)은 비인격(impersonal)이 아니다.[6] 그리고 나는 종교 언어가 보여주는 인격주의적 상징을 초월하기를 두려워하는 자들에게 잠시라도 머리카락을 세는 것에 관한 예수의 말씀을 생각해보라고 말하고 싶다.[7] 그리고 할 수 있다면, 우주를 구축하고 있는 원자와 전자도 덧붙이고 싶다. 스피노자의 조직 전체에도 존재론이 현실적으로 존재하듯이 그런 진술에도 존재론이 잠재적으로라도 존재한다. 잠재적 존재론을 현실적 존재론으로 변형하는 것, 물론 신학적 순환 안에서 변형하는 것을 금지하게 되면 신학은 성서 구절을 반복하고 체계화하는 일로 격하된다. 또 그리스도를 "유일한 로고스"(the Logos)라고 부를 수도 없게 된다.

내 책 『존재의 용기』(*The Courage to be*, New Haven: Yale University Press, 1952)의 마지막 장에서 나는 유신론적 하나님 위의 하나님(the God above the God of theism)에 관해 기술했다.[8] 이것이 범신론적 특징 또는 신비주의

---

6   역주. Tillich는 아인슈타인의 종교 논의에 대해 평가하면서 비인격적인 사물과 인격 그리고 초인격의 관계에 말해 논한 바 있다. 초인격적인 신은 인격인 인간에게 인격으로 나타나야만 하기 때문에 종교에서 인격적 신이라는 상징은 필요불가결하다. Paul Tillich, 『문화의 신학』, 남성민 옮김(서울: IVP, 2018), 166.

7   역주. 마 10:30, 눅 12:7.

8   역주. "유신론의 신 위에 있는 신은 비록 은폐되어 있을지라도, 모든 신-인의 만남에 현존해 있다. 개신교 신학뿐만 아니라 성서 종교도 이런 만남의 역설적 특징을 알고 있다. 만약 신이 인간을 만난다면, 신은 대상도 아니고 주체도 아니며 따라서 신은 유신론이 신에게 강요하는 구도 위에 있다는 것을 개신교 신학뿐만 아니라 성서 종교도 알고 있다"(일부 수정-역자). Paul Tillich, 『존재의 용기』, 차성구 옮김(서울: 예영커뮤니케이션, 2006), 223.

적 특징을 보여주는 교의학적 진술로 오해받았다. 그것은 교의학적 진술이 아니라 변증적 진술이다. 그것은 많은 사람이 경험하는 철저한 의심을 진지하게 받아들인다. 그것은 극히 철저한 의심의 상태에서도 자기-긍정의 용기를 제공한다. 그런 상태에서는 종교적이고 신학적인 언어로 말해지는 신은 사라진다. 하지만 남는 것이 있는데, 그것은 의심의 진지함이다. 그 진지한 의심은 무의미 안에 있는 의미를 긍정한다. 무의미 안에 있는 의미, 의심 안에 있는 확실성을 이렇게 긍정할 수 있는 원천은 전통적 유신론의 하나님이 아니라 "하나님 위의 하나님", 곧 존재의 힘이다. 존재의 힘은 그 힘에 해당하는 이름을 갖고 있지 않은 자들을 통해서 일한다. 심지어 신도 그 힘에 해당하는 이름이 아니다. 이것은 허무한 상황에 처하여 메시지를 요청하는 자들에게 그리고 존재의 용기가 끝나는 순간 메시지를 요청하는 자들에게 주어지는 대답이다. 하지만 그런 극단적인 지점은 우리가 살아갈 수 있는 공간이 아니다. 극단적 상황의 변증법은 진리의 기준이기는 하지만 진리의 구조 전체가 세워질 수 있는 기초는 아니다.

3. 실존적 물음과 신학적 대답의 독립성과 상호의존성

이 신학 조직에서 사용하고 있으며 『폴 틸리히 조직신학 1』 서론에서 묘사했던 방법은 "상관관계의 방법", 즉 실존적 물음과 신학적 대답을 연결하는 방법이다. "상관관계"라는 용어는 학문 언어 속에서 몇 가지 의미를 갖고 있는데 "두 가지 독립적 요인들의 상호의존"으로 이해된다.[9] 그것은

---

9   역주. 예를 들어 현상학에서 노에시스와 노에마의 관계는 영향을 주고받는 상관관계로 설명된다.

인과율적 관계가 없는 요소들(elements)의 양적·질적 공동작용이라는 논리적인 의미가 아니라 두 요인의 의존성과 독립성의 통일로서 이해된다. 이런 종류의 관계가 논의의 대상이 되었기 때문에 나는 상관관계의 방법에 나오는 실존적 물음과 신학적 대답의 독립성과 상호의존성에 관하여 몇 가지 해명을 제시하고자 한다.

이 방법 속에서 물음과 대답은 서로 독립적인데, 물음으로부터 대답을 이끌어내는 것과 대답으로부터 물음을 이끌어내는 것이 불가능하기 때문이다. 실존적 물음, 즉 실존적 상황의 갈등에 처해 있는 인간은 신학이 정식화하는 계시적 대답의 원천이 아니다. 우리는 인간의 곤경에 대한 분석에서 신적 자기-현현을 이끌어낼 수 없다. 하나님은 인간의 상황을 향해서, 이에 맞서서, 이를 위해서 말씀하신다. 예를 들어 현대 신정통주의 신학이 제시하는 것과 같은 신학적 초자연주의는 인간이 자신의 힘으로 하나님께 도달할 수 없음을 주장한다는 점에서 옳다. 인간은 물음이지 대답이 아니다. 계시적 대답에서 인간 실존에 내포되어 있는 물음을 이끌어내는 것 또한 잘못이다. 계시적 대답이 대답으로 받아들여지는 물음이 없다면 계시적 대답도 무의미하기 때문에, 이것은 불가능하다. 인간은 자신이 묻지도 않은 물음에 대한 대답을 받아들일 수 없다. (이것은 종교 교육의 중요한 원리이기도 하다.) 그런 대답은 그에게 어리석은 것일 뿐이며 그 대답은 계시적 경험이 아니라—많은 설교가 그러하듯이—단어들의 이해 가능한 조합일 뿐이다. 인간이 묻는 물음은 인간 자신이다. 인간은 음성으로든 아니든 물음을 묻는다. 인간이 물을 수밖에 없는 이유는 인간 존재가 인간 실존에 관한 물음이기 때문이다. 그 물음을 물을 때 인간은 단독자다. 인간은 "깊은 곳에서"(out of the depth) 나오는 물음을 묻는데, 이 깊이

가 인간 자체다.[10]

자연주의는 실존적 물음이라는 인간적 특징을 주장한다는 점에서 참이다. 인간으로서의 인간은 하나님 물음을 알고 있다. 인간은 하나님으로부터 소외되어 있지만 분리되어 있지는 않다. 소위 전통적인 "자연신학"이 제한적으로 권리를 주장하는 토대가 이것이다. 자연신학은 인간 상황의 분석과 그 분석에 내포되어 있는 하나님 물음을 제공하는 정도까지 유의미했다. 전통적인 신 실존 논증들은 한쪽에서 보통 유한한 인간 상황의 의존적·순간적·관계적 본성을 설명하는 일을 한다. 하지만 자연신학은 이 논증들을 다른 쪽으로 발전시키면서 인간의 유한성 분석으로부터 신학적 주장들을 이끌어내고자 했다. 하지만 이것은 불가능한 일이다. 신의 실존을 논증한 어떠한 결론도 타당하지 않다. 그 논증들은 분석하여 묻는 것까지는 타당하지만 이를 넘어서면 타당하지 않다. 왜냐하면 하나님은 오직 하나님을 통해서만 현현하기 때문이다. 실존적 물음과 신학적 대답은 서로 독립적이다. 이것이 상관관계의 방법에 내포된 첫 번째 진술이다.

더 중요한 두 번째 문제는 물음과 대답의 상호의존성에 관한 것이다. 상관관계는 물음과 대답이 어떤 면에서는 독립적이지만 다른 면에서는 의존적임을 의미한다. 계시신학이라는 상부구조에 미치는 자연신학이라는 하부구조의 영향력과 그 반대방향의 영향력이 논의될 때마다 고전신학에서 (개신교 정통주의뿐만 아니라 스콜라주의에서도) 이 문제는 언제나 존재

---

10   역주. 시 130:1. Tillich는 시 130:1, 고전 2:10을 본문으로 한 "실존의 깊이"라는 설교에서 이렇게 말한다. "무너지는 표면 밑으로 더 깊은 수준이 나타나면 그들은 존재한다고 믿어왔던 것이 잘못이었음을 알게 된다. 또 훨씬 더 깊은 수준이 드러나면 그 더 깊은 수준은 표면이 되어버린다. 이런 일은 살아 있는 동안 그들이 자신의 깊이를 향해 계속해서 내려가는 동안 반복적으로 일어난다." Paul Tillch, "The Depth of Existence," *The Shaking of the Foundations* (Harmondworth, Middlesex: Penguin Books, 1962), 63.

했다. 슐라이어마허 이후 종교철학이 조직신학의 입구로 활용될 때마다, 그리고 그 문에 의해 집이 또 집에 의해 문이 얼마나 결정되는가라는 문제가 제기될 때마다 이 문제는 늘 존재했다. 심지어 형이상학에 반대하는 리츨주의자들도 필수적인 이 문제를 벗어날 수 없었다. 그래서 모든 자연신학에 반대하고 심지어 하나님 물음을 묻는 인간의 능력조차도 반대하는 칼 바르트의 유명한 "아니요"는 결국 자기 기만일 뿐이다. 계시를 말할 때 인간의 언어가 사용된다는 사실이 이를 잘 보여준다.[11]

실존적 물음과 신학적 대답의 상호의존성 문제는 서론에서 "신학적 순환"이라고 불렸던 것 안에서만 해결될 수 있다. 신학자 자신은 궁극적 관심의 구체적 표현, 종교적으로 말하자면 특별한 계시적 경험의 구체적 표현에 헌신한다. 기독교가 그리스도로서의 예수를 유일한 로고스(the Logos)로 진술했던 것처럼 신학자는 이 구체적 경험에 기초하여 자신의 보편성을 주장한다. 이 순환은 (기하학적 원이 아닌) 타원으로 이해될 수 있고 실존적 물음과 신학적 대답이라는 두 개의 초점에 의해서 묘사될 수 있다. 두 가지는 모두 종교적 헌신이라는 분야 속에 있지만 동일하지는 않다. 실존적 물음의 자료는 인간의 경험 전체에서 그리고 경험의 다양한 표현 방식에서 나온다. 이 자료는 과거와 현재, 대중적 언어와 위대한 문학, 예술과 철학, 과학과 심리학 등과 연관되어 있다. 이 자료는 신화와 예전, 종교 전통, 현재의 경험 등과 관련이 있다. 이 모든 것이 인간의 실존적 곤경을 반영하는 한 그것들은 실존적 물음의 정식화를 위한 자료가 된다. 물음의

---

11   역주. Barth는 다음과 같이 말한다. "자연신학이란 긍정적이든 부정적이든 신성한 계시를 이해하기 위해 신학적이라고 일컫는 모든 체계적 진술이다. 그러나 그 주제가 예수 그리스도 안의 계시와는 근본적으로 달라서 그 방법 역시 성서의 계시와는 다르다." Karl Barth, 『자연신학』, 김동건 옮김(서울: 한국장로교출판사, 2001), 85.

정식화뿐만 아니라 자료의 선택도 조직신학자의 과제다.

신학자는 그런 일을 하기 위해서 인간의 곤경에 — 늘 그렇게 하고 있듯이 — 현실적으로 참여할 뿐만 아니라 의식적으로 일치시키면서 참여해야 한다. 그는 자신의 것이기도 한 인간의 유한성에 참여할 뿐만 아니라 "영원"이라는 계시적 대답을 결코 받지 않은 것처럼 인간의 불안에 참여해야 한다. 그는 자신의 것이기도 한 인간의 소외에 참여할 뿐만 아니라 "용서"라는 계시적 대답을 결코 받지 않은 것처럼 죄책의 불안을 보여주어야 한다. 그는 자신이 발언하는 신학적 대답에 안주하지 않는다. 신학자는 자신의 온 존재를 다하여 물음의 상황, 즉 인간의 곤경에 참여하는 경우에만 확신하는 대답을 제시할 수 있다. 상관관계 방법은 이러한 요구사항들로 인해서 자기 수중에 계시적 대답을 갖고 있다는 신학자의 오만한 주장을 방지할 수 있다. 신학자는 대답하면서 그런 오만한 주장과 투쟁해야 한다.

실존적 물음의 자료가 인간의 곤경을 표현하지만, 조직 전체와 조직 전체를 통해서 제시되는 대답은 물음의 형식을 결정한다. 인간의 유한성에 내포되어 있는 물음은 영원한 것이라는 대답을 지향한다. 인간 소외에 내포되어 있는 물음은 용서라는 대답에 정향되어 있다. 물음의 정향성(directedness)은 물음에서 진지함을 제거하지 않고 물음에 신학 조직 전체를 결정하는 형식을 덧입힌다. 여기서 실존적 물음과 신학적 대답의 상관관계가 발생한다.

상관관계의 다른 측면은 신학적 대답에 끼치는 실존적 물음의 영향력이다. 대답이 물음으로부터 나올 수 없다는 사실과 대답의 실체, 즉 계시적 경험이 물음으로부터 독립되어 있다는 사실은 다시금 확실하게 언급되어야 한다. 하지만 신학적 대답의 형식은 실존적 물음의 형식으로부터 독립되어 있지 **않다**. 만약 인간 소외에 내포되어 있는 물음에 대한 대답으로 "그리스도"를 제시하고자 한다면, 신학은 유대 율법주의의 실존적 갈등, 고대 그리스 회의주의의 실존적 절망, 20세기 문학, 예술, 심리학에서 표현된 허무주의의 위협 등과 맺는 관계에 따라서 대답을 다른 방식으로 제시해야 한다. 그렇지만 물음이 대답을 창조하는 것은 아니다. 대답, 즉 "그리스도"는 인간에 의해 창조될 수 없다. 인간은 그 대답을 수용하고 자신이 대답을 요청하는 방식에 따라서 그 대답을 표현할 수 있을 뿐이다.

상관관계 방법은 왜곡으로부터 안전하지 않다. 그 어떤 신학 방법도 안전하지 않다. 실존적 곤경의 진지함이 상실될 정도로 대답이 물음에 편견을 심을 수 있다. 혹은 대답의 계시적 특징이 상실될 정도로 물음이 대답에 편견을 심을 수 있다. 어떠한 방법도 그런 실패를 막는 보장책이 될 수 없다. 인간의 마음이 행하는 모든 일처럼 신학도 모호하다. 하지만 이것은 신학에 반대하는 또는 상관관계의 방법에 반대하는 논증이 아니다. 상관관계의 방법은 신학만큼 오래된 방법이다. 따라서 우리는 새로운 방법을 발명한 것이 아니라 신학에 이미 내포되어 있던 방법, 즉 변증신학의 방법을 제시했던 것뿐이다.

제3부

실존과 그리스도

Ⅰ. 실존과 그리스도 요청

A. 실존과 실존주의

1. 실존의 어원

오늘날 "실존", "실존적", "실존주의" 같은 용어들을 사용하는 사람은 누구나 자신이 그런 용어를 사용하는 방식과 이유를 보여주어야 할 의무가 있다. 그는 이런 단어들이 젊어지고 있는, 어느 정도는 피할 수 있고 어느 정도는 불가피한 많은 모호성을 알고 있어야 한다. 게다가 그는 이런 단어들이 과거와 현재의 어떤 경향과 작업에 적용되고 있는지 보여주어야만 한다. 이 단어들의 의미를 규명하고자 하는 시도는 대단히 다양하게 이루어졌다. 그런데 그런 시도 중 어느 것도 최종적 성공을 거두었다고 생각되지 않는다. 실존과 그리스도의 상관관계를 핵심 주제로 삼고자 하는 신학은 "실존"이라는 용어를 사용하는 정당성을 밝혀야 하며 그 단어의 철학적·역사적 파생어를 제시해야 한다.

　남용되고 있는 단어의 의미를 확정하는 방법 중 하나는 어원학적 방법, 즉 그 단어의 근원적 의미로 거슬러 올라가 그 근원에서 새로운 의미를 획득하는 방법이다. 이런 방법은 사상사의 모든 시대에 수행되어왔으며 그 전 과정에 반대하는 반작용이 일어날 정도로 어떤 학자들은 그 방법을 과장하고 있다. 오늘날의 유명론자는 옛 유명론자와 같이 단어를 관습적 기호, 특수한 시간 특수한 집단에서 사용되는 방식을 벗어나면 아무런 의미도 없는 기호로 간주한다. 이런 태도로 인해서 어떤 단어들은 예외 없이 상실되었고 또 다른 단어로 교체되어야만 했다. 그렇지만 유명론적 전제, 즉 단어는 **단지** 관습적 기호일 뿐이라는 전제는 거부되어야 한다. 단어는 인간의 사고와 실재가 만난 결과다. 그러므로 단어는 기호일 뿐만 아니라 상징이기도 하며, 따라서 관습적 기호가 교체되는 경우처럼 다른 단어로 교체될 수 있는 것이 아니다. 따라서 우리는 단어를 구출해낼 수 있다. 이런 가능성이 없었다면, 새로운 언어가 종교와 인문학의 영역에서 지속적으로 발명되어야만 했을 것이다. 신학의 중요한 과제 중 하나는 고전적 용어를 만들어낸 사고와 실재의 근원적 만남을 살펴봄으로써 그 용어들의 참된 힘을 다시 회복시키는 것이다.

"실존하다"(exist), 곧 **엑시스테레**(existere)라는 라틴어의 근원적 의미는 "나와 있다"(stand out)이다. 곧바로 우리는 묻게 된다. "무엇으로부터 나와 있는가?" 한편, 영어에는 "두드러진"(outstanding)이라는 단어가 있는데 이것은 평균적인 사물들이나 사람들로부터 나와 있음, 힘과 가치로 보았을 때 다른 것들보다 두드러짐을 의미한다. 다른 한편, **엑시스테레**의 의미에서 "나와 있음"은 실존이 모든 사물 ─ 두드러진 것과 평균적인 것 ─ 의 공통적 특질임을 의미한다. "무엇으로부터 우리는 나와 있는가?"라는 물음에 대한 일반적 대답은 "우리는 비존재로부터 나와 있다"는 것이다. "무엇이 실존한다"는 말은 그것이 존재를 갖고 있으며 무성(nothingness)으로부터 나와 있음을 의미한다. 하지만 우리는 고대 그리스 철학자들로부터 비존재를 두 가지 방식으로, 즉 **우크 온**(*ouk on*, 절대적 비존재)과 **메 온**(*me on*, 상대적 비존재)으로 이해할 수 있음을 배웠다. (그들은 그리스어의 명료함과 민감성을 통해 그것을 배웠다.) 실존함, "나와 있음"은 그 두 가지 비존재 모두와 관련 있다. 만약 우리가 어떤 것이 실존한다고 말한다면, 우리는 그것을 직접적으로나 간접적으로 실재 전체 안에서 발견할 수 있다고 주장하는 것이다. 그것은 절대적 비존재라는 공허로부터 나와 있다. 하지만 "나와 있음"이라는 은유는 논리적으로 "안에 있음"(stand in) 같은 어떤 것을 내포한다. 어떤 면에서 안에 있는 것만이 나와 있을 수 있다. 두드러진 사람은 자신이 안에 있었고 부분적으로는 여전히 그 안에 있으면서도 평균보다 위로 올라와 있는 사람이다. 만약 "실존하는 모든 것은 절대적인 비존재로부터 나와 있다"고 말한다면, 우리는 그것이 존재와 비존재 양쪽 안에 있다고 말하는 것이다. 실존하는 것은 비존재로부터 완전히 나와 있지 않다. (제1권의) 유한성에 관한 부분에서 이미 말했듯이 실존하는 것은 유한한 것, 즉 존재와 비존재의 혼합이다. 따라서 실존하는 것은 자신의 비존재로부터 나와 있음을 의미한다.

하지만 이것으로 충분하지 않은데 그 이유는 아직 다음과 같은 물음이 고려되지 않았기 때문이다. 어떻게 그것은 자신의 비존재로부터 나와 있을 수 있는가? 이 물음에 대한 대답은 다음과 같다. 모든 것은 실존하든 실존하지 않든 존재에 참여한다. 모든 것은 현실적 존재(actual being)가 되기 전에 잠재적 존재(potential being)에 참여한다. 잠재적 존재인 그것은 상대적 비존재의 상태로 있으며 아직 존재하지 않는 것이다. 하지만 그것은 무는 아니다. 잠재성은 실재적 가능성의 상태, 즉 논리적 가능성 이상의 상태다. 잠재성은 존재의 힘인데, 은유적으로 말하자면 아직 그 힘을 깨닫지 못한 존재의 힘이다. 존재의 힘은 여전히 잠복적이다. 즉 그 힘은 아직 현현하지 않았다. 따라서 어떤 것이 실존한다고 말한다면, 우리는 그것이 단지 잠재성일 뿐인 것의 상태를 벗어나 이제 현실화되었다고 말하는 것이다. 그것은 단지 잠재성일 뿐인 것, 상대적 비존재로부터 나와 있다.

그것은 현실화되기 위해서 상대적 비존재, 곧 **메 온**의 상태를 극복해야만 한다. 그런데 다시 말하지만 그것은 상대적 비존재에서 완전히 나와 있을 수 없다. 그것은 나와 있는 동시에 안에 있어야만 한다. 현실적인 것은 잠재성일 뿐인 것에서 나와 있다. 하지만 그것은 잠재성일 뿐인 것 안에 남아 있기도 하다. 그것은 실존 상태에서 자신의 존재의 힘을 결코 완전히 쏟아내지 않는다. 그것은 그 유한성이 보여주듯이 절대적 비존재에 남아 있기도 한 동시에 그 변화하는 실존적 특징이 보여주듯이 상대적 비존재에 남아 있기도 하다. 고대 그리스인들은 이것을 무엇의 잠재성이 현실화되는 일에 저항하는 **메 온**, 곧 상대적 비존재의 저항으로 상징화했다.

어원학적 탐구를 요약하면 이렇게 말할 수 있다. 실존한다는 것은 절대적 비존재로부터 나와 있으면서도 절대적 비존재 안에 남아 있음을 의미할 수 있다. 그것은 유한성, 존재와 비존재의 일치를 의미할 수도 있다. 그리고 그것은 상대적 비존재로부터 나와 있으면서도 상대적 비존재 안에 남아 있음을 의미할 수도 있다. 그것은 현실성, 즉 현실적 존재와 현실적 존재에 맞서는 저항을 의미할 수도 있다. 하지만 비존재가 절대적 비존재이든 아니면 상대적 비존재이든 실존하는 것은 비존재에서 나와 있음을 의미한다.

2. 실존주의적 문제의 부상

어원학적 연구를 통해서 지침은 제시할 수 있지만, 문제를 해결하지는 못한다. "무엇으로부터 나와 있는가?"라는 물음에 대한 두 번째 대답은 실재에서 일어나는 잠재성과 현실성의 분열을 가리킨다. 이것이 실존주의가 부상하는 첫 번째 단계다. 그 분열을 직면하게 되는 존재자 전체 안에는 실존하지 않는 구조도 있고 구조라는 기초 위에 실존하는 것들도 있다. 나무임(Treehood)의 본질은 존재하지만, 다시 말해 잠재적으로는 존재하지만 실존하지는 않는다. 그러나 뒷마당의 나무는 실존한다. 그 나무는 단지 잠재성일 뿐인 나무의 본질에서 나와 있다. 하지만 그 나무가 나와 있고 실존할 수 있는 것은 그 나무가 나무의 본질이라는 존재의 힘, 모든 나무를 나무이게 하면서 이외의 다른 것은 아니게 하는 힘에 참여하고 있기 때문이다.

"실존"이라는 용어가 표현하는 실재 전체에 있는 이 분열은 인간의 사상이 가장 이른 시기에 발견한 것 중 하나다. 플라톤보다도 훨씬 이전에 이루어진 철학 이전의 사고와 철학적 사고는 실재의 두 가지 차원을 경험했다. 우리는 그것들을 "본질적" 차원과 "실존적" 차원이라고 부를 수 있다. 오르페우스주의자, 피타고라스주의자, 아낙시만드로스, 헤라클레이토스, 파르메니데스는 자신들이 직면한 세계에 궁극적 실재가 결여되어 있다는 깨달음을 가지고 자신들의 철학을 추동시켰다. 하지만 오직 플라톤만이 실존적 존재와 본질적 존재의 대조를 존재론적이고 윤리적인 문제로 간주했다. 플라톤에게 실존은 단지 의견과 오류 및 악으로 이루어진 영역이었다. 실존에는 참된 실재가 결여되어 있다. 참된 존재는 본질적 존재이고 영원한 이데아의 영역, 즉 본질에 있다. 인간은 본질적 존재에 도달하기 위해서 실존 너머로 상승해야 한다. 본질적 영역에서 실존으로 떨어져버린 인간은 본질적 영역으로 복귀해야 한다. 이렇게 인간의 실존, 즉 잠재성으로부터 나와 있음은 본질로부터의 타락(fall)이라고 여겨졌다. 잠재적인 것은 본질적인 것이며 그리고 실존하는 것, 즉 잠재성으로부터 나와 있음은 참된 본질성(essentiality)의 상실이다. 하지만 실존하는 것이 완전한 상실은 아니다. 왜냐하면 인간은 여전히 자신의 잠재적 혹은 본질적 존재 안에 있기 때문이다. 인간은 본질적 존재를 기억하고 있다. 그리고 인간은 그 기억을 통해서 진리와 선에 참여한다. 인간은 본질적 영역 안에 있으면서도 본질적 영역으로부터 나와 있다. 이런 의미에서 "나와 있음"(stand out)에는 통상적인 영어 용법의 의미와는 완전히 반대되는 의미가 있다. 그것은 인간의 본질로부터 타락해 나왔음을 의미한다.

본질과 실존의 분열을 극복하려 했던 아리스토텔레스의 시도에도 불구하고 실존에 대한 이런 태도가 고대 후기 세계를 지배했다. 아리스토텔레스는 모든 것에는 질료와 형상의 역동적인 상호의존성이 있다는 교설을 주장했다. 하지만 아리스토텔레스의 저항은 성공할 수 없었다. 부분적으로는 고대 후기의 사회적 조건 때문이었고 부분적으로는 그가 『형이상학』에서 실재 전체와 신의 영원한 생명, 즉 신의 자기-직관(self-intuition, 자기-사유)을 대조했기 때문이다.[1] 신의 생명에 참여하기 위해서는 마음

1 　역주. "왜냐하면 사유는 사유 대상, 즉 본질을 받아들이는 것이며, 이것을 가짐으로써 발휘/실현 상태로 있기 때문이다. 따라서 이러한 (사유 대상의) 소유가 (잠재/가능 상태의) 힘보다 더 '사유가 가지는 듯한 신적인 것'이며 이론적인 활동이 (무엇보다) 가장 즐겁고 가장 좋은 것이다. 그런데 우리가 한때 있는 그런 좋은 상태에 신은 늘 있다면, 이는 굉장한 일이며, 게다가 신이 놓인 상태가 (우리의 것보다) 더 좋다면, 이는 더욱더 굉장한 일이다. 신은 그런 더 좋은 상태에 (늘) 있다. 그리고 그는 생명을 또한 가진다. 왜냐하면 사유의 발휘/실현 상태는 생명이고, 신은 곧 발휘/실현 상태이기 때문이다. 신의 발휘/생명 상태가 바로 가장 좋은 영원한 생명이다." 아리스토텔레스, 『형이상학』, 김진성 옮김(서울:

(mind)이 신적 존재인 **순수현실태**(*actus purus*)로 상승할 필요가 있는데, 신적 존재인 **순수현실태**는 비존재와 혼합되어 있는 모든 것 위에 존재한다.

플라톤적인 프란치스코파와 아리스토텔레스적인 도미니코파를 모두 포함한 스콜라주의 철학자들은 세계에 본질과 실존의 대립이 있음을 수용했지만, 신에게 그 대립이 있음을 수용하지 않았다. 신에게는 본질적 존재와 실존적 존재의 차이가 없다. 이 사실은 다음의 내용을 내포하고 있다. 그 분열은 궁극적으로 타당하지도 않고 존재의 근거 자체에 해당되지도 않는다. 신은 영원히 지금의 자신(what he is)으로 있다. 이것은 아리스토텔레스적인 용어로 이렇게 표현된다. 신은 잠재성 없는 **순수현실태**(*actus purus*)다. 이 개념에 따른 논리적 결과는 성서 종교에서 보여주는 살아 있는 신에 대한 부정일 것이다. 하지만 이것은 스콜라주의자들의 의도가 아니었다. 아우구스티누스와 스코투스는 신의 의지를 강조함으로써 그런 결과가 도출되는 것을 막았다. 만약 신이 의지로 상징된다면 **순수현실태**라는 용어는 확실히 부적합하다. 의지에는 잠재성이 내포되어 있다. 스콜라주의적 교설의 실재적 의미는 다음의 진술로 표현될 수 있으며, 나는 이 교설이 옳다고 생각한다. 본질과 실존 그리고 그 일치는 신에게 상징적으로 적용되어야 한다. 신은 본질과 실존의 갈등에 종속되어 있지 않다. 신은 다른 존재자들 곁에 있는 또 하나의 존재자가 아니다. 왜냐하면 신이 그런 존재자라고 한다면, 모든 유한한 존재자와 마찬가지로 신의 본질적 본성은 자신을 초월할 것이기 때문이다. 신은 모든 본질의 본질, 보편적 본질이 아니다. 왜냐하면 신이 보편적 본질일 경우 신에게서 자기-현실화의 힘이 제거될 것이기 때문이다. 신의 실존, 신이 자신의 본질에서 나

이제이북스, 2010), Λ 1072b 23-30(517-18).

와 있음은 신의 본질의 표현이다. 본질적으로 신은 자신을 현실화한다. 신은 그 분열을 초월해 있다. 하지만 우주는 그 분열에 종속되어 있다. 신만이 "완벽"하다. 이 용어의 정의는 본질적 존재와 실존적 존재의 구별을 초월해 있다는 것이다. 인간과 인간의 세계에는 이런 완벽함이 없다. 인간과 인간의 세계의 실존은 "타락"에서 볼 수 있듯이 그것들이 본질로부터 나와 있는 것이다. 실존에 대한 플라톤주의와 기독교의 가치 평가는 이런 점에서 일치한다.

르네상스와 계몽주의 시대 실존에 대한 새로운 느낌이 자라났을 때, 이러한 태도가 변했다. 본질과 실존의 분열이 점점 희미해졌다. 인간의 실존은 우주를 통제하고 변형하도록 요청받는 자리가 되었다. 실존하는 사물들은 인간의 재료였다. 자신의 본질적 존재로부터 나와 있음은 타락이 아니라 자신의 잠재성을 현실화하고 완성하는 방법이었다. 철학 형식으로는 이런 태도를 "본질주의"(essentialism)라고 부를 수 있다. 다시 말해 이런 의미에서 실존은 본질에 압도당했다. 실존하는 사물과 사건은 본질적 존재가 진보적 발전을 통해서 현실화된 것이다. 잠정적인 결함이 있기는 하지만, 타락의 신화로 표현되는 것과 같은 실존적 분열은 없다.[2] 실존하는 인간은 본질적 인간(what he is in essence) — 우주의 힘들이 그 안에서 연

---

2   역주. Bultmann에 따르면 신화에는 두 가지 의미가 있다. 첫째는 공포스럽게 보이는 사건이나 현상을 설명하기 위한 고대인의 원시 과학이라는 의미, 둘째는 인간이 살고 있는 세계와 인간의 생명이 신비로 가득 차 있다는 통찰의 표현이라는 의미다(Bultmann, 『예수그리스도와 신화』, 이동영 옮김[서울: 한국로고스연구원, 1994], 22). 그리고 그는 비신화화의 목적은 "신화론적인 진술들을 제거하는 데 있는 것이 아니라 그것을 해석하는 데 있다"고 말한다(앞의 책, 21). Tillich에 따르면 "비신화화"는 신화를 제거하는 작업으로도 이해될 수 있지만, 그런 비신화화는 종교에서 언어를 박탈해버리기 때문에 수용될 수 없다. 신화는 자연과학적 언어로는 말할 수 없는 신비한 것을 말하는 이야기로서 상징과 같은 역할을 담당하기 때문에, 그는 신화나 상징을 "비신화화"가 아닌 "비문자화"를 통해 이해해야 한다고 주장한다. 제3부. II, D. 1을 참조.

합되어 있는 소우주, 비판적이고 건설적인 이성의 담지자, 자기 세계의 건설자, 자신의 잠재성을 현실화하는 자—이다. 교육과 정치적 체계에 의해서 본질과 실존의 분열은 극복될 것이다.

많은 르네상스 철학자와 모든 계몽주의 철학자의 정신이 바로 이러했다. 하지만 어떤 시대에도 본질주의는 완성에 이르지 못했다. 이런 완성은 분명히 계몽주의에 반대하면서 낭만주의에 깊이 영향받은 철학, 다시 말해 독일 고전 철학, 특히 헤겔의 조직에서만 이루어졌을 뿐이다. 헤겔이 완성에 이를 수 있었던 이유는 그의 조직이 가진 포괄적이고 일관적인 특징뿐만 아니라 그가 실존주의적 문제를 알고 있었고 자신의 보편적인 본질의 조직 안에 실존의 요소를 받아들이고자 했기 때문이었다. 그는 비존재를 자기 사상의 중심에 받아들였다. 그는 역사의 운동에서 열정과 관심이 가진 역할을 강조했다. 그는 "소외"나 "불행한 의식" 같은 개념들을 창조했다. 그는 자유를 보편적인 실존의 과정의 목적으로 삼았다. 심지어 그는 기독교의 역설을 자기 조직의 구도 안으로 가지고 왔다. 하지만 이 모든 실존적 요소들로 인해 그의 사상의 본질주의적 구조가 약화된 것은 아니었다. 비존재는 전체 조직 안에서 정복되었다. 역사는 그 목적에 도달했다. 자유는 현실화되었다. 그리스도의 역설은 그 역설적 특징을 상실해 버렸다. 실존은 논리적 필연에 따른 본질의 현실성이 되었다. 실존과 본질 사이에는 어떠한 분열, 어떠한 비약도 없다. 헤겔의 조직이 가진 이러한 포괄적인 특징 때문에 그의 조직은 본질주의와 실존주의의 오랜 갈등에서 전환점이 되었다. 그는 고전적 본질주의자다. 왜냐하면 그는 우주에 스콜라주의의 교설, 즉 신이 본질과 실존을 초월한다는 교설을 적용했기 때문이다. 본질과 실존의 분열이 신 안에서는 영원히 극복되고 인간 안에서는 역사적으로 극복된다. 세계는 신이 자기를 실현하는 과정이다. 본질이 실존으로 현실화될 때 어떠한 분열, 어떠한 궁극적 불확실성, 어떠한 위기, 어떠한 자기-상실의 위험도 없다. 존재하는 모든 것은 이성적인 것이라는 헤겔의 유명한 진술은 인간의 이성(reasonableness)에 대한 부조리한 낙관주의가 아니다. 그는 인간이 이성적이며 행복하다고 믿지 않았다. 하지만 헤겔은 비이성적인 모든 것들에도 불구하고 존재의 합리적이고 본질적인 구조가 우주의 과정을 통해서 섭리에 의해 현실화된다고 믿었다. 세계는 신의 정신이 자기를 실현한 것이다. 실존은 본질의 표현일 뿐 본질로부터의 타락이 아니다.[3]

3. 본질주의에 맞선 실존주의

19세기와 20세기의 실존주의는 헤겔의 완벽한 본질주의에 맞서면서 부상했다. 실존주의자들은 헤겔 사상의 특별한 흔적만 비판한 것이 아니다. 그들 중 몇몇은 헤겔의 제자였다. 실존주의자들은 헤겔을 수정하는 데 관심이 없었다. 그들은 본질주의적 관념 자체를 공격했으며 이와 함께 인간 자신과 인간의 세계를 대하는 인간의 태도에서 비롯된 현대적 발전 전체를 공격했다. 그들의 공격은 현대 산업사회에서 행해지는 인간의 자기-해석에 저항하는 것이었고, 지금도 그렇다.

헤겔에 대한 직접적인 공격은 몇 가지 측면에서 일어났다. 셸링, 쇼펜하우어, 키에르케고르, 마르크스와 같은 반대자들을 조직신학에서 다룰

---

3   역주. Hegel에 관한 Tillich의 더 자세한 논의는 Paul Tillich, 『19-20세기 그리스도교 사상사』, 송기득 옮김(서울: 대한기독교서회, 2004), 152-77, 그리고 Tillich가 1932-32년 프랑크푸르트 대학교에서 했던 헤겔 강의, Paul Tillich, *Vorlesung ber Hegel(Frankfurt 1931/32*[Berlin: Walter de Gruyter, 1995])을 참조하라.

수 없다. 단지 20세기에 이루어질 서구의 역사적 운명과 문화적 자기-표현이 그즈음(1830-50)에 준비되었다는 사실을 언급하는 것만으로 족하다. 조직신학은 실존주의적 반란의 특징을 보여주는 한편, 실존주의에서 발전된 실존의 의미를 인간의 곤경을 가리키는 종교적 상징들과 연결해야 한다.

모든 실존주의자는 인간의 실존적 상황이 인간의 본질적 본성에서 소외된 상태라는 점을 공통적으로 공격하고 있다. 헤겔은 이 소외를 알고 있었지만, 소외는 극복되었고 인간은 자신의 참된 존재와 화해했다고 믿었다. 모든 실존주의자는 이 믿음이 헤겔의 근본적 오류라고 지적한다. 화해는 예견되고 기대되는 내용일 뿐 실재하는 내용이 아니다. 세계와의 화해는 키에르케고르가 보여주었듯이 개인에게서도 또는 마르크스가 보여주었듯이 사회에서도 혹은 쇼펜하우어와 니체가 보여주었듯이 생명 자체에서도 이루어지지 않았다. 실존은 화해가 아니라 소외다. 실존은 본질적인 인간성의 표현이 아니라 비인간화다. 실존은 인간이 인격이기를 중단하고 사물이 되는 과정이다. 역사는 신적 자기-현현이 아니라 화해에 이르지 못한 일련의 갈등이며 인간이 자기-파괴에 이르도록 위협한다. 개인의 실존은 불안으로 가득 차 있으며 무의미성으로 인해 위협당한다. 실존주의자들은 인간의 곤경에 관한 이런 묘사에 동의하며 따라서 헤겔의 본질주의에 반대한다. 실존주의자들은 헤겔의 본질주의가 인간의 현실적 상태에 관한 진리를 가려버리는 시도라고 느낀다.

무신론적 실존주의와 유신론적 실존주의를 구별하기도 한다.[4] 그 의

---

4   역주. Sartre는 기독교적 실존주의자의 예로 Jaspers와 Gabriel Marcel을, 무신론적 실존주의자의 예로 Heidegger와 자신을 포함한 프랑스의 실존주의자를 들고 있다. Jean-Paul Sartre, 『실존주의는 휴머니즘이다』, 박정태 옮김(서울: 이학사, 2014), 29-30.

도를 따르자면, "무신론적"이라고 불릴 수 있는 실존주의자들이 분명히 있다. 그리고 "유신론적"이라고 불릴 수 있는 자들도 있다. 하지만 실제로는 무신론적 실존주의나 유신론적 실존주의는 존재하지 않는다. 실존주의는 실존의 의미에 관한 분석을 제공할 뿐이다. 실존주의는 본질주의적 묘사와 실존주의적 분석을 대조하여 제시한다. 실존주의는 실존에 내포되어 있는 물음을 발전시키지만, 무신론적이거나 유신론적인 용어로 대답하지는 않는다. 실존주의자가 대답을 제시한다면 그는 종교 전통 또는 유사종교 전통의 입장에서 제시하는 것인데 그런 전통들은 실존주의적 분석에서 나온 것이 아니다.[5] 파스칼은 아우구스티누스 전통에서, 키에르케고르는 루터파 전통에서, 마르셀은 토마스주의 전통에서, 도스토예프스키는 그리스 정교회 전통에서 자신의 대답을 이끌어냈다. 마르크스, 사르트르, 니체, 하이데거, 야스퍼스 등은 인문주의 전통에서 대답을 이끌어내기도 했다. 이 사람 중 누구도 자신의 물음에서 대답을 발전시킬 수는 없었다. 인문주의자들의 대답은 은폐되어 있는 종교적 원천에서 나온 것이었다. 비록 세속적인 외형을 가졌다 하더라도 그 대답은 궁극적 관심 또는 신앙의 내용이었다. 따라서 무신론적 실존주의와 유신론적 실존주의의 구별은 실패할 수밖에 없다. 실존주의는 인간의 곤경을 분석한다. 그리고 종교는 인간의 곤경에 내포된 물음에 은밀하게든 공개적으로든 대답한다.

---

5   역주. Tillich와 T. S. Eliot의 대화를 참조. Tillich, 『문화의 신학』, 160.

4. 실존적 사유와 실존주의적 사유

더 명확하게 철학적으로 사유하기 위해서 "실존적"(existential)과 "실존
주의"(existentialist)를 구분하는 것이 좋을 것이다. 전자는 인간의 태도
를 가리키고 후자는 철학 학파를 가리킨다. "실존적"의 반대말은 "분리
된"(detached)이고, "실존주의"의 반대말은 "본질주의"다. 실존적 사유는
대상에 관여한다. 비실존적 사유는 대상과 분리된다. 본성적으로 신학은
실존적이다. 본성적으로 과학은 비실존적이다. 철학은 두 요소를 연합시
킨다. 의도라는 면에서 철학은 비실존적이지만, 실재적으로 철학 안에서
관여와 분리라는 요소들은 지속적으로 변화하는 결합을 이루고 있다. 이
로 인해 소위 "과학적 철학"(scientific philosophy)을 만들려는 모든 시도는
수포로 돌아갔다.[6]

   "실존적"과 "실존주의"는 다르지만, 그것들은 "실존"이라는 공통의
근원을 가진다는 점에서 서로 연관이 있다. 일반적으로 말해서 우리는 분
리함으로써 본질적 구조를 묘사할 수 있으며 관여함으로써 실존적 곤경
을 묘사할 수 있다. 하지만 이 진술에는 철저한 규명이 필요하다. 기하학
적 형상을 정립하는 일에도 관여의 요소가 있다. 그리고 자신의 불안과 소
외를 관찰하는 일에도 분리의 요소가 있다. 논리학자와 수학자도 욕망과
열정이 포함된 **에로스**에 의해 추동된다. 실존을 분석하는 실존주의 신학

---

6   역주. Kant 이후 Fichte, Shelling, Hegel로 이어진 사변적인 관념론 전통에 반대했던 생리
    학자 Helmholtz(1821-1894)는 "인간의 시작에 관하여"라는 강연에서 과학과 철학의 적
    대적 분리의 책임을 사변적인 관념론에 돌렸다. 그리고 그는 자연과학과 공통적인 기반에
    서 있다고 간주했던 Kant로 되돌아갈 것을 주장했으며, 인식론을 정신생리학적 연구와 접
    목하여 과학적 철학을 정립하고자 했다. 그의 이러한 시도는 1877년 창간된 계간지『과학
    적 철학』에서 절정에 달했다.

자는 비록 그 구조가 파괴의 구조일지라도 인지적 분리를 통해 그 구조를 발견한다. 그리고 생물학, 역사, 심리학 등에서 그러하듯이 분리와 관여라는 두 극은 다양하게 혼합될 수 있다. 그럼에도 관여의 요소가 압도적인 인지적 태도를 "실존적"이라고 한다. 그 반대의 경우 역시 타당하다. 놀라운 실존주의 분석들에는 관여의 요소가 매우 압도적이기 때문에 그 분석들은 대부분 소설가, 시인, 화가들에 의해 수행되었다. 하지만 그들조차도 분리된 객관적 관찰을 따름으로써 부적절한 주관성을 벗어날 수 있었다. 결국 치료심리학이라는 분리된 방법이 생산해낸 자료가 실존주의 문학과 예술에서 사용되었다. 관여와 분리는 두 극일 뿐 서로 갈등하는 대척점이 아니다. 비실존적 분리가 없으면 실존주의 분석도 없다.

5. 실존주의와 기독교 신학

기독교는 예수가 그리스도라고 주장한다. "그리스도"라는 용어는 뚜렷한 대조를 통해서 인간의 실존적 상황을 보여준다. 왜냐하면 그리스도, 메시아는 "새로운 시대", 보편적인 재탄생, 새로운 실재를 가져오는 자이기 때문이다. 새로운 실재는 옛 실재를 전제한다. 그리고 예언서와 계시록은 이러한 옛 실재를 인간과 인간의 세계가 하나님으로부터 소외되어 있는 상태로 묘사한다. 이 소외된 세계는 마성적 힘으로 상징되는 악의 구조들에 의해 다스려지고 있다. 그 구조들은 영혼들, 민족들, 심지어 자연도 다스린다. 그 구조들은 모든 형식의 불안을 낳는다. 모든 불안을 정복하는 것, 마성적 힘이나 파괴의 구조가 배제된 새로운 실재를 확립하는 것이 메시아의 과제다.

실존주의는 "옛 시대", 즉 소외 상태에서 인간과 인간의 세계가 처한 곤경을 분석했다. 그렇게 실존주의는 본성적으로 기독교의 협력자가 되었다. 임마누엘 칸트는 예전에 수학은 인간 이성의 행운이라고 말한 바 있다.[7] 마찬가지로 우리는 실존주의가 기독교 신학의 행운이라고 말할 수 있을 것이다. 그것은 기독교가 인간 실존에 대한 고전적 해석을 재발견할 수 있도록 도와주었다. 이런 일을 하려 했던 어떠한 신학적 시도도 동일한 효과를 거두지 못했다. 실존주의 철학뿐만 아니라 분석심리학, 문학, 시, 연극, 예술도 이렇게 긍정적으로 활용되었다. 이 모든 영역에는 엄청난 자료들이 있기 때문에 신학자는 실존에 내포되어 있는 물음에 대해서 그리스도를 대답으로 제시하고자 할 때 그 자료들을 활용하고 체계화할 수 있다. 초기 몇 세기 동안에는 비슷한 과제가 주로 수도원의 신학자들에게 맡겨졌고, 그들은 자신과 소규모 공동체의 동료들을 세밀하게 분석했다. 그 분석에는 인간의 곤경에 대한 현대적 통찰들이 모두 담겨 있다. 참회 문학, 경건 문학이 이 사실을 인상적으로 보여준다. 하지만 이런 전통은 데카르트주의와 칼뱅주의로 대표되는 순수 의식의 철학과 신학의 영향으로 사라져버렸다. 데카르트주의와 칼뱅주의는 서로 다름에도 불구하고 모두 인간 본성의 무의식적 측면과 반쯤은 의식적인 측면을 억압했으며, (인간의 전적 타락이라는 칼뱅의 교리와 데카르트 학파가 소유한 아우구스티누스주의에도 불구하고) 결국 인간의 실존적 곤경에 대한 온전한 이해를 막았다. 실존주

---

7   역주. "(인간 이성의 자랑인) 수학의 본래 위엄마저도, 그것이 이성에게 거시적인 자연에서뿐만 아니라 미시적인 자연에서 그 질서와 합규칙성을 통찰하고 또한 동시에 자연을 움직이는 힘들의 경탄할 만한 통일성을 보통의 경험 위에서 세워진 철학의 모든 기대를 뛰어넘어 통찰하는 지침을 제공함으로써 모든 경험을 넘어서 확장되는 이성 사용에 계기를 주고 고무하며, 동시에 이런 이성 사용에 종사하는 세계지에게 그것의 자연 탐구를 자연 탐구의 성질이 허용하는 한에서 알맞은 직관들로 뒷받침하는 탁월한 자료들을 공부하는 데 있는 것이다." Kant, 『순수이성비판2』, 백종현 옮김(서울: 아카넷, 2014), 673.

의와 현대신학은 의식의 심리학이 억압했던 인간 본성의 요소들을 재발견하면서 동반자가 되었고, 실존의 다양한 모습들, 의식적인 것과 무의식적인 것에서 드러나는 실존의 특징을 분석했다.

조직신학자 혼자서는 이 일을 할 수 없다. 모든 문화 영역에서 활동하는 실존주의 대표자들의 창조적 도움이 그에게 필요하다. 그에게는 목회자, 교육가, 심리분석가, 상담사 등과 같이 인간 곤경을 실천적으로 탐험하는 자들의 도움이 필요하다. 그는 이런 사람들로부터 얻게 된 자료들에 비추어 전통적인 종교 상징과 신학 개념을 재해석해야 한다. 신학자는 "죄"와 "심판" 같은 용어들이 진리를 상실한 것이 아니라 표현력을 상실했을 뿐임을 깨달아야 한다. (심층심리학을 포함한) 실존주의가 우리에게 전해주는 인간 본성에 대한 통찰로 그 용어들이 풍성해질 때만 그 용어들의 표현력이 회복될 수 있다. 이런 통찰들을 성서에서 발견할 수 있다고 주장한다는 점에서 성서주의 신학자는 옳다. 그리고 교부들을 통해서 이런 통찰을 제시한다는 점에서 로마 가톨릭 역시 옳다. 우리가 물어야 할 것은 "어떤 것을 어떤 곳에서 찾을 수 있는가?"가 아니다. 거의 모든 것을 찾을 수 있다. "어떤 시대가 상실된 진리를 재발견할 만큼 성숙했는가?"를 물어야 한다. 예를 들어 실존주의적 분석으로 눈을 뜨게 된 사람이 전도서와 욥기를 읽게 되면, 그는 예전보다 더 많은 것을 보게 될 것이다. 다른 많은 구약과 신약의 본문에도 이것은 동일하게 적용된다.

실존주의는 너무 "비관적"이라고 비판받았다. "비존재", "유한성", "불안", "죄책", "무의미성", "절망" 같은 용어들을 보면 그런 비판이 정당한 것 같다. 예를 들어 로마서 1장과 7장에 나오는 인간의 곤경에 관한 바울의 묘사 같은 많은 성서 본문을 향해서도 동일한 비판이 가해졌다. 그런데 그런 본문들만을 읽고 대답을 고려하지 않고서 그 본문들에 내포되어 있는 물음들을 읽는 경우에만 바울은 이런 구절들에서 (희망 없음이라는 의미로) 비관적이었다고 말할 수 있을 것이다.

분명히 이런 비판은 신학 조직에 해당되지 않는다. 인간 본성에 관한 묘사에서 "비관주의"라는 단어를 피해야만 한다. 왜냐하면 그것은 분위기(mood)이지 개념이나 묘사가 아니기 때문이다. 실존적 요소들은 조직의 구조 속에서 인간의 곤경의 한 부분일 뿐이라는 사실을 덧붙여야 한다. 실존적 요소들은 본질적 요소와 언제나 모호하게 결합되어 있다. 그렇지 않다면 그 실존적 요소들은 결코 존재하지 못했을 것이다. 실존적 요소와 본질적 요소는 존재의 구체적 현실성, 즉 "생명"에서 추상된 것이다. 이것이 『폴 틸리히 조직신학 3』 제4부의 주제다. 추상이라는 말이 부정적으로 들릴지라도 분석을 위해 추상은 필요하다. 그리고 죄론이 전통 신학에서 언제나 존재해왔듯이 비록 견디기 힘들지라도 인간의 곤경에 대한 실존주의적 분석에서 이런 추상을 피할 수는 없다.

B. 본질에서 실존으로의 이행과 "타락" 상징

1. "타락" 상징과 서구 철학

"타락"이라는 상징은 기독교 전통에서 결정적인 부분이다. 비록 "아담의 타락"이라는 성서 이야기와 연결되어 있기는 하지만, 그 의미는 아담의 타락 신화를 초월하며 인간학적인 중요성을 보편적으로 가지고 있다. 성서문자주의(biblical literalism)는 기독교가 타락 상징을 강조한다는 사실을 문자주의적인 창세기 이야기 해석과 동일시함으로써 기독교에 명백한 위해를 가했다. 신학은 문자주의를 진지하게 고려할 필요가 없지만, 문자주의의 영향력이 기독교가 수행하는 변증이라는 과제를 얼마나 방해했는지는 알아야 한다. 신학은 "타락"을 "옛날에" 일어난 사건 이야기가 아니라 보편적인 인간 상황의 상징으로 명백하고 분명하게(clearly and distinctly) 제시해야 한다.

이를 엄밀하게 이해하고자 이 조직신학에서는 "본질에서 실존으로의 이행"이라는 구절을 사용한다. 말하자면 이것은 타락 신화에 대한 "절반의 비신화화"(half-way demythologization)다. "옛날"이라는 요소는 제거된다. 하지만 완전한 비신화화는 아닌데, "본질에서 실존으로의 이행"이라는 구절에 시간적 요소가 여전히 포함되어 있기 때문이다. 그리고 "본질"과 "실존" 같은 그런 추상적 개념들로 신화적 상태와 인물을 대체한다 해도, 만약 우리가 신적인 것에 관해 시간적 용어로 말한다면 여전히 신화적 용어로 말하는 것이다. 신적인 것을 말할 때 완전한 비신화화는 불가능하다. 플라톤이 본질에서 실존으로의 이행에 관해 기술했을 때, 그는 "영혼의 타락"에 관해 말함으로써 신화론적 표현 형식을 사용했다.[8] 그는 실존이 본질적 필연성의 문제가 아님을 알았고 실존은 사실임을 알았다. 따라서 그는 "영혼의 타락"이 신화적 상징들로 말해야 할 이야기임을 알고 있었다. 만약 그가 실존이 본질에 논리적으로 함축되어 있다고 이해했다면,

---

[8] 역주. 플라톤은 다음과 같이 말한다. "자, 그럼 어떻게 해서 살아 있는 것이 사멸한다고도 불리고 불사한다고도 불리게 되었는지를 말해봐야지. 모든 혼은 혼이 없는 것 전부를 돌보고 천계 전체를 순례하지. 그때그때 다른 모습을 하고서 말이지. 그리하여 혼이 완전하고 날개가 나 있으면, 드높은 하늘을 가르며 우주 전체를 관장하지만, 깃털이 빠진 혼은 쓸려 다니다가 단단한 뭔가를 붙잡아 거기에 정착하여 흙으로 된 몸을 취하고, 몸은 혼의 능력 덕에 자신이 자신을 움직이는 것처럼 여겨져, 혼과 몸이 달라붙은 전체가 살아 있는 것이라 불리며, 사멸하는 것이란 명칭을 얻었지." 플라톤, 『파이드로스』, 김주일 옮김(서울: 이제이북스, 2017), 246b-c(82).

그는 실존 자체를 본질적인 것으로 제시했을 것이다. 상징적으로 말해서 죄는 창조된 것, 즉 인간의 본질적 본성에 따른 필연적 결과라고 간주되었을 것이다. 하지만 죄는 창조된 것이 아니며 본질에서 실존으로의 이행은 사실(fact), 곧 변증법적 단계에서 나온 것이 아니라 말해진 이야기다. 따라서 죄를 완전히 비신화화하는 것은 불가능하다.

바로 이 지점에서 자연주의뿐만 아니라 관념론도 타락이라는 기독교의 (그리고 플라톤의) 상징을 반대한다. 헤겔의 조직에서 나타나는 본질주의는 관념론적 용어로 완성되었다. 모든 관념론에서 그러하듯 헤겔의 조직에서도 타락은 이상과 실재의 차이로 격하되었으며, 실재는 이상을 지향하고 있는 것으로 간주되었다. 타락은 파괴가 아니라 불완전한 완성이다. 타락은 역사적 과정을 통해 완성에 근접하거나 역사의 현 시대에 원리적으로 완성된다. 기독교와 실존주의는 진보주의적 (또는 혁명적) 관념론 신앙을 유토피아주의로, 그리고 보수적 관념론 신앙을 이데올로기로 간주한다. 그 두 가지는 모두 자기-기만과 우상숭배로 해석된다. 그것들은 인간 자유에 속해 있는 자기-모순적 힘과 역사에 속해 있는 마성적 함의를 진지하게 받아들이지 않는다.

관념론뿐만 아니라 자연주의도, 즉 반대쪽도 본질에서 실존으로의 이행을 타락이라는 의미로 받아들이지 않는다. 자연주의는 실존을 당연하게 여기며 실존의 부정성의 원천에 관해 묻지 않는다. 자연주의는 인간이 존재해서는 안 되는 부정성, 인간이 책임을 져야 하는 부정성을 깨달아야 하는 이유 물음에 대답하고자 하지 않는다. 타락 같은 상징, 인간의 곤경에 관한 묘사, "소외" 또는 "자기 자신에 맞서 있는 인간" 같은 개념들은 강력하게 거부되고 심지어는 냉소적으로 거부된다. 나는 "인간에게는 곤경이 없다"라고 자연주의 철학자가 말하는 것을 들었다. 하지만 자연주의

자는 보통 관념론적 요소를 자연주의의 진보주의적 형식이나 스토아주의의 더 실재론적 형식에 포함시킴으로써 체념과 냉소주의를 피한다. 이 두 형식은 순수한 자연주의를 초월했지만, 타락의 상징에는 도달하지 못했다. 심지어 인간의 역사적 실존이 악화하는 것에 대한 그리고 어리석은 자와 현자의 차이에 대한 고대 스토아주의의 믿음도 타락의 상징에 도달하지 못했다. 신스토아주의(Neo-Stoicism)는 매우 많은 관념론적 요소들을 품고 있지만 기독교적 실재론의 완전한 깊이에는 도달하지 못했다.[9]

타락 같은 기독교의 상징이 관념론, 자연주의, 신스토아주의와 같은 철학과 직면했을 때, 우리는 당연히 서로 다른 차원에 있는 관념들, 즉 종교적 상징의 차원에 있는 관념과 철학적 개념의 차원에 있는 관념의 연결 가능성을 묻게 된다. 하지만 제1권, 철학과 신학에 관한 부분에서 설명했듯이 신학과 철학 사이에는 차원들의 상호침투가 이루어진다. 만약 관념론자나 자연주의자가 "인간의 곤경은 없다"라고 주장한다면, 그는 궁극적 관심의 문제와 관련해서 실존적 결단을 한 것이다. 그가 개념적 용어로 자

---

9   역주. Tillich는 『존재의 용기』에서 스토아주의 및 신스토아주의와 대결한다. Tillich에 따르면, 스토아주의는 모든 사람이 보편적 로고스에 참여하지만 오직 소수 엘리트만이 지혜를 전유하고 거의 모든 사람이 욕망과 두려움을 안고 사는 "어리석은 자들"이라고 주장했다. 또 Seneca는 완전한 절망에서 생겨난 용기가 가장 강력하다고 말했다. 하지만 그들은 "완전한 절망" 즉 "죄의식의 절망"에 도달하지는 못했다. Tillich는 신스토아주의의 대표자로 Spinoza를 거명하는데, Spinoza는 모든 것들의 코나투스(conatus), 즉 무언가를 향한 분투가 모든 것의 "현실적 본질"이며, 코나투스가 사라지면 존재도 사라진다고 주장했다(『존재의 용기』, 48-53). Tillich는 스토아주의와 기독교의 차이를 다음과 같이 설명한다. "스토아주의와 그리스도교가 본질적으로 다른 것은 스토아주의도 인간의 어리석음에 대해서 분명히 알고 있었지만, 죄라는 것은 알고 있지 않았다는 점이다. 그러기에 스토아주의자들은 구원을 지혜에 도달하는 것으로 이해했다. 이와는 달리, 그리스도교에서는 구원을 신의 은총에 의해서 주어진 선물로서 이해했다. 이 대립은 오늘날까지 계속되고 있다"(Tillich, 『파울 틸리히의 그리스도교 사상사』, 송기득 옮김[서울: 대한기독교서회, 2005], 46).

신의 결단을 표현하면, 그는 신학자다. 그리고 만약 신학자가 실존은 본질로부터 소외되어 있다고 말한다면 그는 실존적 결단을 한 것인 동시에 존재론적 용어로 그 결단을 표현했으므로 철학자이기도 하다. 철학자라고 해서 실존적 결단을 외면할 수도 없고, 신학자라고 해서 존재론적 개념을 외면할 수도 없다. 그들의 의도는 상반될지라도 그들의 현실적 과정은 비교 가능하다. 이런 이유로 타락 상징과 서구 철학 사상을 비교하는 것, 그리고 실존주의와 신학을 연합하는 것은 정당화될 수 있다.

2. 본질에서 실존으로의 이행 가능성인 유한한 자유

창세기 1-3장의 이야기를 신화로 간주한다면, 그 이야기는 본질적 존재에서 실존적 존재로 이행을 묘사할 수 있도록 우리를 인도해준다. 그것은 인간이 깨달은 실존적 소외에 관한 가장 심오하고 풍부한 표현이며 본질에서 실존으로의 이행을 다룰 수 있는 틀을 제공해준다. 그 이야기는 첫째로 타락의 가능성을, 둘째로 타락의 동기를, 셋째로 사건 자체를, 넷째로 사건의 결과를 지시한다. 이후 내용들은 이 순서와 틀을 따른다.

　"존재와 하나님"에서 자유와 운명의 양극성은 인간이라는 존재자들뿐만 아니라 존재 자체와도 관련하여 논의되었다. 거기서 제시된 해결책에 기초해 본질에서 실존으로의 이행이 어떻게 "자유"에 의해 가능한가라는 물음에 대답할 수 있다. 그 자유는 언제나 운명과 양극적 일치를 이루고 있는 자유다. 하지만 이것은 대답을 향한 첫 번째 단계일 뿐이다. 우리는 제1권의 동일한 장에서 자신의 유한성과 유한성 일반에 대한 인간의 자각을 묘사했고 무한과 연관되어 있으면서도 무한에서 배제되어 있는 상황을 분석했다. 이것은 대답을 향한 두 번째 단계다. 그것은 자유 자체가 아니라 유한한 자유다. 인간은 다른 피조물들과 달리 자유를 갖고 있다. 다른 피조물들이 자유와 유사한 것을 갖고 있다 해도 자유 자체를 갖고 있는 것은 아니다. 그러나 인간은 유한하며 무한에 속해 있으면서도 배제되어 있다. 우리는 이렇게 말할 수 있다. 자연은 유한한 필연이고, 신은 무한한 자유이며, 인간은 유한한 자유다. 바로 이 유한한 자유로 인해 본질에서 실존으로의 이행이 가능하다.

인간은 언어를 가지고 있기에 자유롭다. 언어를 가지고 있는 인간은 보편자를 가지고 있는데, 그는 보편자로 인해 최고의 동물들마저도 종속시키는 구체적 상황이라는 굴레에서 벗어날 수 있다. 그는 자신이 포함되어 있는 세계, 자신이 만나는 세계에 관해 물음을 물을 수 있고 더 깊은 실재의 차원에 침투할 수 있기 때문에 자유롭다. 그는 무조건적인 도덕과 논리적인 명령을 받아들일 수 있기 때문에 자유롭다. 그런 도덕과 명령은 인간이 모든 유한한 존재자를 결정하고 있는 조건들을 초월할 수 있음을 보여준다. 인간은 숙고하고 결정할 수 있으며 따라서 자극과 반응의 기제를 끊어낼 수 있는 힘을 가지고 있기 때문에 자유롭다. 그는 모든 존재자와 함께 자신이 결속되어 있는 실재적 구조를 초월하여 상상의 구조를 만들며 유희할 수 있기 때문에 자유롭다. 그는 주어진 세계를 초월한 세계, 기술적 도구와 생산품의 세계, 예술적 표현의 세계, 이론적 구조와 실천적 체계의 세계 등을 창조하는 능력을 가지고 있기 때문에 자유롭다. 마지막으로 인간은 자기 자신과 자신의 본질적 본성과 대립할 수 있는 힘을 가지고 있기 때문에 자유롭다. 심지어 그는 자신의 자유로부터도 자유롭다. 즉 인간은 자신의 인간성을 포기할 수 있다. 인간의 자유와 관련된 이 마지막 성질은 어떻게 본질에서 실존으로의 이행이 가능한가라는 물음에 대답하기 위한 세 번째 단계를 제공한다.

인간의 자유는 유한한 자유다. 인간의 자유를 구축하는 모든 잠재성은 그 반대편, 즉 인간의 운명에 의해 제한된다. 본성적으로 운명에는 필연성이라는 특징이 있다. 인간의 운명과 유사함에도 불구하고 신은 자기 자신의 운명이다. 이것은 신이 자유와 운명의 양극성을 초월함을 의미한다. 인간 안에서 자유와 운명은 서로를 제한하는데, 인간은 유한한 자유를 가지고 있기 때문이다. 이 사실은 인간이 자유롭게 행하는 모든 행위에 해당된다. 이 사실은 인간적 자유의 마지막 성질, 즉 자기의 자유를 포기할 수 있는 힘에도 해당된다. 자기-모순의 자유마저도 운명에 의해서 제한된다. 유한한 자유인 그런 자유는 보편적으로 일어나는 본질에서 실존으로의 이행이라는 맥락 안에서만 가능하다. 개체적으로 일어나는 타락은 없다. 창세기의 이야기에 나오는 남성과 여성 그리고 뱀으로 대표되는 자연은 함께 일한다. 본질에서 실존으로의 이행이 가능한 이유는, 유한한 자유가 보편적 운명이라는 틀 안에서 작동하기 때문이다. 이것이 대답을 향한 네 번째 단계다.

전통 신학은 아담의 **포투이트 페카레**(*potuit peccare*), 즉 죄를 범할 수 있는 자유와 관련하여 타락의 가능성을 논했다. 전통 신학은 이 자유를 아담이 가진 자유의 전체 구조와 연관하여 살펴보지 않았고 따라서 이 자유를 의문스러운 신적 선물로 간주했다. 칼뱅은 타락의 자유를 인간의 약함이라고 생각했으며 인간 행복의 관점에서 유감스러워했다. 타락의 자유가 대부분의 인간(예를 들면 모든 이교도)에게는 영원한 정죄를 의미했기 때문이다.[10] 이 선물은 오직 신적 영광의 관점에서만 이해 가능한데, 이 관점

---

10   역주. 장 칼뱅, 『기독교강요(상)』, 원광연 옮김(서울: 크리스챤다이제스트, 2003), 1, 15, 8을 참조.

에서 보면 하나님은 자신의 존엄함을 구원뿐만 아니라 정죄를 통해서도 계시하기로 결정했다. 하지만 하나님으로부터 돌아서는 자유는 자유 자체의 구조가 가진 성질이다. 타락의 가능성은 인간의 자유가 가진 모든 성질—이 성질들을 한꺼번에 받아들이게 된다—에 의존한다. 상징적으로 말하자면, 인간에게 있는 하나님의 형상이 타락의 가능성을 제공한다. 오직 하나님의 형상인 자만이 자신을 하나님으로부터 분리시킬 수 있는 힘을 갖고 있다. 인간의 위대함과 인간의 나약함은 동일하다. 심지어 하나님도 이 둘 중 하나만 제거할 수는 없다. 그리고 이 가능성을 받지 못했다면 인간은 여러 사물과 같은 사물이 되었을 것이고 구원을 통해서든 또는 정죄를 통해서든 신적 영광을 예배할 수도 없었을 것이다. 따라서 타락이 우주적 사건으로 간주되었을지라도 타락 교리는 항상 인간의 타락 교리로 다루어져왔다.

3. "몽환적 순결"과 유혹

본질에서 실존으로의 이행이 가능했던 방식을 논한 이후, 이제 우리는 이 이행을 추동하는 동기를 묻는 물음에 도달했다. 우리는 이 물음에 대답하기 위해서 본질적 존재의 상태에 관한 형상을 갖고 있어야 한다. 동기가 그 형상을 통해서 작동하기 때문이다. 직접적으로나 간접적으로 알려질 수 있는 본질적 존재의 상태와 관련된 곤란한 점은 그것이 인간 발전의 현실적 단계가 아니라는 점이다. 인간의 본질적 본성이 실존적으로 왜곡되어 있을지라도 그것은 인간 발전의 모든 단계에 현존해 있다. 인간의 본질적 본성은 신화와 교의를 통해서 역사 이전의 역사라는 과거로 투사되면서 황금시대 또는 낙원으로 상징화되었다. 우리는 이 상태를 심리학적 용어로 "몽환적 순결"(dreaming innocence)의 상태라고 해석한다. 이 두 용어는 모두 현실적 실존보다 선행하는 어떤 것을 지시한다. 그것에는 잠재성만 있을 뿐 현실성은 없다. 그것에는 장소가 없다. 그것은 **우 토포스**(*ou topos,* 존재하지 않는 장소[유토피아])다. 그것에는 시간이 없다. 그것은 시간성보다 선행하며 또 초역사적이다. 잠재성이 그러하듯이 몽환도 실재적이면서 동시에 비실재적인 마음의 상태다. 현실적인 모든 것이 잠재적인 것에 어느 정도 현존해 있는 것처럼 몽환은 현실적인 것을 예견한다. 깨달음의 순간에 몽환의 형상들은 형상으로서는 사라지고 만나는 실재로서는 복귀한다. 분명히 실재는 몽환적 형상과 다르지만, 완전히 다르지는 않다. 왜냐하면 현실적인 것은 예견을 통해서 잠재적인 것에 현존해 있기 때문이다. 이런 이유로 "몽환적"이라는 은유는 본질적 존재의 상태를 적절하게 묘사한다.

　"순결"이라는 단어 역시 현실화되지 않은 잠재성을 가리킨다. 인간은 현실화되면 순결함의 상태가 끝나게 된다는 바로 그 점과 관련해서 순결하다. 순결함에는 세 가지 함의가 있다. 이 단어는 현실적 경험의 결핍, 인격적 책임의 결핍, 도덕적 죄책의 결핍을 의미할 수 있다. 여기서 제안하는 은유적 용법에 따르면 이 단어는 세 가지를 모두 의미한다. 그것은 현실성, 실존, 역사 이전의 상태를 가리킨다. "몽환적 순결"이라는 은유는 인간 경험에서 유래한 구체적 함의를 보여준다. 어떤 사람은 아이의 초기 발달 단계를 생각할 수도 있다. 가장 두드러진 예는 아이의 성의식의 성장이다. 어떤 시점까지 아이는 자신의 성적 잠재성을 의식하지 못한다. 잠재성에서 현실성으로 이행하는 난해한 단계들을 거치면서 각성이 일어난다. 아이는 경험, 책임, 죄책을 얻고 몽환적 순결함의 상태를 상실한다. 이런 예가 성서 이야기에서 분명하게 나타나는데, 그 이야기에서 순결함 상실의 첫 번째 결과가 바로 성의식이다. 우리는 "순결"이라는 용어의 은유적 용법과 '신생아는 무죄 상태에 있다'는 잘못된 주장을 혼동해서는 안 된다. 모든 생명은 항상 실존의 조건에 처해 있다. "몽환적"이라는 단어처럼 "순결"이라는 단어도 문자적 의미가 아니라 유비적 의미로 사용되고 있다. 그런데 "순결"을 이런 식으로 사용하면, 본질적 존재의 상태 또는 잠재적 존재의 상태에 심리학적으로 접근할 수 있다.

몽환적 순결의 상태는 그 자체를 넘어서고자 한다. 그것은 실존으로 이행할 가능성을 유혹(temptation)으로 경험한다. 몽환적 순결은 대립도 없으며 확립되어 있지도 않기 때문에 유혹이 불가피하다. 그 상태는 완벽하지 않다. 정통주의 신학자들은 타락 이전의 아담을 가장 완벽한 인간으로 인정했고 그리스도의 모습(picture)과 동일시했다. 이러한 진행이 부조리하기만 한 것은 아니지만, 타락을 완전히 이해할 수 없는 것으로 만들어버린다. 잠재성 또는 몽환적 순결일 뿐인 것은 완벽하지 않다. 하나님이 본질과 실존을 초월하기 때문에 완벽한 것처럼 실존과 본질의 의식적 연합만이 완벽하다. "타락 이전의 아담"이라는 상징은 확립되지 않은 잠재성이라는 몽환적 순결로 이해해야 한다.

몽환적 순결이 자체를 넘어서도록 추동하는 요인을 알고자 한다면, 우리는 "유한한 자유" 개념을 계속해서 분석해야 한다. 모든 피조물처럼 인간은 유한한 동시에 자신의 유한성을 깨닫기도 한다. 그리고 이 깨달음이 "불안"이다. 지난 10년 동안 "불안"이라는 용어는 **앙스트**(Angst)라는 독일어 및 덴마크어와 연계되었는데 이 단어는 **앙구스티아이**(angustiae, "해협"[narrows])라는 라틴어에서 유래했다.[11] 키에르케고르에 의해 불안

---

11   역주. 존재론적 개념인 불안에 관해서는 Paul Tillich, 『폴 틸리히 조직신학 1』, 남성민 옮김

(Angst)은 실존주의의 핵심 개념이 되었다. 불안은 유한함에 대한 깨달음, 존재와 비존재의 혼합에 대한 깨달음, 비존재에 의해 위협받는 존재에 대한 깨달음을 표현한다. 모든 피조물은 불안에 의해 추동된다. 유한성과 불안은 동일하기 때문이다. 하지만 인간에게서 자유는 불안과 연합되어 있다. 우리는 인간의 자유를 "불안 속의 자유" 혹은 "불안한 자유"(sich ngstigende Freiheit[독일어])라고 할 수도 있다. 이 불안은 본질에서 실존으로 이행하게 하는 추동력 중 하나다. 키에르케고르는 특히 불안 개념을 본질에서 실존으로의 이행을 (설명이 아니라) 묘사하는 데 사용했다.[12]

우리는 이런 관념을 사용하고 유한한 자유의 구조를 분석함으로써 본질에서 실존으로 이행하는 동기들을 상호 관련 있는 두 가지 방식으로 제시할 수 있을 것이다. 창세기에는 그동안 무시되었던 한 가지 요소가 있는데 그것은 선악과를 먹지 말라는 신적 금지 명령이다.[13] 모든 명령에는 명령의 내용이 아직 이루어지지 않았다는 전제가 있다. 신적 금지 명령이 단지 피조물의 순종을 시험하기 위한 목적으로 주어졌을지라도 그 명령은 창조주와 피조물의 분열, 명령을 필연적인 것으로 만드는 분열을 전제한다. 이 분열이 타락을 해석함에 있어 가장 중요한 지점이다. 이 분열은 아직은 죄가 아니지만 더 이상 순결도 아닌 죄를 전제하고 있기 때문이다. 그것은 죄를 짓고자 하는 욕망이다. 나는 이 욕망의 상태를 "각성된 자

(서울: 새물결플러스, 2021), 313 참조하라.

12 역주. "불안은 일정한 무엇을 가리키는 공포나 혹은 공포와 유사한 개념들과는 전혀 다르다는 것을 지적하지 않을 수 없다. 이런 것들과는 달리, 불안은 가능성의 가능성으로서의 자유의 현실성이다. 이런 이유 때문에 불안은 동물에게서는 찾아볼 수 없다. 왜냐하면 본래 동물은 정신으로 규정되어 있지 않기 때문이다." Kierkegaard, 『불안의 개념』, 임규정 옮김(파주: 한길사, 2005), 160.

13 역주. 창 2:17.

유"(aroused freedom)로 부르고자 한다. 몽환적 순결의 상태에서 자유와 운명은 조화를 이루지만 그중 어느 것도 현실화되어 있지 않다. 그것들의 일치는 본질적이고 잠재적이다. 그 일치는 유한하며 대립 없는 순결이 그러하듯이 긴장과 분열에 개방되어 있다. 유한한 자유가 자신을 의식하고 현실화할 때 긴장이 발생한다. 이것을 각성된 자유의 순간이라 부를 수 있다. 하지만 동시에 자유와 운명의 일치에서 유래하는 반작용도 시작된다. 몽환적 순결은 그 자체를 보존하기 원한다. 성서 이야기에서 이 반작용을 보여주는 상징은 잠재적 자유의 현실화를 금지하는 명령, 그리고 지식과 힘의 획득을 금지하는 신적 금지 명령이다. 인간은 자신의 자유를 현실화하려는 욕망과 자신의 몽환적 순결을 보존하라는 요구 사이에 놓여 있다. 인간은 자신의 유한한 자유의 힘으로 현실화하기를 결정한다.

말하자면 내부에서, 즉 자신의 유한한 자유에 대한 인간의 불안한 깨달음에 대해서도 동일하게 분석할 수 있다. 인간이 자신의 자유를 의식할 때, 인간은 자신의 위험한 상황에 대한 깨달음에 사로잡힌다. 그는 이중의 위협, 즉 자신의 유한한 자유에 뿌리내리고 있으면서 불안으로 표현되는 위협을 경험한다. 인간은 자신과 자신의 잠재성을 현실화하지 않음으로써 자신을 상실하게 되는 불안, 그리고 자신과 자신의 잠재성을 현실화함으로써 자신을 상실하게 되는 불안을 경험한다. 그는 존재의 현실성을 경험하지 않고서 자신의 몽환적 순결함을 보존하는 것과 지식과 힘 및 죄책을 통해 자신의 순결을 상실하는 것 사이에 있다. 이 상황으로 인한 불안이 유혹의 상태다. 인간은 자기 현실화를 결정하고 따라서 몽환적 순결의 종말을 맞이한다.

앞서 말한 내용에 대한 가장 적절한 심리학적 유비는 또다시 성적 순결이다. 전형적인 청소년은 성적으로 자신을 현실화하거나 현실화하지 않음으로써 자신을 상실할 수 있다는 불안에 의해 추동된다. 한편으로, 사회가 부여하는 금기에는 자신의 잠재성을 현실화함으로써 순결을 상실하고 죄책을 지게 된다는 불안을 그에게 확인시켜주는 힘이 있다. 다른 한편으로 그는 자신을 현실화하지 않는 것과 자신의 순결을 보존함으로써 자신의 잠재성을 희생시키게 되는 것을 두려워한다. 인간이 보편적으로 그러하듯이 인간은 보통 현실화하기로 결단한다. (예를 들어 의식적 금욕 등과 같은) 예외들로 인해 인간 상황의 일반적 유사성이 제한되기도 하지만 유사성이 제거되는 것은 아니다.

여기서 유혹에 관한 분석을 제시하면서 인간의 육체적 측면과 정신적 측면의 갈등을 유혹을 일으킬 수 있는 원인으로 언급하지 않았다. 여기서 제시된 인간에 관한 교설은 인간 본성에 관한 이원론적 이해가 아니라 "일원론적" 이해를 담고 있다. 인간은 통전적이며 인간의 본질적 존재는 몽환적 순결이라는 특징을 갖고 있다. 인간의 유한한 자유로 인해 본질에서 실존으로의 이행이 가능하고, 그의 각성된 자유로 인해 인간은 자기를 상실하도록 위협하는 두 가지 불안 사이에 놓이게 되며, 그는 몽환적 순결의 보존을 반대하면서 자기-현실화를 옹호하는 결정을 한다. 신화적으로 말하자면, 유혹의 나무의 열매는 육욕적이기도 하고 정신적이기도 하다.

4. 본질적 존재에서 실존적 존재로의 이행 속에 있는 도덕적 요소와 비극적 요소

본질에서 실존으로의 이행은 근원적(original) 사실이다. 그것은 시간적 의미에서 첫 번째 사실, 또는 다른 사실들과 같은 사실, 혹은 다른 사실들 이전에 있었던 사실이 아니라 모든 사실에 타당성을 제공하는 사실이다. 그것은 모든 사실 속에 있는 현실적 사실이다. 우리는 실존하며 우리 세계도 우리와 함께 실존한다. 이것이 근원적 사실이다. 이것은 본질에서 실존으로의 이행이 유한한 존재의 보편적 성질이라는 의미다. 그것은 과거의 사건이 아니다. 그 이행은 시간과 공간에서 일어나는 모든 일보다 존재론적으로 선행하기 때문이다. 그것은 시간적 실존과 공간적 실존의 조건들을 조성한다. 그것은 몽환적 순결로부터 현실화와 죄책으로 이행하는 모든 개체적 인격 속에서 현현한다.

본질에서 실존으로의 이행이—종교 언어로 표현되어야 하듯이—신화론적으로 표현되면, 그 이행이 시간의 세 가지 양태에서 일어날지라도 과거의 사건으로 여겨진다. 전통 신학이 언급하는 과거 사건은 창세기가 말하는 타락 이야기다. 아마도 창세기 3장만큼 그렇게 많은 해석이 시도된 본문은 없을 것이다. 이는 한편으로 그 본문이—심지어 성서 안에서도—갖는 유일무이함 때문이고 또 한편으로는 그 심리학적 심오함 때문이며, 또 다른 편으로는 그 종교적 힘 때문이다. 신화론적 언어로 기록된 그 본문은 본질에서 실존으로의 이행을 옛날 특별한 장소에서 개체적 인격들—처음에는 하와에게 그다음에는 아담—에게 일어난 유일무이한 사건으로 묘사한다. 하나님 자신도 시간과 공간 안에 있는 개체적 인격으로, 전형적인 "아버지"로 등장한다. 심리학적·윤리적 특징이 전반적으로 묘사되어 있는데 특별한 문화적 조건과 사회적 조건 속에 있는 사람들의 일상적 경험에 기반하여 묘사되어 있다. 그럼에도 그 이야기는 보편적 타당성을 주장한다. 심리학적 측면과 윤리적 측면이 우세하다고 해서 성서 이야기 속에 있는 다른 요소들이 배제되는 것은 아니다. 뱀은 자연의 역동적 경향들을 나타낸다. 또 두 나무의 마술적 특징, 성의식의 부각 그리고 아담의 후손, 여성의 몸, 동물과 땅 등에 대한 저주도 있다.

이런 흔적들은 우주적 신화가 이 이야기의 심리학적·윤리적 형식 배후에 숨겨져 있다는 사실과 이 신화를 예언자적으로 "비신화화"하면 그것은 신화적 요소를 제거하는 것이 아니라 오히려 신화적 요소를 윤리적 관점에 종속시키게 된다는 사실을 보여준다. 우주적 신화는 성서 속에서 신적인 힘과 악마적 힘, 혼돈과 어둠의 힘 사이의 투쟁으로 다시 등장한다. 또 그것은 천사의 타락 신화로, 그리고 에덴의 뱀을 타락한 천사의 체현으로 해석하는 것 등으로 다시 등장한다. 이 모든 본보기는 아담의 타락에 내포된 우주적 전제와 함의를 보여준다. 하지만 타락의 우주적 특징은 영혼의 초월적 타락 신화에서 가장 일관적으로 강조되어 나타난다. 아마도 이 신화는 오르페우스교(Orphic)에 뿌리를 두고 있겠지만, 플라톤이 본질과 실존을 대조시키면서 이 신화를 처음으로 언급했다.[14] 이 신화는 오리게네스에 의해서 기독교적 형식을, 칸트에 의해서 인문주의적 형식을 갖게 되었고 기독교 시대의 다른 많은 철학과 신학 속에 현존해 있었다. 그 모든 것들은 실존이 실존 내부에서 나올 수 없음을, 실존이 시간과 공간 속에서 일어나는 개체적 사건에서 나올 수 없음을 알고 있었다. 그것들은 실존에 보편적 차원이 있다는 것을 알고 있었다.

초월적 타락 신화가 그대로 성서적인 것은 아니지만 그렇다고 성서

---

14   역주. 오르페우스교에 따르면, 인간의 영혼은 육체를 갖게 되는 긴 윤회의 과정을 거치며 금욕적인 삶을 통해 이 과정에서 벗어나기를 추구해야 했다. 이는 플라톤의 철학에도 큰 영향을 주었다. "에르에 따르면, 개개의 혼들이 자신들의 삶을 선택하는 광경이야 말로 참으로 볼만 하더라. 그것은 가련해 보이기도 하고, 우스꽝스러워 보이기도 하고, 놀랍기도 한 광경이었다.…이를테면, 그는 일찍이 오르페우스에게 속했던 혼이 오르페우스가 여자들의 손에 죽은 까닭에 여자의 배 속에 잉태되었다가 태어나기 싫어서 백조의 삶을 선택하는 것을 보았다"(620a/588). "우리가 이 이야기를 믿으면, 이 이야기는 우리를 구제해 줄 걸세. 그리하여 우리는 망각의 강을 무사히 건널 것이고 우리의 혼을 더럽히지 않을 것이네. 따라서 내가 충고하고 싶은 것은 우리는 혼이 불멸하며 어떤 악도 어떤 선도 감당할 수 있다는 것을 믿고 끊임없이 향상의 길을 나아가며 가능한 방법을 다해 지혜와 정의를 추구해야 한다는 것이네"(621c/590). 플라톤, 『국가』, 천병희 옮김(고양: 도서출판 숲, 2013) 참조.

와 모순되는 것도 아니다. 이 신화는 타락에 담겨 있는 윤리적·심리학적 요소를 인정하며 우리가 성서에서 발견하는 우주적 차원을 전해준다. 초월적 타락 신화의 동기는 실존의 비극적·보편적 특징이다. 신화에 담긴 의미는 실존이 본질에서 실존으로의 이행에 의해 구축된다는 것이다. 실존적 소외의 상황 속에서 행해지는 개체적 행위는 단독적 개인의 단독적 행위가 아니다. 그것은 실존이라는 보편적 운명 속에 있음에도 자유의 행위다. 존재의 소외 혹은 타락이라는 특징이 모든 개체적 행위를 통해서 현실화된다. 모든 윤리적 결정은 개체적 자유의 행위이자 보편적 운명의 행위다. 이로 인해 두 가지 형식의 타락 신화가 정당화된다. 확실히 이 두 형식은 신화이며 상징적이 아니라 문자적으로 수용될 경우 부조리해진다. 신화는 윤리적 자유에도 또한 비극적 운명에도 뿌리내리고 있다. 둘 중 하나가 부정된다면 인간의 상황을 이해할 수 없다. 그 둘을 일치시키는 것이 인간론의 큰 문제다. 창세기에 나오는 우주적 신화의 모든 측면들 중에서 "원죄" 교리는 18세기 초부터 가장 격렬하게 공격받았다. 이 개념은 계몽주의가 비판했던 첫 번째 지점이었고 이 개념을 거부하는 일은 현대 인문주의가 수호하고자 했던 최후의 보루 중 하나였다. 현대인의 마음이 원죄 관념에 격렬하게 저항했던 이유는 두 가지로 설명된다. 첫째, 이 관념의 신화적 형식이 공격자와 방어자에 의해서 문자적으로 받아들여졌으며 따라서 역사비평으로 각성된 사유방식에 문자적으로 받아들여질 수 없었다. 둘째, 원죄 교리에는 인간에 대한 부정적인 가치 평가가 내포되어 있는 듯 보였으며 이런 평가는 산업 사회에서 발전된 생명과 세계에 대한 새로운 느낌과는 완전히 모순된 것이었다. 사람들은 비관주의적인 인간 이해로 인해 세계와 사회를 기술적·정치적·교육적으로 변화시키고자 하는 현대인의 거대한 충동이 억제될지도 모른다고 우려했다. 사람들은 인간의 도덕적·지성적 힘에 대한 부정적 가치 평가로 인해 권위주의와 전체주의가 뒤따라 나올 수도 있다고 우려했다. 이런 우려는 예전에도 있었고 지금도 있다. 신학은 대체적으로 그렇게 해왔던 것처럼 성서와 교회의 신화를 역사비평적으로 비평해야 한다. 또 신학은 인간의 본질적 본성에 대한 긍정적 가치 평가를 강조해야 한다. 그것은 인간의 위대함과 위엄을 부인하는 자연주의와 실존주의에 맞서서 인간의 창조된 선함을 수호하는 고전적 인문주의에 동참해야 한다. 동시에 그것은 인간의 실존적 자기-소외를 보여주고 인간의 곤경에 대한 실존주의적 분석을 유용하게 활용함으로써 원죄 교리를 재해석해야 한다. 그렇게 하면서 신학은 실제적인 인간론을 발전시켜야 하는데 그 인간론을 통해 인간의 자기-소외에 속해 있는 윤리적 요소와 비극적 요소의 균형을 맞추어야 한다. 그런 과제를 위해서 "원죄"(original sin)나 "유전죄"(hereditary sin) 같은 용어들을 신학 용어집에서 확실히 제거하고 그 용어들을 인간의 상황 속에 도덕적 요소와 비극적 요소가 상호내재해 있음에 관한 묘사로 대체할 필요가 있다.

그런 묘사를 위한 경험론적 기초는 우리 시대에 매우 확대되었다. 분석사회학과 분석심리학은 운명과 자유, 비극과 책임이 아동기로부터 쭉 인간 안에서 그리고 인류 역사 속 모든 사회정치적 집단 안에서 어떻게 상호결합 되어 있는지 보여주었다. 기독교 신학은 자주 부적절한 언어로 그리고 늘 갈등을 유발하는 방향으로 인간의 상황을 묘사했지만, 그 묘사를 통해 양 측면을 안정적으로 균형 잡아왔다. 아우구스티누스는 마니교와 펠라기우스주의 사이에서 길을 찾고자 분투했다. 루터는 에라스무스를 거부했지만, 플라키우스 일리리쿠스(Flacius Illyricus)는 루터를 반쯤 마니교적인 방식으로 해석하기도 했다. 예수회는 얀센주의자들이 인간의 합리성을 파괴한다고 비판했다. 자유주의 신학은 신정통주의뿐만 아니라 마니교적 흔적을 가지고 있는 실존주의(예를 들어 사르트르, 카프카)로부터도 비판받았다. 기독교는 이런 긴장 상태를 피할 수 없다. 기독교는 소외의 비극적 보편성을 인정하는 동시에 소외에 대한 인간의 인격적 책임을 인정해야 한다.

5. 창조와 타락

인간의 곤경에서 도덕적 요소와 비극적 요소는 일치를 이루고 있기 때문에 실존에서 이루어지는 인간과 우주의 관계에 관한 물음이 제기되며 결과적으로 창조와 타락에 관한 물음이 제기된다. 성서의 신화뿐만 아니라 성서 밖의 신화들에서도 타락은 우주적 사건으로, 즉 본질적 선함에서 실존적 소외로의 보편적 이행으로 그려지지만 인간은 타락에 대해 책임을 진다. 그 신화들에 등장하는 인간 이하의 것들과 인간 이상의 것들이 인간의 결정에 영향을 준다. 하지만 결정은 인간 자신이 하고 이와 관련하여 인간이 신적 저주를 받는다. 창세기 이야기에서 뱀은 인간 안팎의 역동적 자연을 대표한다. 하지만 뱀만으로는 힘이 없다. 오직 인간을 통해서만 본질에서 실존으로의 이행이 일어날 수 있다. 이후의 교리들은 반역하는 천사들이라는 상징과 뱀이라는 상징을 결합시켰다. 하지만 이 교리조차도 인간의 책임을 면제해주지 않았다. 왜냐하면 루시퍼의 타락으로 인해 인간의 유혹이 발생했지만, 루시퍼의 타락이 인간의 타락을 가져온 것은 아니기 때문이다. 천사의 타락이라는 신화는 실존의 수수께끼를 푸는 데 도움을 주지 못한다. 오히려 그 신화는 더 난해한 수수께끼, 즉 "신적 영광을 영원히 지각하고 있는 '복 받은 영들'이 하나님으로부터 돌아서게 되는 유혹이 어떻게 가능할 수 있는가?"라는 수수께끼를 가져왔을 뿐이다. 인간의 타락을 해석하는 이런 방식은 타락 자체보다도 더 많은 설명이 필요하다. 우리는 그 신화가 존재의 힘과 존재자를 혼동하고 있다고 비판할 수 있다. 천사적 힘과 악마적 힘에 관한 교설은 초개인적인 선의 구조와 초개인적인 악의 구조가 있다는 사실을 보여준다는 점에서 옳다. 천사와 악마는 건설적인 존재의 힘과 파괴적인 존재의 힘에 해당하는 신화적 명칭인데, 그 힘들은 모호하게 결합되어 있으며 동일한 인격, 동일한 사회집단, 동일한 역사적 상황 안에서 서로 투쟁하고 있다. 천사와 악마는 존재자들이 아니라 실존의 구조 전체에 의존하고 있고 또 모호한 생명에 포함되어 있는 존재의 힘들이다. 인간이 본질에서 실존으로의 이행에 책임이 있는 이유는 인간에게 유한한 자유가 있고 또 실재의 모든 차원이 인간 안에서 연합되어 있기 때문이다.

다른 한편, 우리는 인간의 자유가 보편적 운명에 속해 있으며 따라서 본질에서 실존으로의 이행에는 도덕적 특징과 비극적 특징이 있음을 확인했었다. 이로 인해서 보편적 실존이 인간의 실존과 무슨 관계가 있는지 필연적으로 묻게 된다. 타락과 관련하여 인간은 자연과 무슨 관계가 있는가? 그리고 만약 우주가 동일한 방식으로 타락에 참여한다면 창조와 타락 사이에는 무슨 관계가 있는가?

성서문자주의는 인간의 타락이 자연의 구조를 변화시켰다고 대답할 것이다. 아담과 하와에게 내려진 신적 저주에는 인간 안팎에서 일어난 자연의 변화가 포함되어 있다. 그런 문자주의를 부조리하다는 이유로 거부한다면, "타락한 세계"라는 용어의 의미는 무엇인가? 만약 자연의 구조가 언제나 지금과 동일하다면, 인간이 기초로 삼고 있는 자연이 인간의 실존적 소외에 참여한다고 말할 수 있을까? 인간이 자연을 타락시켰는가? 이렇게 조합된 단어들에는 대체 무슨 의미가 있는가?

이런 물음들에 대한 첫 번째 대답은 본질에서 실존으로의 이행이 시간과 공간 안에서 일어난 사건이 아니라 시간과 공간 안에서 일어나는 모든 사건이 가진 초역사적 성질이라는 것이다. 이것은 인간과 자연에 동일하게 적용된다. "타락 이전의 아담"과 "저주 이전의 자연"은 잠재적 상태다. 그것들은 현실적 상태가 아니다. 현실적 상태는 인간이 우주 전체와 함께 자기 자신을 발견하는 실존이며 그 이행이 일어났던 과거의 시간 같은 것은 존재하지 않는다. 선한 인간이 악해지게 된 시간 **속의** 한순간이라는 개념은 부조리하며 계시적 경험에 의해 만들어지는 토대가 없다.

우리는 이런 진술을 따라서 다음과 같이 물을 수 있다. 타락한 세계라는 개념을 버리고 인간과 자연을 철저히 구별하는 것이 덜 혼란스럽지 않은가? 인간만이 책임 있는 결정을 할 수 있기 때문에 죄책을 질 수 있으며 자연은 순결하다고 말하는 것이 실재를 더 잘 반영하지 않는가? 많은 사람이 그런 구분을 수용했던 이유는 그렇게 하는 것이 매우 어려운 문제를 간단한 방법으로 해결하는 것처럼 보였기 때문이다. 하지만 그것은 너무 간단하기 때문에 적절치 않다. 그렇게 하면 인간의 곤경에서 비극적 요소, 운명의 요소가 제외된다. 소외의 책임이 개체적 인격의 결정에만 있다면, 언제나 각 개인은 자신의 본질적 본성과 모순될 수도 있고 모순되지 않을 수도 있다. 사람은 죄를 피할 수 있고 또 피할 수 있었다는 사실을 부인해야 할 어떤 이유도 없을 것이다. 나쁜 본보기들이 자유롭고 책임을 져야 하는 개인의 결정에 영향을 준다는 것을 펠라기우스도 인정했지만, 펠라기우스는 이런 견해를 가지고 있었다. 이 견해에는 "의지의 속박"과 같은 것이 없다. 유아기부터 나타나는 인간 곤경의 비극적 요소는 무시되었다. 기독교 전통에서 아우구스티누스, 루터, 칼뱅 같은 사람들은 이런 견해에 반대했다.[15] 초기 교회는 펠라기우스의 관념에 반대했으며, 종교개혁가들은 중세교회에서 우세했던 유사(semi) 펠라기우스적 관념에 반대했다. 신정통주의 신학자들과 실존주의 신학자들은 현대 도덕주의적 개신교가 제시하는 신펠라기우스적 관념에 반대한다. 기독교는 실존적 소외의 비극적 보편성을 인식하고 있으며 그 인식을 결코 버릴 수 없다.

하지만 이것은 기독교가 순결한 자연과 죄책 있는 인간이라는 관념론적 분리를 거부해야 함을 의미한다. 우리 시대에는 인간의 성장에 관한 통찰, 인간 안팎의 자연과 인간이 맺는 관계에 관한 통찰 때문에 그런 거부가 비교적 쉬워졌다. 첫째, 우리는 인간의 발달 과정에서 동물적 속박과 인간적 자유가 완전히 상반된 것은 아니라는 사실을 제시할 수 있게 되었다. 서로 다른 단계들 사이에는 도약도 있고 느리고 지속적인 변형도 있다. 자연의 진화 과정 속 어느 시점에서 동물적 본성이 우리가 현재 인간적인 것이라고 경험적으로 알고 있는 본성, 곧 동물적 본성과 질적으로 다른 본성으로 대체되었는지 말하는 것은 불가능하다. 동물적 본성과 인간적 본성이 동일한 존재자 안에서 서로 갈등하고 있었을 가능성을 부인할 수 없다. 둘째, 우리는 인간의 발달 과정 속 어느 시점에서 개인의 책임이 시작되고 끝나는지 결정할 수 없다. 법사상은 그 시점을 개인에게서 매우 늦게 잡는다. 그리고 성인에게도 책임의 한계가 있다. 그 한계 중 일부는

---

15   역주. 인간에게 선을 행할 수 있는 자유 의지가 있다는 견해와 없다는 견해는 교회 역사 속에서 지속적으로 대립해왔다. 펠라기우스와 아우구스티누스, 에라스무스와 루터, 피기우스와 칼뱅의 대립이 대표적인 경우인데, 전자는 자유 의지를, 후자는 노예 의지 또는 "의지의 속박"을 강조했다. 이에 관해서는 아우구스티누스, "영과 문자", 『아우구티누스: 후기 저서들』, 이형기·정원래 옮김(서울: 두란노아카데미, 2011), 그리고 루터, "노예 의지에 관하여", 『루터와 에라스무스 : 자유의지와 구원』, 김주한·이성덕 옮김(서울: 두란노, 2011), 그리고 칼뱅, 『칼뱅작품선집IV: 의지의 속박과 자유』, 박건택 편역(서울: 총신대학교출판부, 2009) 참조.

도덕이나 법으로 인정될 정도로 강력하다. "책임"은 인격으로서 "대응"할 수 있는 완전히 발달된 능력을 전제한다. 하지만 피로, 질병, 중독, 신경증적 강박, 정신 분열 등이 가져오는 중심성이 감소된 단계들도 있다. 이 모든 것으로 인해 책임이 면제되는 것은 아니지만, 이것들은 자유로운 행위에 존재하는 운명의 요소를 보여준다. 셋째, 우리는 무의식의 현대적 재발견, 무의식이 인간 의식의 결정에 끼치는 힘을 언급해야 한다. 이 시대의 분석심리학 운동뿐만 아니라 과거와 현재의 실존주의적 문학은 이런 일이 일어나는 방식을 묘사했다. 인간의 역동적 인격성에 관한 가장 놀라운 사실 중 하나는 자신의 실제 동기들에 관해 의도적으로 무지하다는 점이다. 동기 자체는 육체적이거나 심리적인 충동인데, 종종 그것은 인격적 중심이 수행하는 결정에서 의식상의 원인으로 나타나지 않는다. 그런 결정은 여전히 자유롭지만 운명의 한계 안에서의 자유다. 넷째, 우리는 무의식적 충동의 사회적 차원들을 고려해야 한다. "집단무의식"이라는 의심스러운 용어는 이 차원이 실재임을 가리키고 있다. 인격적 중심을 형성한 자기는 의식을 통해서 사회적 환경과 영향을 주고받기도 하고 파악되거나 정식화되지는 않았지만 사회 안에서 영향력을 발휘하는 것들로부터 영향을 받기도 한다. 이 모든 사실은 개인이 독립적으로 결정한다는 말이 단지 반쪽짜리 진리일 뿐임을 보여준다.

생물학적·심리학적·사회학적 힘들은 모든 개인적 결정에 영향을 준다. 우주는 우주의 일부인 우리를 통해서 일한다.

이 지점에서 누군가는 다음과 같이 말할지도 모른다. 어떤 고찰들은 펠라기우스적인 도덕적 자유를 반박하면서 마니교적인 비극적 운명을 확립했다고 말이다! 그러나 이것은 사실이 아니다. 도덕적 자유는 비극적 운명과 분리되어 있는 경우에만 "펠라기우스적"이다. 그리고 비극적 운명은 도덕적 자유와 분리되어 있는 경우에만 "마니교적"이다. 도덕적 자유와 비극적 운명은 서로 결속되어 있다. 자유는 비결정성이라는 자유가 아니다. 그런 자유는 모든 도덕적 결정을 우연한 사건으로, 즉 행위하는 인격과 관련 없는 것으로 만들어버린다. 하지만 자유는 인격성 전체, 인격적 중심이 행위한다는 가능성, 인간의 운명을 구성하는 모든 충동과 영향력들이 인격적 중심에서 일치를 이루어 결정이라는 행위를 하게 된다는 가능성이다. 이런 충동 중 어느 것 하나에 의해서만 결정이 이루어지게 강요할 수 없다. (오직 분열된[disintegration] 상태에서만 인격은 강제적으로 결정한다.) 그것들은 연합하여 그리고 결정하는 중심을 통해서 영향을 끼친다. 우주는 이런 방식으로 인간의 자유가 행하는 모든 행위에 참여한다. 그것은 자유의 행위 속에 있는 운명의 요소를 대표한다.

반대로 우주의 모든 부분에는 자유롭게 작동하는 것 같은 유사한 것들이 있다. 원자의 구조부터 최상위 고등동물에 이르는 유기적 생명의 차원에는 어떤 생명 전체, 어떤 생명의 중심이 행하는 "자발성"이라는 반작용이 있다. 물론 비인간적인 자연에서 나타나는 구조적이고 자연발생적인 반작용은 책임을 져야 할 행위도 아니고 범죄로 성립되지도 않는다. 그래서 자연에 "순결한"이라는 형용사를 붙이는 것 역시 적합해 보이지 않는다. 논리적으로, 유죄가 될 가능성이 없는 곳에서 순결을 논하는 것 자체가 옳지 않다. 하지만 자연에 인간의 자유와 유사한 것이 있듯이 우주의 모든 부분에도 인간적 선함, 인간적 악함과 유사한 것이 있다. 이사야가 새로운 시대에 자연 속에서 누리게 될 평화를 예언했고 따라서 그가 자연을 "순결하다"고 하지 않았던 것은 주목할 가치가 있다.[16] 창세기 3장의

---

16   역주. 사 11:6-9 참조.

저자도 땅에 대한 저주를 말하면서 땅이 순결하다고 말하지 않았다. 바울도 로마서 8장에서 헛됨에 속박되어 있는 자연의 숙명에 관해 말할 때 자연을 순결하다고 말하지 않았다. 확실히 이 모든 것은 시적·신화적 표현이다. 그렇게 표현할 수밖에 없는 이유는 오직 시적 감정 이입을 통해서만 자연의 내적인 생명을 개방할 수 있기 때문이다. 그렇지만 그 표현들은 실재론적 실체를 보여주고 있으며, 비도덕적 인간과 순결한 자연을 대조하는 도덕적 유토피아주의보다 확실히 더 실재론적이다. 자연은 인간 안에서 인간이 실행하는 선과 악에 참여하는 것처럼 인간 밖에서도 인간의 선행 및 악행과 유사한 것을 보여준다. 자연이 인간에 개입하듯이 인간도 자연에 개입한다. 인간과 자연은 서로에게 참여하며 서로 분리되지 않는다. 그로 인해 "타락한 세계"라는 용어도 사용 가능하며 (본질과 대립하는) 실존 개념을 인간뿐만 아니라 우주에도 적용해야 한다.

실존의 비극적 보편성, 인간의 자유에 있는 운명의 요소, "타락한 세계"라는 상징은 자연스럽게 다음과 같은 물음을 제기한다. 죄가 인격적 책임과 죄책의 문제가 아닌 존재론적으로 필연적인 일이 되어버리지 않는가? 앞서 했던 묘사로 인해 타락과 소외의 실재성이 "존재론 속에서 사라지는"(ontologize away) 것은 아닌가? 창조와 타락이 논리적으로 다르지만 서로 일치하는 지점도 있다고 누군가 말한다면 (그리고 그렇게 말해야만 한다면) 이런 물음들은 훨씬 더 긴급한 것이 될 것이다.

(제1권에 대해서 몇몇 비평가들이 제기했던, 대표적으로 라인홀드 니버가 『폴 틸리히의 신학』 속 기고문에서 제기했던)[17] 이런 물음들에 대해서 창조와 타락이

---

17   역주. Reinhold Niebuhr, "Biblical Thought and Ontological Speculation in Tillich's Theology," *The Theology of Paul Tillich*(New York: The Macmillan Company, 1952), 216-27.

일치한다는 진술을 해석하면서 대답하겠다. 창조된 선함이 현실화되고 실존하게 되는 시간과 공간상의 어떤 지점이 존재하지 않는 한 창조와 타락은 일치한다. 이것은 낙원 이야기에 대한 문자적 해석을 거부하면서 따라 나오는 필연적 결과다. 미래에도 "유토피아"가 없듯이 과거에도 "유토피아"는 없었다. 현실화된 창조와 소외된 실존은 동일하다. 오직 성서문자주의에게만 이 주장을 반대할 신학적 권리가 있다. 본질적 선함이 역사적 단계라는 생각을 버린 자는 그 결과를 피하지 말아야 한다. 누군가가 창조라는 상징을 시간 과정 전체에 적용하면, 이 사실이 더 명확해진다. 만약 하나님이 지금 여기서 창조하신다면, 하나님이 창조한 모든 것은 본질에서 실존으로의 이행에 참여한 것이다. 하나님이 신생아를 창조하신다. 그 신생아는 창조되었기 때문에 실존적 소외의 상태로 타락한 것이다. 바로 이것이 창조와 타락이 일치하는 지점이다. 하지만 그것은 논리적 일치가 아니다. 왜냐하면 아이는 성장하고서야 책임과 죄책을 내포하는 자유의 행위들을 통해 소외의 상태를 인정할 것이기 때문이다. 창조는 본질적으로 선하다. 하지만 현실화된 창조는 자유와 운명을 통해 보편적 소외 상태로 타락한 것이다. 수많은 비평가가 순수하게 본질주의적인 조직을 따를 때 죄가 합리적인 필연성이 될 수도 있다고 정당한 두려움을 느꼈기 때문에 이 확실한 실재론적 진술들을 수용하기 주저했다. 신학은 그 비평가들에 반대하면서 본질에서 실존으로의 도약이 근원적 사실이라고 주장해야 한다. 즉 여기에는 구조적 필연성이라는 특징은 없고 도약이라는 특징만이 있을 뿐이다. 타락의 비극적 보편성에도 불구하고 실존은 본질로부터 나올 수 없다.

C. 인간 소외의 표지들과 죄 개념

1. 소외와 죄

실존이라는 상태는 소외의 상태다. 인간은 자신의 존재의 근거로부터, 다른 존재자로부터, 자기 자신으로부터 소외되어 있다. 본질에서 실존으로의 이행은 인격적 죄책과 보편적 비극으로 귀결된다. 이제 실존적 소외와 소외의 자기-파괴적 함의를 묘사해야 한다. 하지만 그 전에 우리는 이미 제기된 다음과 같은 물음에 대답해야 한다. 소외 개념과 전통적인 죄 개념은 무슨 관계인가?

철학 용어인 "소외"는 헤겔이 만들어 적용한 용어인데 특히 자연을 소외된 정신(Geist)이라고 말한 교설에서 사용한 용어다. 하지만 헤겔이 소외를 발견한 것은 자신의 자연 철학을 발전시키기 훨씬 이전의 일이었다. 헤겔은 초기 단편에서 생명-과정이란 근원적 일치를 소유하는 것이라고 묘사했는데, 그 근원적 일치는 주체성과 객체성으로 분열해서, 그리고 사랑을 법으로 대체해서 파괴되었다.[18] 헤겔의 몇몇 후학들, 특히 마르크스는 헤겔의 자연 철학에 나오는 다른 개념보다도 바로 이 소외 개념을 가지고 헤겔에 반대했다.[19] 그들은 소외가 역사 속에서 화해를 통해 극복된다

---

18   역주. "삶은 해체됨으로써 감정의 다양성 속에서 분산되며 이 다양성의 전체 속에서 자신을 발견한다. 사랑 속에서는 이러한 전체가 많은 특수자의 총합, 분리된 것들의 총합 속에서 존재하는 것처럼 존재하지 않는다. 사랑 속에서 삶은 자신을 발견하며, 그것도 이중화로서, 이 이중화의 통일로서 발견한다." G. W. F. Hegel, "사랑", 『청년 헤겔의 신학론집』, 정대성 옮김(서울: 그린비, 2018), 445.

19   역주. "그러므로 진리의 피안이 사라진 뒤에 차안의 진리를 확립하는 것은 역사의 임무다. 인간의 자기 소외의 신성한 형태가 폭로된 뒤에 그 신성하지 않은 형태들 속의 자기 소외를 폭로하는 것은 무엇보다도 바로 역사에 봉사하는 철학의 임무다. 이리하여 천상의 비

는 헤겔의 주장에 반대했다. 개인은 소외되어 있으며 화해를 이루지 못했다. 사회는 소외되어 있으며 화해를 이루지 못했다. 실존은 소외다. 헤겔의 몇몇 후학들은 이 강력한 통찰을 통해서 실존하는 세계에 반대하는 혁명가가 되었고 20세기가 시작되기 오래전 실존주의자가 되었다.

헤겔에 반대하는 자들이 사용했던 의미를 따르면, 소외는 인간 곤경의 기본적 특질을 가리킨다. 실존하는 인간은 본질적 인간, 당위적 인간이 아니다. 인간은 자신의 참된 존재로부터 소외되어 있다. "소외"라는 용어의 심오함은 "인간은 자신이 소외되어 있는 것에 본질적으로 속해 있다"라는 함의에 있다. 인간은 자신의 참된 존재에 대해서 이방인이 아니다. 왜냐하면 인간은 그것에 속해 있기 때문이다. 인간은 그 참된 존재에 의해서 심판받지만, 그 참된 존재와 적대적일지라도 그것으로부터 분리될 수 없다. 하나님을 향한 인간의 적개심은 인간이 하나님께 속해 있음을 반박 불가능하게 증명한다. 미움의 가능성이 있는 그곳에 그리고 그곳에만 사랑의 가능성이 있다.

소외는 성서의 용어가 아니지만 인간의 곤경에 관한 성서의 묘사 대부분에 내포되어 있다. 소외는 낙원에서의 추방이라는 상징, 인간과 자연 사이의 적개심, 형제를 향한 끔찍한 적개심, 언어의 혼란으로 인한 민족과 민족의 소외, 이방신들에게로 돌아선 왕과 백성을 향한 예언자들의 지속적인 지적 등에 내포되어 있다. 소외는 인간이 하나님의 형상을 우상의 형상으로 왜곡시켰다는 바울의 진술, "자신에게 적대적인 인간"에 관한 그의 고전적 묘사, 인간을 향한 인간의 적개심을 인간의 왜곡된 욕망들과 결

판은 지상의 비판으로, 종교의 비판은 법의 비판으로, 신학의 비판은 정치의 비판으로 전환된다." Karl Marx, "헤겔 법철학의 비판을 위하여", 『칼 맑스-프리드리히 엥겔스 저작선집 1』, 최인호 외 옮김(고양: 박종철출판사, 2016), 2.

합된 것으로 보는 그의 견해 등에 내포되어 있다.[20] 소외는 인간의 곤경에 관한 이 모든 해석에서 암묵적으로 주장되고 있다. 따라서 인간의 실존적 상황을 묘사하면서 "소외"라는 용어를 사용하는 것은 비성서적인 일이 아니다.

그렇다고 하더라도 "소외"는 "죄"를 대신할 수 없다. "죄"를 다른 단어로 대체하려는 시도들이 있었던 이유는 명확하다. "죄"라는 용어가 올바른 성서의 의미와는 무관하게 사용되었다. 바울은 종종 "죄"를 관사 없이 단수로 말했다. 그는 죄를 이 세계를 다스리는 인격과 유사한 힘으로 간주했다.[21] 하지만 로마 가톨릭 및 개신교 등 대부분의 모든 기독교회는 죄를 복수로 사용했고, "죄들"을 도덕법에서 추론해냈다. 이것은 "죄"와 아무 상관이 없다. "죄"는 자신이 속해 있는 것 — 하나님, 자기 자신, 자기의 세계 — 으로부터 소외되어 있는 상태다. 따라서 우리는 죄의 특질을 "소외"라는 표제를 가지고 고찰하게 될 것이다. 그리고 "소외"라는 단어 자체에는 종교적 관점에서 수행된 죄에 대한 재해석이 내포되어 있다.

그렇지만 "죄"라는 단어를 무시할 수는 없다. 그 단어는 "소외"라는 용어에 내포되어 있지 않은 사실, 즉 자신이 속해 있는 것으로부터 돌아서는 행위는 인격적 행위라는 사실을 표현하고 있다. 죄는 소외의 비극적 측면과 대조되는 인격적 특징을 아주 날카롭게 표현한다. 그것은 소외의 비극적 죄책, 보편적 운명과 대조되는 인격적 자유와 죄책을 표현한다. "죄"라는 단어는 재생될 수 있고 또 재생되어야 한다. 그 이유는 고전 작품과 예전에서 지속적으로 "죄"가 사용되기 때문이다. 그리고 더 특별한 이유

---

20   역주. 롬 1:22-24 참조.
21   역주. 바울이 죄를 인격화된 힘으로 간주했다는 사실에 관해서는 James D. G. Dunn, 『바울 신학』, 박문재 옮김(서울: 크리스챤다이제스트, 2003), 187-89을 참조.

는 그 단어가 소외와 관련된 인격적 책임의 요소를 힐난조로 날카롭게 지적하기 때문이다. 인간의 곤경은 소외지만, 인간의 소외는 죄다. 그것은 자연의 법칙과 같은 사물의 상태가 아니라 인격적 자유와 보편적 운명이라는 측면을 가진 문제다. 이런 이유로 "죄"는 종교적으로 재해석하여 활용되어야 한다. 이런 재해석을 위한 중요한 도구가 "소외"라는 용어다.

죄와 관련해서 "원죄" 또는 "유전죄"라는 용어도 재해석될 필요가 있다. 그런데 이 경우에는 재해석으로 인해서 이 용어들이 거부될 수도 있다. 그 두 용어는 소외의 보편적 특징을 가리키며 소외 속에 있는 운명의 요소를 표현한다. 하지만 그 용어들에는 문자주의적 부조리함이 담겨 있기 때문에 그 용어들을 사용하는 것은 더 이상 실천적으로 불가능하다.

만약 누군가가 "죄들"에 관해 말하면서 죄로 간주되는 특별한 행위들을 언급한다면, 그는 "죄들"이 "죄"의 표현이라는 사실을 늘 의식하고 있어야만 한다. 죄는 어떤 행위를 죄로 규정하는 법에 불순종하는 것이 아니라 인간이 하나님, 다른 사람, 자기 자신으로부터 소외되어 있다는 사실의 표현이다. 그래서 바울은 신앙에서 하나님과의 일치에서 기인하지 않는 모든 것이 죄라고 말했다.[22] 또 다른 맥락에서 (예수에 따르면) 모든 율법은 소외를 정복하는 사랑의 법으로 요약된다.[23] 사랑은 분리된 것들의 재연합을 향하는 충동이며 소외와 반대되는 것이다. 신앙과 사랑으로 죄는 정복된다. 그 이유는 소외가 재연합에 의해 극복되기 때문이다.

---

22   역주. 롬 14:23.
23   역주. 마 22:37-40.

2. "불신앙"으로서의 소외

아우크스부르크 신앙고백은 "하나님을 믿지 않으며 탐욕스러운"(*sine fide erga deum et cum concupiscentia*) 인간의 상태를 죄로 정의한다.[24] 누군가는 소외에 관한 이 두 가지 표현들에 세 번째 것인 **휘브리스**(교만[ὕβρις]), 즉 자만 혹은 자기-높임이라는 소위 영적인 죄를 더할 수 있을 것인데, 아우구스티누스와 루터에 따르면 이것은 소위 육욕적인 죄보다 선행하는 죄다. 이것은 "불신앙", "탐욕", "**휘브리스**"라는 세 가지 개념을 인간 소외의 표지들로 제시한다. 우리는 인간의 실존적 곤경에 대한 통찰을 전달하기 위해서 각각의 개념들을 재해석해야 한다.

종교개혁가들의 관점에서 보았을 때, 불신앙은 교회의 교리 믿기를 꺼려함이나 믿지 못함이 아니다. 신앙과 마찬가지로 믿지 않음은 실천적·이론적·감정적 요소들을 담고 있는 인격성 전체의 행위다. 만약 "신앙 아니 함"(un-faith) 같은 단어가 있었다면, 그 단어를 "불신앙" 대신 사용했을 것이다. "불신앙"에는 "믿음"과 관련된 불가피한 함의, 즉 진술된 것을 증거도 없이 수용한다는 함의가 담겨 있다. 개신교에서 "불신앙"은 인

---

24 역주. 아우크스부르크 신앙고백(1530) 제1장 제2조. "또한 우리는 아담의 타락 이후로 보통의 출생법을 통하여 태어난 모든 사람이 죄 가운데서 잉태되고 출생한다고 가르친다. 즉 사람은 다 모태에서부터 **악한 정욕과 성향이 있어서 하나님을 진정으로 두려워하거나 믿는 신앙을 가지지 못한다**(강조는 덧붙여진 것이다). 더구나 날 때부터 오염된 이 원죄는 실재하는 죄이며 세례와 성령을 통하여 새로 거듭나지 않은 사람은 모두 하나님의 영원하신 진노 아래 있게 마련이다." 김영재 편저, 『기독교신앙고백: 사도신경에서 로잔협약까지』(수원: 도서출판 영음사, 2011), 307. 라틴어 원문은 다음과 같다. "Item docent, quod post lapsum Adae omnes homines, secundum naturam propagati, nascantur cum peccato, hoc est, sine metu Dei, **sine fiducia erga Deum et cum concupiscentia**, quodque hic morbus seu vitium originis vere sit peccatum, damnans et afferens nunc quoque aeternam mortem his, qui non renascuntur per baptismum et Spiritum Sanctum"(강조는 덧붙여진 것이다).

간의 존재 전체가 하나님으로부터 돌아서는 행위나 상태를 의미한다. 인간은 실존적 자기-실현을 통해서 자기 자신과 자기 세계를 향하게 되고, 자신이 자기 존재 그리고 자기 세계의 근거와 이루었던 본질적 일치를 상실하게 된다. 이런 일은 개체적 책임과 비극적 보편성을 통해서 일어난다. 그것은 단일하고 동일한 행위 속에서 나타나는 자유와 운명이다. 인간이 자신을 현실화할 때, 인간의 인식, 의지, 감정은 자신을 향하게 되며 하나님으로부터 멀어진다. 불신앙은 인간이 하나님에게 인지적으로 참여하는 일이 중단된 것이다. 그것을 하나님 "부인"이라고 부르면 안 된다. 물음과 긍정적이고 부정적인 대답은 이미 하나님과의 인지적 연합이 상실되었음을 전제하고 있다. 하나님을 요구하는 자는 하나님으로부터 떨어져 나가 있는 것은 아닐지라도 이미 하나님으로부터 소외되어 있는 것이다. 불신앙은 인간의 의지가 하나님의 의지로부터 분열되어 있는 것이다. 그것을 "불순종"이라고 부르면 안 된다. 명령, 순종, 불순종에는 이미 의지로부터 의지가 분리되어 있음이 전제되어 있기 때문이다. 해야 하는 것과 해서는 안 되는 것을 알려주는 법을 필요로 하는 자는 순종을 요구하는 법의 원천으로부터 이미 소외되어 있는 것이다. 또 불신앙은 신적 생명의 복으로부터 분리된 생명의 쾌락으로 경험론적으로 이동한 것이다. 그것을 "자기-사랑"이라고 부르면 안 된다. 누군가의 중심은 사랑받을 수 있을 뿐만 아니라 하나님을 사랑할 수도 있는 자기를 소유하기 위해서 이미 신적 중심 — 자기의 중심이 속해 있으며 자기를 향한 사랑과 하나님을 향한 사랑이 연합되어 있는 중심 — 을 떠나 있어야만 했다.

이 모든 사실이 "불신앙"에 내포되어 있다. 그것은 소외의 첫 번째 표지이며 그 특징으로 인해 "소외"라는 용어는 정당화된다. 인간의 불신앙은 인간 존재의 중심이 하나님으로부터 소외되어 있음을 의미한다. 죄에 대한 이런 종교적 이해는 종교개혁가들이 재발견했지만 개신교인 대부분의 삶과 사상에서 다시 상실되어버렸다.

불신앙을 자기의 중심이 하나님으로부터 소외됨으로 이해한다면, 개신교 신학은 죄를 하나님으로부터 자기에게로 돌아선 사랑이라고 해석했던 아우구스티누스의 해석을 받아들일 수 있을 것이다. 불신앙은 사랑하지 않음과 궁극적으로 동일하다. 그 두 가지는 모두 인간이 하나님으로부터 소외되어 있음을 제시한다. 아우구스티누스에 따르면, 죄는 궁극적 선을 위해서가 아니라 자신을 위해서 유한한 선들을 욕망하는 사랑이다. 자기 자신과 자신의 세계를 사랑하는 사랑이 유한한 모든 것을 무한의 현현으로 긍정하면서 무한과 연합되기를 원한다면, 그 사랑은 정당화될 수 있다. 자기 자신과 자신의 세계를 사랑하는 사랑이 유한한 것을 통해 유한의 무한한 근거로 들어가지 못한다면, 그 사랑은 왜곡될 것이다. 그 사랑이 무한한 근거로부터 그 근거의 유한한 현현으로 돌아선다면, 그 사랑은 불신앙이다.[25] 하나님과 이루는 본질적 일치를 파괴하는 것이 죄의 가장 핵심적 특징이다. 그것은 사랑뿐만 아니라 신앙과 관련해서도 소외다.

하지만 죄에 대한 두 가지 정의들은 서로 다르다. 신앙 개념에는 "그럼에도"라는 요소, 즉 죄, 소외, 절망에도 불구하고 자신이 수용되었다는 사실을 수용하는 용기가 내포되어 있다. 이 물음을 묻는다면 그리고 종교개혁가들만큼이나 열정적이고 필사적으로 이 물음을 묻는다면, 신앙의 우월성이 확립될 것이다. 소외된 자와 하나님의 이러한 재연합을 "화해"

---

25 역주. "누가 세상의 것들을 사랑하되 당신을 위한 수단으로 사랑하지 않고 당신과 동등하게 사랑을 하면 그는 당신을 덜 사랑하는 자가 됩니다. 오, 항상 타오르고 계시며 결코 꺼지지 않는 사랑이여, 나의 사랑, 나의 하나님이여, 간구하오니 당신의 사랑으로 나를 불태워주소서." 아우구스티누스, 『성 어거스틴의 고백록』, 선한용 옮김 (서울: 대한기독교서회, 2008), 10.29.40.

라 한다. 화해에는 "그럼에도"라는 특징이 있는데, 그 이유는 소외된 자와 재연합하기를 원하는 이는 바로 하나님이기 때문이다. 이런 이유로 개신교는 죄론과 구원론 모두에서 신앙의 우월성을 고수한다.

아우구스티누스에 따르면, 하나님과 인간의 연합은 교회와 교회의 성례가 수행하는 매개 활동을 통해서 전해지는 은혜의 신비한 힘에 의해 다시 이루어진다. 사랑을 주입(infusion)하는 은혜가 소외를 극복하는 힘이다. 따라서 아우구스티누스와 로마 가톨릭교회에서는 사랑이 죄론과 구원론에서 우월성을 가진다. 종교개혁가들에 따르면, 소외는 하나님과의 인격적 화해와 이 화해에 뒤따르는 사랑으로 극복된다. 아우구스티누스에 따르면, 소외는 하나님께서 주입한 사랑과 로마 가톨릭교회가 교리적으로 표현한 신앙으로 극복된다. 그렇지만 이런 심오한 차이에도 불구하고 이 두 가지 교리가 수렴되는 지점이 있다. 그 두 가지는 모두 "소외"라는 용어가 보여주는 죄의 종교적 특징을 강조한다. 소외의 첫째 표지, 곧 불신앙에는 사랑하지 않음이 포함되어 있다. 죄는 우리와 하나님의 관계 문제이지 우리와 교회적·도덕적·사회적 권위의 관계 문제가 아니다. 죄는 종교적 개념이지만, 종교적 맥락에서 사용되기 때문에 종교적 개념이 아니라 소외와 일어날 수 있는 재연합과 관련하여 인간과 하나님의 관계를 제시하기 때문에 종교적 개념이다.

3. "교만"으로서의 소외

본질 상태에서 인간의 중심은 신적 중심에 속해 있었지만, 소외 상태에서 인간은 신적 중심 밖에 있게 된다. 인간은 자기의 중심이며 자기 세계의 중심이다. 자신의 본질적 중심을 떠날 가능성 그리고 이와 함께 유혹이 인간에게 주어져 있는 이유는 오직 인간만이 완전한 구조적 중심을 가진 존재자이기 때문이다. 오직 인간만이 (고도의 중심이지만 불완전한 중심으로서의) 의식과 함께 자기-의식 혹은 완전한 중심을 갖고 있다. 이 구조적 중심으로 인해 인간의 위대함, 위엄, 존재, "하나님의 형상" 등이 인간에게 주어진다. 그것은 자기와 자신의 세계를 초월하는 능력, 양쪽을 볼 수 있는 능력, 자기 세계의 모든 부분이 수렴되는 중심이라는 관점에서 자기 자신을 볼 수 있는 능력을 의미한다. 자기가 되는 것과 세계를 갖는 것은 창조의 완성으로서의 인간을 향한 도전이다.

하지만 동시에 이 완성은 인간이 당하는 유혹이기도 하다. 실존적 인간은 자기 자신을 자기 자신과 자기 세계의 중심으로 삼도록 유혹당한다. 그는 자기와 자기 세계를 보았을 때, 자신의 자유를 실현하고 이와 함께 자신의 잠재적 무한성을 실현한다. 그는 자신이 특별한 어떤 상황에도, 그리고 그 상황의 어떤 요소에도 묶여 있지 않음을 실현한다. 하지만 동시에 그는 자신이 유한하다는 것을 안다. 그리스인들은 바로 이런 상황 때문에 인간을 "필멸의 존재"라고 부르면서 인간의 잠재적 무한성을 신들에게 부여했고 신을 "불멸의 존재"로 불렀다. 인간은 자신의 잠재적 무한성을 깨닫고 있다는 바로 그 이유로 불멸의 신이라는 형상을 창조할 수 있었다. 그는 현실적 유한성과 잠재적 무한성 사이에 있기 때문에 자신을, (모든 존재자가 필멸할 수밖에 없음에도) 오직 자신만을 "필멸의 존재"로 부를 수 있으며 인간의 신적 형상을 "불멸의 존재"로 부를 수 있다. 이 상황—인간은 신의 무한성으로부터 배제되어 있다는 사실—을 인정하지 않으면, 인간은 **휘브리스**(교만)에 빠진다. 그는 유한한 존재라는 자신의 한계 너머로 자신을 높이며 이는 자신을 파괴하는 신적 분노를 불러일으킨다. 이것이 고대 그리스 비극의 주된 주제다.

휘브리스라는 단어가 가리키는 실재가 고대 그리스 비극뿐만 아니라 구약에도 묘사되어 있을지라도 그 단어는 올바르게 번역될 수 없다. 그 실재는 하와를 향한 뱀의 약속, 즉 선악을 알게 하는 나무의 열매를 먹으면 하나님과 같이 될 것이라는 약속으로 명확하게 표현되었다. **휘브리스**는 인간이 신의 영역으로 자기를 높이는 것이다. 인간은 자신의 위대함 때문에 그러한 자기-높임을 할 수 있다. 고대 그리스 비극에서 인간의 **휘브리스**는 작고 추하며 평균적인 자가 아니라 위대하고 아름답고 탁월한 영웅, 힘과 가치의 담지자인 영웅에게서 나타난다. 마찬가지로 구약의 예언자들도 민족의 위대한 자들—왕들, 제사장들, 재판관들, 부자들, 아름다운 자들—을 책망한다. 그리고 그들은 민족 전체, 모든 민족 중 가장 위대한 민족, 선택받은 민족이라고 간주되는 민족, 곧 이스라엘을 책망한다. 위대함은 내재적 역동성 때문에 **휘브리스**를 지향하게 된다. 오직 소수의 사람만이 인간 역사의 비극 속에서 위대함을 보여준다. 하지만 모든 사람이 위대함에 참여하고 있으며 오직 소수가 위대함을 대표한다. 인간의 위대함은 그의 무한성에 있으며 인간은 보편적으로 자유와 운명을 통해서 바로 이 **휘브리스**의 유혹에 빠져든다. 따라서 우리는 **휘브리스**를 "자만심"(pride)으로 번역해서는 안 된다. 자만심은 도덕적 성질이고 그 반대말은 겸손이다. **휘브리스**는 인간의 도덕적 특징에 속한 특별한 성질이 아니다. 그것은 인간에게 보편적인 것이다. 그것은 자만심의 행위로도 그리고 겸손의 행위로도 나타날 수 있다. 비록 자만심의 의미를 확대해서 **휘브리스**를 포함시킬 수도 있겠지만, **휘브리스**에 대해서 "자기-높임"이라는 용어를 사용하는 것이 덜 혼란스러울 것이다.

휘브리스는 "영적인 죄"로 불려왔고 죄의 다른 형식들이 그것에서 유래했으며 심지어 육욕적인 죄도 그것에서 유래했다. **휘브리스**는 다른 것들과 동등한 죄의 형식이 아니다. 그것은 죄의 전체적 형식, 즉 인간이 자신이 속해 있는 신적 중심으로부터 돌아서는 것이라는 불신앙의 다른 측면이다. 그것은 자기와 자기 세계의 중심인 자기를 향해서 돌아서는 것이다. 이렇게 자기를 향해 돌아서는 것은 그의 정신 같은 인간의 특별한 일부분이 수행하는 행위가 아니다. 육욕적 생명을 포함한 인간의 전 생명이 정신적이다. 그리고 인간이 자신을 자기 세계의 중심으로 삼는 일은 그의 인격적 존재 전체에서 일어나는 일이다. 이것이 인간의 **휘브리스**다. 이것을 "영적인 죄"라고 한다. **휘브리스**의 주요한 징후는 인간이 자신의 유한성을 인정하지 않는 것이다. 그는 부분적 진리를 궁극적 진리와 동일시한다. 예를 들어 헤겔이 앞으로 확인될 진리마저 모두 포함하는 최종적 조직을 만들었다고 주장했을 때, 그는 이런 일을 한 것이다. 헤겔의 조직에 반대했던 실존주의와 자연주의의 반발 그리고 이런 공격들에 뒤따른 재앙은 헤겔의 형이상학적 **휘브리스**에 대한 대답, 즉 인간의 유한성을 간과했던 그에 대한 대답이었다. 이와 마찬가지로 사람들, 예를 들어 바리새인과 기독교 및 세속주의 안에 있는 바리새인의 계승자들은 자신들의 제한적 선함을 절대적 선함과 동일시했다. 유대교, 청교도주의, 부르주아적 도덕주의가 가져온 재앙들에서 볼 수 있듯이 여기서도 비극적 자기-파괴가 **휘브리스**의 뒤를 이었다. 그리고 인간은 자신의 문화적 창조성을 신적 창조성과 동일시한다. 인간은 자신의 유한한 문화적 창조물들에 무한한 의의를 부여하고 그것들을 우상으로 삼아 궁극적 관심의 문제로 승격시킨다. 인간의 문화적 **휘브리스**에 대한 신적인 대답은 역사의 과정을 통해서 모든 위대한 문화가 해체되고 쇠퇴했다는 것이다.

이러한 본보기들은 역사적 의의도 있고 개인적 운명도 초월하는 **휘브리스**의 형식들에서 가져온 것이다. 이 본보기들은 자기-높임이라는 인간의 보편적 특징을 이론의 여지없이 보여준다. 하지만 어떤 집단의 자기-높임은 개인의 자기-높임을 통해서 일어난다. 집단 안팎의 모든 개인은 **휘브리스**의 순간에 빠진다. 모든 사람은 하나님과 같이 되고자 하는 욕망을 갖고 있으며 따라서 자기를 높이 평가하고 자기를 긍정하는 방식으로 행동한다. 어떤 사람도 자신의 유한성, 자신의 약함과 실수, 자신의 무지와 불안정성, 자신의 외로움과 불안을 구체적으로 인정하지 않는다. 그리고 그것들을 인정할 준비가 되었다면, 그는 준비된 것 이외에 또 다른 **휘브리스**의 장치를 만들어놓은 것이다. 인간은 마성적 구조에 따라 본성적 자기-긍정과 파괴적 자기-높임을 혼동하게 된다.

4. "탐욕"으로서의 소외

실존적 인간이 자신을 긍정하는 모든 행위에는 양면적 성질이 있는데, 그 하나는 인간이 자기의 중심을 신적 중심으로부터 단절하는 것(불신앙)이고, 다른 것은 인간이 자신을 자기와 자기 세계의 중심으로 삼는 것(교만)이다. 자연스럽게 다음과 같은 물음이 제기된다. 인간은 왜 자신을 중심으로 삼는 유혹을 받을까? 대답은 다음과 같다. 인간은 자기 세계 전체를 자기 자신 안으로 끌어들이는 위치에 자신을 놓아두기 때문이다. 인간은 자신의 개별성 너머로 자신을 높이며 자신의 개별성을 기초로 하여 자신을 보편적 존재로 만든다. 이것이 유한성과 무한성 사이에 위치한 인간이 겪는 유혹이다. 인간은 전체로부터 분리되어 있기 때문에 모든 개인은 전체와 재연합되기를 욕망한다. 인간은 "결핍" 때문에 풍성함을 갈구한다. 모든 형식의 사랑에는 이런 뿌리가 있다. 무제한적인 풍성함에 도달할 수도 있는 가능성은 자기이면서 또 세계를 갖고 있는 인간이 겪는 유혹이다. 이 욕망에 대한 고전적 이름이 "탐욕"(concupiscentia) — 자기 안으로 모든 실재를 끌어들이려는 무제한적 욕망 — 이다. 탐욕은 인간이 모든 측면에서 자기 자신 그리고 자기 세계와 맺는 관계와 관련 있다. 그것은 성뿐만 아니라 물리적 궁핍과도, 힘뿐만 아니라 지식과도, 정신적 가치들뿐만 아니라 물질적 부와도 관련 있다. 하지만 탐욕이 가진 이러한 포괄적인 의미는 훨씬 특수한 의미, 즉 성적인 욕구로 종종 격하되었다. 심지어 영적인 죄를 기초적인 것으로 간주했던 아우구스티누스나 루터 같은 신학자들마저 탐욕과 성적 욕망을 동일시하는 경향이 있었다. 우리는 아우구스티누스가 성에 대한 헬레니즘적, 특히 신플라톤주의적 평가절하를 결코 극복하지 못했기 때문에 이렇게 했다고 이해할 수 있다. 하지만 이 전통의 잔여물들이 종교개혁가들의 신학과 윤리학에서 나타나는 것은 일관적이지도 않고 이해하기도 힘들다. 종교개혁가들이 "유전적인" 죄가 생식 행위의 성적 쾌락에 뿌리내리고 있다는 개신교적이지 않은 교리를 늘 분명하게 거부한 것은 아니다. 만약 "탐욕"을 이런 제한적 의미로 사용한다면 일반적 소외 상태를 기술하는 것은 확실히 불가능할 것이고 차라리 그것을 완전히 버리는 것이 더 나을 것이다. 왜냐하면 "탐욕"이라는 모호한 단어는 성에 대한 기독교의 모호한 태도를 가져온 많은 표현 중 하나이기 때문이다. 교회는 이 윤리적이고 종교적인 핵심 문제를 결코 적절하게 다룰 수 없었다. 우리는 "탐욕"의 의미를 다시 밝힘으로써 이 상황을 극복하기 위한 도움을 얻을 수 있을 것이다.

포괄적 의미로 받아들여진 탐욕에 관한 교리는 실존주의 문학, 예술, 철학, 심리학에서 제시된 많은 내용과 깊은 통찰들로부터 지지받을 수 있다. 먼저 몇 가지 예를 언급하는 것으로 충분할 것이다. 그것 중 어떤 것은 상징적 인물로 탐욕의 의미를 표현하고 있으며 다른 것은 분석을 통해서 그 의미를 표현하고 있다. 키에르케고르가 네로 황제라는 인물을 묘사했을 때 그는 초기 기독교의 동기를 이어받았고, 그 동기를 탐욕의 심리학을 위해 사용했다. 네로는 무제한적인 힘이 가진 마성적 함의를 체현하고 있다. 그는 개체적 개인, 자기가 사용하고자 하는 것을 마음대로 사용할 수 있는 힘을 가지고 우주를 자기 자신 안으로 끌어들이는 데 성공한 개인을 대표한다. 키에르케고르는 내적으로 완전히 공허한 이 상황, 즉 자신을 포함해 그가 만나는 모든 사람이 죽도록 결정되어 있는 상황을 묘사한다.[26] 그는 유사한 방식으로 유혹자 요한네스라는 가상 인물을 창조하여 모차르트의 돈 후안이라는 인물을 해석했다. 그는 여기서 동일한 심리학적 탐구를 통해서 저 무제한적인 성적 충동의 공허함과 절망을 보여주었는데, 그 성적 욕망은 성적 배우자와 함께 이루는 창조적인 사랑의 연합을 가로막는 것이었다.[27] 네로라는 상징과 마찬가지로 여기서도 탐욕의 자기-기만적 특징이 나타난다. 누군가는 세 번째 예로 괴테의 파우스트라는 인물

---

26 역주. Kierkegaard는 『이것이냐 저것이냐』, "인격 형성에 있어서의 심미적인 것과 윤리적인 것의 균형"에서 네로 황제라는 인물을 분석한다. "(네로의) 정신은 새로운 불안을 더해간다. 그는 오로지 쾌락의 순간에만 기분의 전환을 느낀다. 네로는 로마의 반을 불태워 버리지만 그의 고뇌는 여전히 그대로 남는다. 이제 더는 그의 마음을 달래줄 수 있는 것이 없다. 물론 한층 더 차원이 높은 쾌락은 가능하다. 그래서 그는 사람들을 불안하게 한다. 그는 그 자신에 대하여 수수께끼 같은 존재다. 그리고 불안이 바로 그의 본질이다." Kierkegaard, 『이것이냐 저것이냐 2』, 임춘갑 옮김(서울: 도서출판 치우, 2012), 331-32.

27 역주. Kierkegaard는 『이것이냐 저것이냐』, "에로스적인 것의 직접적 단계 혹은 음악적이며 에로스적인 것"에서 모차르트의 〈돈 지오바니〉에 나오는 인물, 유혹자 돈 후안을 분석한다. 그는 심미적 실존의 직접적·에로스적·음악적 성격을 대표하는 인물이다. 그리고 Kierkegaard는 1권 마지막의 "유혹자의 일기"라는 글에서 유혹자 요한네스를 제시하는데, 그는 돈 후안과는 달리 반성적·에로스적 성격을 보여준다. Kierkegaard는 이들을 대조하며 이렇게 말한다. "유혹자에 대응하는 이념은 '직접이고 에로스적인 것에 관한 논문'이나 '그림자 그림' 속에서도 암시되고 있음을 찾아볼 수 있다. 즉 돈 후안에 대응하는 이념은 관심을 끄는 것의 범주에 들어 있는 반성적인 유혹자여야만 하고, 따라서 거기에는 얼마나 많이 유혹하는가가 아니고 어떤 방법으로 유혹하는가가 문제가 된다." Kierkegaard, 『이것이냐 저것이냐 1』, 18.

을 덧붙일 수 있을 것이다. 그 인물의 무제한적 충동은 지식을 지향하고 있으며 그 지식 앞에서 힘과 성은 모두 부차적인 것이 된다. 그는 "모든 것을 알기" 위해서 악마의 계약을 받아들인다.[28] 마성적 유혹을 낳은 것은 앎 자체가 아니라 바로 그 "모든 것"이었다. 권력이나 성 자체와 마찬가지로 앎 자체도 탐욕의 대상이 아니다. 앎 자체는 욕망, 즉 인지적으로 우주를 자기 자신과 자기의 유한한 개별성 안으로 끌어들이려는 욕망이다.

지식, 성, 힘을 향한 충동은 무제한성이라는 특징으로 인해 탐욕의 징후가 된다. 이 사실은 프로이트의 "리비도"와 니체의 "힘에의 의지"라는 탐욕에 관한 두 개념을 통해서 묘사된다. 이 두 개념은 기독교가 인간의 곤경을 재발견하는 일에 크게 공헌했다. 하지만 그 두 가지는 인간의 본질적 존재와 실존적 존재의 대립을 간과했고 오직 실존적 탐욕으로만 인간을 해석했으며 명확한 내용과 연결되어 있는 인간의 본질적 **에로스**와의 관련성을 생략했다.

프로이트의 리비도는 자신의 생물학적인 긴장, 특히 자신의 성적인 긴장을 해소하고 이를 통해 쾌락을 얻고자 하는 인간의 무제한적 욕망이다. 프로이트는 리비도라는 요소가 인간의 최상의 정신적 경험과 활동에 현존해 있음을 보여주었고 그렇게 함으로써 수도원 전통에서 찾을 수 있는 자기-점검(self-scrutiny)의 통찰들을 재발견했다. 그 전통은 초기와 중기 기독교에서 발전했던 것이다. 프로이트가 인간의 성적 본능과 분리될 수

---

28   역주. Goethe의 『파우스트』에서 파우스트는 세상의 모든 지식을 얻고자 노력했지만 자신이 신과 같은 수준에 이를 수 없다는 사실로 괴로워하고 있었다(바그너와의 대화). 그런 파우스트에게 악마 메피스토펠레스가 찾아와 "어떤 인간도 구경하지 못한 것"을 보여주겠다고 약속했고, 파우스트는 악마가 보여주는 그것들에 만족하여 허송세월하다가 그 순간을 향해 "멈추어라! 너 정말 아름답구나!"라고 말하게 되면 악마가 이기는 것으로 계약을 한다. Goethe, 『파우스트』, 이인웅 옮김(파주: 문학동네, 2012), 1671-1706.

없는 이런 요소들을 강조한 것은 정당한 일이며, 그런 강조는 인간의 곤경에 관한 기독교의 실재 해석과도 일치한다. 기독교가 내세웠던 부정직하고 잘못된 성적 금기의 이름으로 이 강조를 거부해선 안 된다. 프로이트는 이런 금기들보다도 자신의 정직한 실재론을 통해서 더 기독교적이었다. 그는 어떤 특별한 측면에서는 탐욕이 의미하는 바를 정확하게 묘사했다. 이 사실은 프로이트가 탐욕의 결과와 결코 만족되지 않는 그 충동을 기술한 방식에서 아주 명확하게 나타난다. 그가 "죽음 본능"(Todestrieb, 더 좋은 번역은 "죽음에로의 충동"이다)에 관해 말했을 때, 그것은 결코 만족되지 않는 리비도의 고통을 피하려는 욕망을 묘사한 것이다. 모든 고등한 존재자처럼 인간 역시 자신이 기원해서 나온 생명의 하등 수준으로 돌아가기를 욕망한다. 고등 수준에서 가해지는 고통이 하등 수준을 향하도록 추동한다. 인간에게는 결코 충족되지 않는 리비도가 있다. 억눌려 있든 무제약적이든 간에 그것은 인간 안에서 그 자신을 제거하려는 욕망을 불러일으킨다. 인간의 창조성에 대한 "불만족"을 관찰하면서, 프로이트는 그의 수많은 추종자와 비평가들보다 더 깊이 인간의 곤경으로 들어갔다. 인간의 소외를 신학적으로 해석한 이들이 프로이트의 분석을 따름으로써 도움을 받게 되는 것은 여기까지다.

하지만 신학은 프로이트의 리비도 교설이 탐욕 개념을 만족스럽게 재해석했다고 인정할 수 없다. 프로이트는 인간 본성에 관한 자신의 묘사가 실존적 곤경에 처한 인간에게만 적합하고 인간의 본질적 본성에는 적합하지 않음을 몰랐다. 리비도의 끝없음이 인간 소외의 표지다. 그것은 인간의 본질적 또는 창조된 선함과 모순된다. 인간과 자기 자신, 인간과 자기 세계가 이루는 본질적 관계 속에서는 리비도가 탐욕이 아니다. 리비도는 어떤 사람의 개별적 실존 안으로 우주를 끌어들이고자 하는 무한한 욕망이 아니라 사랑의 다른 성질들 — **에로스, 필리아, 아가페** — 과 연합되어 있는 사랑의 요소다. 사랑은 욕망을 배제하지 않는다. 그것은 리비도를 자기 안으로 받아들인다. 하지만 사랑과 연합되어 있는 리비도는 무한하지 않다. 모든 사랑이 그렇듯이 리비도도 명확한 주체를 지향하고 있는데, 리비도는 사랑의 담지자와 그 주체를 연합시키고 싶어 한다. 사랑은 리비도, **에로스, 필리아, 아가페**, 그 어떤 형식으로든 다른 존재자를 원한다. 탐욕 또는 왜곡된 리비도는 다른 존재자를 통해서 자신의 쾌락을 추구할 뿐 다른 존재자를 원치 않는다. 이것이 사랑으로서의 리비도와 탐욕으로서의 리비도의 차이다. 프로이트는 성에 대한 자신의 청교도적 태도 때문에 이를 구분하지 않았다. 인간은 리비도의 억압(repression)과 승화(sublimation)를 통해서만 창조적일 수 있다. 프로이트의 사상에는 성이 포함된 창조적 **에로스**가 없다. 루터 같은 사람과 비교했을 때, 인간 본성에 관한 프로이트의 가정은 기본적으로 금욕적이다. 고전 개신교는 인간의 본질적 본성이나 창조된 본성에 관한 이러한 가정을 부인했다. 왜냐하면 자신을 위해서 자신의 사랑의 대상과 연합하고자 하는 욕망이 인간의 본질적 본성에 있기 때문이다. 그리고 이 욕망은 무한하지 않고 한정적이다. 그것은 탐욕이 아니라 사랑이다.

프로이트의 리비도 개념 분석은 탐욕과 그 반대말의 본성에 대한 중요한 통찰을 낳았다. 기독교 신학에서 동일하게 중요한 다른 개념은 니체의 "힘에의 의지"다. 그 개념은 심층심리학자들이 인간의 리비도를 성으로 해석하기보다 힘으로 해석하는 방식으로 최근의 사상에 영향을 끼쳤다. 하지만 니체의 개념이 현대 사상에, 특히 정치학과 사회이론에 영향을 끼친 더 직접적인 다른 방식이 있다. "힘에의 의지"는 부분적으로는 개념이고 부분적으로는 상징이다. 따라서 그것은 문자적으로 이해되어서는 안

된다. "힘에의 의지"는 심리학적으로 말해 의식적으로 행위하는 의지도 아니고 인간이 인간을 통제하는 힘도 아니다. 의식적으로 인간을 능가하는 힘을 얻고자 하는 의지는 자신의 존재의 힘을 긍정하려는 무의식적 욕망에 뿌리를 두고 있다. 인간이 존재의 힘을 가지고 있다는 점에서 "힘에의 의지"는 인간의 본성적 자기-긍정을 보여주는 존재론적 상징이다. 하지만 그 자기-긍정은 인간에게만 한정되지 않는다. 그것은 존재하는 모든 것의 성질이다. 그것은 힘에의 의지가 가진 창조된 선함이라는 측면에 속해 있으며 생명의 특징인 역동적 자기-실현을 보여주는 강력한 상징이다.

하지만 프로이트의 리비도 경우처럼 니체의 "힘에의 의지"를 인간의 본질적 자기-실현과 존재의 힘을 향한 무제한적인 실존적 충동이 명확하게 구별되지 않는 방식으로 묘사한다면, 니체의 "힘에의 의지"도 혼란스러워질 수밖에 없다. 니체는 의지를 모든 생명에게 있는 무제한적인 추동력으로 간주한 쇼펜하우어의 의지 교설을 따르고 있는데, 이 추동력은 인간 안에서 의지의 자기-부정을 통해 안식에 이르고자 하는 욕망을 낳는다. 이런 점에서 쇼펜하우어와 프로이트의 유사성은 명확하다. 양쪽 경우에서 무한하고 충족되지 않는 욕구는 모두 자기-부정으로 귀결된다. 니체는 존재의 부정성들을 자기 안으로 받아들이는 용기를 단호하게 주장함으로써 이 경향을 극복하고자 했다. 이런 점에서 그는 스토아주의와 개신교의 영향을 받았다. 하지만 니체는 그 둘과는 달리 힘에의 의지를 심판할 수 있는 규범이나 원리를 제시하지 않았다. 힘에의 의지는 무제한적인 것으로 남았고 마성적·파괴적 흔적을 가지게 되었다.[29] 그것은 탐욕에 관한

---

29   역주. Nietzsche가 제시하는 존재의 부정성을 받아들이는 "삶의 긍정", 규범이나 원리 없는 "가치의 척도로서의 인간"에 관해서는 Tillich, 『19-20세기 프로테스탄트 사상사』, 258-62 참조하라.

또 다른 개념이자 상징이다.

리비도 자체나 힘에의 의지 자체는 탐욕의 특질이 아니다. 사랑과 연합되지 않았을 때, 그래서 명확한 대상이 없을 때, 그 두 가지는 탐욕과 소외의 표현이 된다.

5. 사실로서의 소외와 행위로서의 소외

고전 신학은 원죄(original sin)와 현실적 죄(actual sin)를 구분했다.[30] "원죄"는 아담의 불순종 행위와 그 행위로 인해 모든 인간에게서 발생된 죄로 물든 성향(sinful disposition)이다. 따라서 원죄는 **유전죄**(Erbsünde[독일어])라고 불리기도 한다. 이런 관점에서 아담의 타락은 모든 인류를 오염시켰다. 이 일이 일어난 방식은 달리 묘사되었다. 하지만 그 결과, 즉 모든 인류가 소외 가운데 살아간다는 사실은 일반적으로 받아들여졌다. 따라서 아무도 죄를 벗어날 수 없다. 소외에는 인간의 보편적 운명이라는 특징이 있다. 하지만 인간의 곤경과 아담의 완전히 자유로운 행위를 조합하는 것은 문자적으로도 부조리하며 일관적이지도 않다. (어떤 유형의 기독론이 그리스도에 관해 자유 없는 운명을 주장하듯이) 이 조합은 운명 없는 자유를 개인에게 할당함으로써 개인을 인간의 보편적 특징으로부터 제외시킨다. 하지만 자유 없는 운명이 그리스도를 비인간화하는 것처럼 운명 없는 자유도 아담을 비인간화한다. 아담은 본질적 인간으로 그리고 본질에서 실존으

---

30   역주. 루터파 정통주의 신학자 Johann Gerhard는 죄를 원죄(*peccatum originale*)와 현실적 죄(*peccata actualia*)로 구분한다(김균진, 『기독교신학 2』[서울: 새물결플러스, 2014], 412-13). 이와 달리 1640년대에 작성된 개혁파의 신앙고백인 웨스트민스터 신앙고백서(6장 4항, 대교리문답 25문, 소교리문답 18문)는 죄를 원죄와 현실적 위반(actual transgression)으로 구분한다.

로의 이행을 나타내는 상징으로 이해되어야 한다. 원죄 또는 유전죄는 근원적이지도 않고 유전되지도 않는다. 그것은 모든 인간이 관련되어 있는 소외라는 보편적 운명이다. 아우구스티누스가 **마사 페르디티오니스**(*massa perditionis*), 곧 "영벌을 받을 무리"에 관해 말했을 때, 그는 펠라기우스에 반대하면서 자신의 통찰, 즉 소외 상태에 있는 인간은 사회적 존재자이며 자유롭게 결정할 수 있는 고립된 주체일 수 없다는 통찰을 표현한 것이다. 인간의 모든 조건을 묘사할 때 운명과 자유의 일치는 보존해야 한다.

죄는 개체적 행위가 되기 이전에 보편적 사실이다. 혹은 더 정확히 말하자면, 개체적 행위로서의 죄는 소외라는 보편적 사실을 현실화한다. 개체적 행위인 죄는 자유, 책임, 인격적 죄책의 문제다. 하지만 모든 자유로운 행위에 소외의 운명이 관여하는 방식으로, 그리고 반대로 소외의 운명이 모든 자유로운 행위에 의해 현실화되는 방식으로 이 자유는 소외의 보편적 운명에 삽입된다. 따라서 사실로서의 죄와 행위로서의 죄를 분리하는 것은 불가능하다. 그 두 가지는 상호결합 되어 있고 자신의 죄책을 느끼는 모든 이들은 그 두 가지가 하나로 결합해 있음을 즉시 경험한다. 심지어 우리가—그렇게 해야 하기 때문에—소외의 행위와 관련하여 완전한 책임을 지게 된다면, 우리는 이 행위가 우리의 존재 전체에 의존하고 있음을 깨닫게 된다. 그 존재 전체에는 과거의 자유로운 행위들과 인류의 보편적 운명일 뿐만 아니라 개인의 특수한 운명이기도 한 운명이 포함되어 있다.

사실로서의 소외는 결정론적 용어로 설명되어왔다. 물리학에서는 기계론적 결정론으로, 생물학에서는 생물학적 생명력의 쇠락에 관한 이론으로, 심리학에서는 무의식의 강제력으로, 사회학에서는 계급 지배의 결과로, 문화와 관련해서는 교육적 교화의 결핍으로 설명되었다. 이런 설명

중 어느 것도 소외 상태의 인간이 자기 행위에 대해 느끼는 인격적 책임을 설명하지 못한다. 하지만 이 각각의 이론들은 인간의 곤경 속에 있는 운명의 요소를 이해할 수 있도록 도와준다. 이런 의미에서 기독교 신학은 그 각각의 이론을 수용해야 한다. 하지만 다음과 같이 추가적으로 말해야 한다. 소외 상태에 있는 운명의 요소를 묘사하더라도 유한한 자유의 경험을 제거할 수 있는 방법은 없으며 결국 소외를 현실화하는 모든 행위의 책임을 제거할 수 있는 방법도 없다. 예를 들어 결정론자 자신이 결정론적 확신을 철회하도록 강요받는 상황에서 실천적으로 인정하게 되듯이, 인간의 곤경에 관한 결정론적 설명이 인간의 인격적 책임을 반드시 부인하는 것은 아니다. 이런 상황에서 그는 저항 또는 굴복과 관련하여 책임을 느낀다. 그리고 이 경험은 결정의 원인을 가설적으로 설명하는 일이 아니라 인간의 곤경을 묘사하는 일에서 중요하다. 소외의 보편성에 관한 교설 때문에 인간의 죄책 의식이 사라지는 것은 아니다. 하지만 이 교설은 잘못된 가정, 즉 인간은 무엇—선이든, 악이든, 신에게 순종하든, 거역하든—무엇을 선택할지 결정하는 모든 순간에 결정되지 않은 자유를 소유하고 있다는 가정으로부터 인간이 벗어날 수 있게 해준다.

성서 시대 때부터 기독교회는 현실적 죄들을 그 심각성에 따라서 용서받을 수 없는 죽을 죄와 용서받을 수 있는 죄로 구분했다.[31] 이후 교회는 대죄들(capital sins)을 추가했지만, 언제나 세례 이전과 이후의 죄들을 날카롭게 구별했다. 이런 차이들은 각각의 그리스도인이 성례를 활용하는 문제와 관련하여 사제들이 담당하는 기능에 있어서, 그리고 개별 그리스도인이 영원한 운명을 예견함에 있어서 결정적으로 중요하다. 왜냐하면 서

---

31   역주. 막 3:28-30; 마 12:21-32; 눅 12:10.

로 다른 종류의 죄들은 지금과 미래의 삶에서 받게 될 서로 다른 유형의 은혜와 엄밀하게 상응하기 때문이다. 이런 개념과 실천들은 로마 가톨릭 교회의 심리학적·교육적 관심에 부합하도록 지향되어 있었다. 교회는 죄의 행위 속에서 인격적 참여와 죄책의 범위가 얼마나 되는지 살펴보는데, 그것은—판사가 책임과 처벌을 판단할 때 그렇게 하듯이—죄책의 차이를 판단할 때 옳은 일이다. 하지만 양과 상대성을 고려하는 구도 전체가 인간과 하나님의 관계에 적용되면 비종교적인 것이 된다. 개신교는 이 문제를 죄와 은혜와 관련하여 고찰했다. 오직 "죄(the Sin)", 즉 하나님으로부터 돌아섬이나 "은혜" 또는 하나님과의 재연합으로부터 돌아섬이 있을 뿐이다. 이것들은 양적이고 상대적인 범주가 아니라 질적이고 절대적인 범주다. 죄는 소외이고 은혜는 화해다. 정확하게 말하자면, 하나님의 화해하는 은혜는 무조건적이기 때문에 인간은 자신의 조건과 자신의 죄책의 정도를 볼 필요가 없다. 인간은 온전한 죄책의 상황에서 온전한 용서를 확신하게 된다. 이것이 인간과 하나님의 관계와 관련해서 개신교적 죄와 은혜 이해에 담겨 있는 위로의 힘이다. 그것은 로마 가톨릭의 입장에서는 결코 인정할 수 없는 확실성을 제공한다. 동시에 개신교는 절대적 범주로서의 죄와 은혜의 영향 때문에 로마 가톨릭의 입장이 가진 심리학적 통찰과 교육적 유연성의 상당 부분을 상실했음을 인정해야 한다. 개신교는 종종 완고한 도덕주의로 악화되기도 하는데 그것은 개신교의 근본 의도와는 완전히 상반된 것이다. 심층심리학의 영향으로 도덕주의가 붕괴됨으로써 무한히 복잡한 인간의 정신적 생명에 대해서 로마 가톨릭이 행했던 통찰을 재평가하게 되는 첫 번째 단계, 곧 죄와 은혜에 있는 절대적 요소뿐만 아니라 상대적 요소도 필수적으로 다루게 되는 첫 번째 단계를 확실히 밟게 되었다. 개신교 목회자의 교구 사역에서 "상담"이 중요해진다는 사실은 이런 방향으로 나아가는 단계에 있음을 보여준다.

6. 개인적 소외와 집단적 소외

지금까지 우리는 소외에 관해 묘사하면서 개체적 인간, 그의 자유와 운명, 그의 죄책과 이루어질 수도 있는 화해만을 다루었다. 이제 집단적 죄책에 관한 물음이 최근 사건들, 특히 정치적 사건들과 관련해서 긴급해졌다. 그것은 인간 의식에서 결코 완전히 사라질 수 없다. 왜냐하면 지배적인 개인, 계급, 운동은 늘 존재했고, 인간의 본질적 본성에 반하는 행위를 했으며, 그것들이 속해 있는 집단을 파괴했기 때문이다. 유대교와 기독교는 개인의 인격적 죄책을 강조했지만, 부모의 죄들로 발생하는 자녀들의 고난 같은 문제를 간과할 수 없었다. 도덕적으로 정죄받을 만한 부모에게서 태어났지만 인격적으로는 순결한 후손이 사회적으로 정죄받는 일은 기독교 시대에도 사라지지 않았다. 그리고 최근 온 민족이 그 통치자들의 잔혹 행위로 인해, 그리고 그 통치자들로부터 범죄를 수행하도록 강요받은 자들의 잔혹 행위로 인해 도덕적으로 정죄받았다. 그 온 민족은 죄책을 고백할 것을 요구받았는데, 지배하는 무리들에 저항했던 자들과 함께 그 저항 때문에 고난당했던 자들도 모두 요구받았다.

후자의 사실은 인격과 사회적 집단 사이에 근본적인 차이가 있음을 보여준다. 우리가 "인격"이라 부르는 중심을 가진 개인과 달리 사회적 집단에는 본성적이며 결정을 내리는 중심이 없다. 사회적 집단은 권력 구조이고 모든 권력 구조 속에서 특정 개인은 집단에 속한 모든 개인의 행동을 결정한다. 그래서 비록 집단 전체의 통일된 행위로 표출된다고 하더라도 집단 안에는 언제나 잠재적이거나 실제적인 갈등이 있다. 그처럼 사회적 집단은 소외되지도 않지만 화해되지도 않는다. 집단적 죄책이란 것은 없다. 하지만 인류의 보편적 운명이란 것은 있는데, 그 운명은 특별한 집단 안에서 여전히 보편적이면서도 특별한 것이 된다. 모든 개인은 이 운명에 참여하며 자신을 제외시킬 수 없다.

그리고 운명은 자유와 나눌 수 없도록 연합되어 있다. 따라서 개인적 죄책은 인류의 보편적 운명이 만들어지는 일과 개인이 속해 있는 사회적 집단의 특별한 운명이 만들어지는 일에 참여한다. 개인 자신이 범죄를 저지르지 않았다면, 그는 자기 집단의 회원들이 행하는 범죄에 대해서 죄책이 없다. 한 도시의 시민들은 그 도시에서 벌어진 범죄에 대해서는 죄책이 없다. 하지만 그들은 인간 전체의 운명과 특히 그 도시의 운명에 참여한 자로서는 죄책이 있다. 왜냐하면 자유와 운명이 연합되어 있는 그들의 행위는 그들이 참여하는 운명에 기여했기 때문이다. 그들의 죄책은 자신이 속해 있는 집단이 고소당하고 있는 범죄들을 행했다는 책임이 아니라 이 범죄들이 일어난 운명에 기여했다는 책임이다. 이런 간접적인 의미에 따르면, 독재정치로 인해 피해를 입은 국민들조차도 이 독재정치에 대해 죄책이 있다. 그런데 다른 나라의 주체들과 인류 전체의 주체들도 마찬가지다. 왜냐하면 독재자의 힘에, 심지어 독재자의 범죄적 권력에 복속되는 운명은 자신의 본질로부터 소외되어 있는 인간이 겪는 보편적 운명의 일부이기 때문이다.

만약 그런 고찰들이 수용된다면, 승전국들이 "집단적 죄책"이라는 기만적 이유를 들먹이며 패전국을 착취하는 일을 막을 수 있을 것이다. 그리고 그 고찰들에 따르면, 패전국의 모든 개인—비록 그들이 국가의 범죄에 저항함으로써 고난당했을지라도—은 자기 국가의 운명에 일정한 책임을 져야만 할 것이다. 아마 그는 현실적 범죄가 전개되어나오는 조건들을 준비하거나 유지하거나 악화시키는 일에 자기도 모르게, 의도치 않게, 그럼에도 책임은 져야 할 정도로 기여했을 것이다.

D. 실존적 자기-파괴와 악의 교리

1. 소외 상태에서 자기-상실과 세계-상실

인간은 실존적 소외, 불신앙, 교만, 탐욕을 통해서 자기 세계와 함께 자기 자신을 발견한다. 소외 상태에 관한 각각의 표현들은 인간의 본질적 존재, 인간의 잠재적 선함과 모순을 이룬다. 그 상태는 자기 자신, 자기 세계, 그 둘의 상호의존성이 보여주는 창조된 구조와 모순을 이룬다. 그리고 자기-모순은 자기-파괴를 향한다. 본질적 존재의 요소들은 서로에게 맞섬으로써 서로를 무화시키고 그 요소들이 속해 있는 전체를 무화시키는 경향을 띤다. 실존적 소외의 조건들에서 발생하는 파괴는 어떤 외적 힘에 의해 일어나지 않는다. 파괴는 특별한 신적 개입 혹은 마성적 개입 때문에 일어나는 것이 아니라 소외의 구조 자체 때문에 일어나는 결과다. 우리는 이 구조를 "파괴의 구조"라는 역설적인 것 같은 용어로 기술할 수 있다. 이 용어가 제시하는 것은 실재 전체 속에서 파괴는 어떠한 독립적 지위도 갖지 않는다는 사실, 그리고 파괴는 파괴적으로 작용하는 것의 구조에 의존한다는 사실이다. 존재 전체의 모든 곳에서 그렇듯이 여기서도 비존재는 존재에, 부정적인 것은 긍정적인 것에, 죽음은 생명에 의존한다. 따라서 파괴에도 구조가 있다. 파괴는 혼란을 "향한다." 하지만 혼란이 완성되지 않는 한 파괴는 전체의 구조를 따라야 한다. 그리고 혼란이 완성되면,

구조와 파괴는 모두 소멸된다.

앞서 보았듯이 유한한 존재의 기본 구조는 자기와 세계로 이루어진 양극성이다. 이 양극성은 오직 인간에서만 완성되어 있다. 오직 인간만이 완전한 중심인 자기와 구조를 가진 세계를 소유하고 있으며 세계에 속해 있는 동시에 세계를 바라볼 수도 있다. 인간이 경험하는 다른 모든 존재자는 오직 부분적 중심만을 가지고 있을 뿐이며 결국 자기 환경에 속박되어 있다. 인간은 환경을 갖고 있기는 하지만, 자기 세계의 일부로서 환경을 갖고 있다. 그는 자신이 말하는 모든 말로 환경을 초월할 수 있고 또 초월한다. 그는 자유롭게 자기 세계를 자기가 바라보는 대상으로 만들 수 있으며, 또 자유롭게 자기 자신을 자기가 지켜보는 대상으로 만들 수 있다. 인간은 이런 유한한 자유의 상황에서 자기 자신과 자기 세계를 상실할 수 있으며, 자기 상실에는 필연적으로 타자 상실이 포함된다. 흔히 "악"으로 묘사되는 것을 이해하는 첫 번째 단계는 바로 이러한 구조를 분석하는 것이다.

"악"이라는 용어는 넓은 의미로도 그리고 좁은 의미로도 사용될 수 있다. 넓은 의미는 부정적인 모든 것을 포괄하는데 파괴와 소외—실존의 모든 특질을 통해 나타나는 인간의 실존적 곤경—가 모두 포함된다. 만약 그 용어가 이런 의미로 사용된다면 죄는 다른 것들과 같은 하나의 악으로 간주될 것이다. 그것은 때때로 "도덕적 악", 즉 도덕적 선함의 부정이라고 불리기도 한다. 이런 넓은 의미로 "악"을 사용하는 이유는 죄에는 두 가지 기능, 즉 자기-파괴의 원인과 자기-파괴의 요소라는 기능이 있는 것으로 나타나기 때문이다. 자기-파괴가 증가된 죄를 죄의 결과라고 지시하기도 한다. 고전적인 용어로 말하자면, 하나님은 죄인을 더 큰 죄에 던져넣음으로써 죄를 벌한다. 여기서 죄는 악의 원인이기도 하고 악 자체이기도 하다. 이런 경우라 할지라도, 죄는 죄의 자기-파괴적 결과들 때문에 악이라는 사실을 우리는 늘 기억해야 한다.

앞의 내용과 관련해서, 악을 더 좁은 의미로 즉 죄와 소외 상태의 결과로 사용하는 것이 더 적합할 듯하다. 그렇게 함으로써 우리는 악의 교리와 죄의 교리를 구별할 수 있다. 이후로는 그 용어를 이런 의미로 사용할 것이다. 따라서 앞서 설명했듯이 악의 교리는 죄의 교리를 뒤따른다. 부가적으로 이런 절차를 따름으로써 신정론 문제를 다루는 개념들을 명확히 규정할 수 있게 된다. 만약 누군가가 "어떻게 사랑이 많고 전능하신 하나님이 악을 허용할 수 있는가?"라고 묻는다면, 우리는 그 물음에 대해 질문에 사용된 표현들을 동원해서 답변할 수는 없다. 먼저 우리는 "어떻게 하나님이 죄를 허용하실 수 있는가?"라는 물음—이 물음은 묻자마자 대답할 수 있는 물음이다—에 대한 대답을 강조해야 한다. 죄를 허용하지 않는 것은 자유를 허용하지 않는다는 의미다. 이것은 인간의 본성, 인간의 유한한 자유를 부인하는 것이다. 우리는 이렇게 대답해야만 악을 보편적 소외의 본성에 함축되어 있는 자기-파괴의 구조로 묘사할 수 있다.

자기-상실은 악의 우선적이고 기본적인 표지로서 결정을 내리는 자신의 중심을 상실하게 되는 것을 의미한다. 그것은 일치에 이를 수 없도록 분열하는 추동력들에 의해서 중심을 이루었던 자기가 해체되는 것이다. 중심이 그 힘들을 붙잡고 있다면, 그 힘들은 인격 전체를 구축한다. 만약 그 힘들이 서로 적대적으로 움직인다면, 그 인격은 그 힘들에 의해 분열된다. 이 분열이 심해질수록 인간의 존재 자체는 더 많이 위협받는다. 중심을 가진 인간의 자기는 파괴될 수 있으며 자기를 상실한 인간은 자기 세계도 상실한다.

자기-상실은 인간이 결정을 내리는 중심을 상실하게 되는 것, 곧 인격적 통일성의 해체다. 도덕적 갈등과 정신병리학적 분열들이 독립적으로나 상호의존적으로 작동하면서 자기-상실을 이루어낸다. "산산이 조각나는" 끔찍한 경험은 인격을 사로잡는다. 이런 일이 일어나는 정도에 따라서 그의 세계도 산산이 조각난다. 그의 세계는 유의미한 전체이기를 중단한다. 사물들은 더 이상 인간에게 말 걸지 않는다. 그것들은 인간과 유의미한 만남을 가질 힘을 상실한다. 왜냐하면 인간 자신이 그 힘을 상실했기 때문이다. 극단적 경우에는 자기 세계의 완전한 비실재성을 느끼게 된다. 공허한 자기 자신에 대한 깨달음 외에 아무것도 남지 않는다. 그런 경험들은 극단적이지만, 극단적 상황을 통해서 일상적 상황 속에 있는 가능성들이 드러난다. 분열의 가능성은 완전한 중심을 가지고 있는 존재인 인간에게 언제나 현존해 있다. 인간은 자신의 중심을 당연한 것으로 여길 수 없다. 그것은 형식이지만, 공허한 형식은 아니다. 그것은 그 내용과 일치하는 경우에만 현실적일 수 있다. 중심이라는 형식은 자기가 자기이기 위해서 필요한 중심을 그 자신에게 제공한다. 공허한 자기, 순수한 주관성은 없다. 교만과 탐욕의 통제를 받을 때 자기는 해체 상태에 도달하게 된다. 유한한 자기가 점차 모든 것의 중심이 되려고 시도함으로써 어떤 것의 중심이기를 그치게 되는 결과가 자기에게 초래된다. 자기와 세계가 모두 위협받는다. 인간은 제한된 환경에 의존하는 제한된 자기가 된다. 그는 자신의 세계를 상실했다. 그는 오직 자신의 환경만을 가질 뿐이다.

이 사실에 근거하여 환경 결정론적 인간론을 비판할 수 있다. 그 이론들은 인간의 본질적 본성을 바라본다고 주장하지만, 그 관점은 본질적 본**성에서 떨어져 나온** 인간의 실존적 소외를 현실적으로 묘사하고 있을 뿐이다. 본질적 인간은 세계를 가지고 있는데 그것은 인간이 완전한 중심을 가진 자기를 소유하고 있기 때문이다. 인간은 기존의 모든 환경을 초월하여 자신의 세계를 향할 수 있다. 인간은 자신의 세계를 상실할 때만 환경의 굴레에 종속되는데, 실제로 그 환경은 **자기의** 환경, 다시 말해서 그 일부로 대표되는 자신의 세계와 창조적으로 만나 이루어진 것이 아니다. 인간의 참된 환경은 우주이며 모든 특별한 환경은 우주의 일부로 규정된다. 오직 소외 상태의 인간만이 환경적 영향의 대상으로 묘사될 수 있다.

2. 소외 상태에서 나타나는 존재론적 양극성의 갈등

a) 자유와 운명의 분리

소외 상태에서 자기-상실과 세계-상실이 상호의존적으로 이루어짐으로써 존재의 양극적 요소들도 상호의존적으로 상실된다. 이러한 양극성들 중에서 첫 번째는 자유와 운명이다. 본질적 존재, 즉 몽환적 순결 상태에서 자유와 운명은 구별되지만 분리되지는 않으면서, 또 긴장을 이루지만 갈등에 이르지는 않으면서 서로의 안에 머문다. 그것들은 존재의 근거, 즉 그 두 요소의 원천이자 그 요소들이 양극적 일치를 이루는 근거에 뿌리를 내리고 있다. 각성된 자유의 순간, 자유는 자유가 속해 있는 운명에서 분리되기 시작한다. 자유는 자의성이 된다. 의지적 행위는 자유가 운명과 분리되기를 지향하는 행위다. 교만과 탐욕의 영향을 받은 자유는 운명이 제공하는 대상들과 관련 맺기를 중단한다. 자유는 무수히 많은 내용과 관련을 맺는다. 인간이 자기를 우주의 중심으로 삼을 때, 자유는 자유의 한정성을 상실한다. 자유는 무한정적으로 그리고 자의적으로 대상, 인격, 사물을 향하게 되는데, 그것들은 선택하는 주체에게 완전히 우발적인 것이며, 따라서 동일하게 우발적인 것이면서 궁극적으로는 관계없는 다른 것들로 대체될 수 있는 것이다. 실존주의는 심층심리학의 지원을 받아 쉼 없음, 공허함, 그리고 이와 관련된 무의미성을 활용하여 이 상황의 변증법을 묘사했다. 만약 자유로운 행위자와 그 대상 사이에 아무런 본질적 관련이 없다면, 다른 선택들보다 객관적으로 더 나은 선택은 있을 수 없다. 원인이나 인격에 대한 어떠한 헌신도 무의미하다. 어떠한 우월한 목적도 설정될 수 없다. 어떤 이의 운명에서 기원해 나온 내용들이 알려지지 못한 채 남겨지거나 버려진다. 확실히 이것은 극단적 상황을 묘사하고 있다. 그렇지만 극단적으로 묘사함으로써 보편적 소외 상태 속에 존재하는 기본적 경향을 드러낼 수 있다.

자유가 자의성으로 왜곡되는 만큼 운명도 기계적 필연성으로 왜곡된다. 운명이 인간의 자유를 인도하지 않는다면 혹은 인간의 자유가 일련의 자의적인 우발적 행위라면, 인간의 자유는 결정하는 중심도 없이 서로 대립하는 힘들의 통제를 받게 된다. 자유로워 보이는 것이 실은 내적 충동과 외적 원인이라는 조건을 따르고 있음이 증명되었다. 자기의 각 부분들이 중심을 능가하며 다른 부분들과 연합하지 않고서 중심을 결정한다. 우발적인 동기가 동기들을 연합하여 결정을 내려야 하는 중심을 대체한다. 하지만 그것은 그렇게 할 수 없다. 이것은 고전 신학이 "의지의 속박"이라고 묘사하는 상태의 존재론적 특징이다. 우리는 "파괴의 구조"라는 관점에서 다음과 같이 말할 수 있다. 인간은 자신의 자유를 허비하는 일에 자신의 자유를 활용해왔다. 그리고 자신의 운명을 상실하는 것이 그의 운명이다.

자유가 자의성으로 왜곡되는 것과 운명이 기계적 필연성으로 왜곡되는 것은 비결정론과 결정론의 전통적 논쟁에서 나타난다. 환경 결정론적 인간론 같은 결정론뿐만 아니라 비결정론도 인간의 본질적 본성에 관한 이론인데, 여기에 활용되는 용어는 인간의 소외된 본성을 묘사하는 용어다. 비결정론에 따르면 인간의 자유는 우발성의 문제다. 그렇게 하면서 비결정론은 결정론에 맞서 보존하고자 했던 책임을 제거해버리게 된다. 또 결정론은 인간의 자유를 기계적 필연성에 굴복시키면서 인간을 완전히 조건화된 사물로 변형시킨다. 엄밀히 말해서, 그런 사물에는 운명이 — 심지어 **참된** 결정론을 가질 운명조차도 — 없다. 왜냐하면 기계적 필연성에는 진리도 운명도 없기 때문이다. 결정론뿐만 아니라 비결정론도 (자유와 운명이라는 측면에서) 인간의 실존 상태를 반영한다.

b) 역동성과 형식의 분리

모든 살아 있는 존재자는 (그리고 유비적으로는 모든 존재자도) 자신을 넘어서고자 하며 존재할 수 있게 해주는 기존 형식을 넘어서고자 한다. 인간의 본질적 본성 속에서 역동성과 형식은 연합되어 있다. 비록 기존 형식을 초월하게 된다 해도 이런 일은 형식이라는 측면에서 일어난다. 본질적 존재에는 형식을 초월하는 자기-초월적인 형식들이 있다. 존재의 역동성과 형식들이 이루는 일치는 파괴되지 않는다. 우리는 이런 일치를 은혜가 작용하는 인격들에서 단편적으로 볼 수 있는데, 그런 인격은 종교적 영역뿐만 아니라 세속적 영역에도 있다. 역동성과 형식의 실존적 분열은 그런 "재연합의 상징들"과 대조되며 분명하게 나타난다. 교만과 탐욕의 통제를 받는 인간은 아무런 명확한 목표와 내용도 없이 모든 방향으로 추동된다. 인간의 역동성은 아무런 형식 없이 자기를 초월하고자 하는 욕구로 왜곡되어 나타난다. 그것은 인격의 자기-초월을 견인하는 새로운 형식이 아니다. 역동성이 목적 자체가 된 것이다. 우리는 "새로움의 유혹"에 관해 말할 수 있다. 그 유혹 자체는 모든 창조적인 자기-현실화에서 필수적 요소지만, 왜곡될 경우 새로움을 위해 창조성을 희생시켜버릴 수도 있다. 만약 형식이 없다면 실제적인 어떤 것도 창조되지 않는다. 왜냐하면 형식 없이는 어떤 것도 실재가 될 수 없기 때문이다.

그런데 역동성 없는 형식도 파괴적이긴 마찬가지다. 만약 형식을 창조하는 역동성에서 형식을 추상화해내어 그 형식이 속해 있지 않은 역동성에 그 형식을 부여한다면, 그것은 외적인 법이 된다. 그것은 강압적이므로 창조성 없는 율법주의를 낳거나 역동적 힘들이 반역적으로 분출되는 상황을 낳는다. 그리고 그러한 분출은 혼돈을 초래하거나 그 반대급부로 더 강한 억압 방식을 초래한다. 그런 경험들이 사회생활뿐만 아니라 개인 생활에서도, 문화뿐만 아니라 종교에서도 겪는 인간의 곤경에 속해 있다. 법에서 혼돈으로 지속적으로 도피하며 혼돈에서 법으로 지속적으로 도피한다. 형식이 생동성을 지속적으로 파괴하며 생동성이 형식을 지속적으로 파괴한다. 하지만 어느 한 쪽이 사라지면 다른 쪽도 사라진다. 역동성, 생동성, 형식을 파괴하려는 충동은 혼돈과 공허로 귀결된다. 그것들은 형식과 분리됨으로써 소멸한다. 그리고 형식, 구조, 법은 완고함과 공허로 귀결된다. 그것들은 역동성과 분리됨으로써 소멸한다.

인간의 본질적 본성을 역동성이나 형식만으로 묘사하는 모든 인간론에 대한 기본적인 비판이 위의 내용에 포함되어 있다. 우리는 벌써 탐욕 교리와 관련하여 그 비판 중 몇 가지를 제시했다. 만약 본질적 인간을 무제한적인 리비도나 무제한적인 힘에의 의지라고 이해한다면, 그런 이해는 인간의 본질적 본성이 아니라 인간의 실존적 소외 상태를 기초로 삼고 있는 것이다. 인간 본성의 역동성을 잠정적으로나 영구적으로 만족시킬 수 있는 형식에 도달하지 못한다는 사실은 인간이 자신으로부터, 그리고 역동성과 일치의 본질적 일치로부터 소외되어 있음을 표현한다. 인간에게서 인간 존재의 역동성을 제거해버리는 인간 본성의 해석에 대해서도 동일한 비판이 적용되어야 한다. 그것은 인간의 참된 존재를 인간이 순응해야 하는 논리적·도덕적·심미적 형식들의 조직으로 격하시키기 때문이다. 인간에 관한 몇몇 합리주의적 교설과 관념론적 교설뿐만 아니라 상식 철학들도 인간의 자기-실현에서 역동성을 제거한다. 창조성은 법에 대한 복종으로 대체되는데 그것은 소외 상태에 있는 인간의 특질일 뿐이다.

두 가지 인간론, 즉 역동적 인간론과 형식적 인간론은 모두 인간의 실존적 곤경을 묘사하고 있다. 바로 이것이 그것들이 보여주는 진리이자 그 진리의 한계다.

c) 개체화와 참여의 분리

생명은 생명의 모든 형식으로 개체화된다. 동시에 존재와 "존재자"가 상호적으로 참여함으로써 존재의 일치가 유지된다. 개체화와 참여라는 양극은 상호의존한다. 존재자는 더 개체화될수록 더 참여할 수 있다. 완전히 개체화된 존재자인 인간은 지각, 상상, 행위를 통해서 세계 전체에 참여한다. 원칙적으로 그는 아무런 한계 없이 참여할 수 있다. 왜냐하면 그는 완전한 중심을 가진 자기이기 때문이다. 소외 상태의 인간은 자기 안에 갇혀 있고 참여로부터 단절되어 있다. 동시에 그는 대상들의 힘에 종속되는데, 대상은 인간을 자기 없는 대상일 뿐인 것으로 만들곤 한다. 주체성과 대상성이 분리되면, 대상은 주체성이라는 공허한 껍질을 삼켜버린다.

사회학이나 심리학에서 이런 상황을 묘사해왔다. 이런 묘사를 통해서 개인의 외로움과 그가 집단으로 함몰되는 일의 상호의존성이 설득력 있게 드러났다. 하지만 그 묘사는 개별적인 역사적 상황, 주로 우리 자신의 상황에 맞추어져 있다. 그런 묘사가 우리에게 남긴 인상은 이러하다. 그런 묘사가 지시하는 상황은 역사적이거나 사회학적인 조건에 따라 만들어진 상황이며 기본적으로 변화하는 조건들과 함께 변화한다. 신학은 집단에 함몰되는 일과 상호의존적 관계를 이루는 외로움이라는 보편적인 인간적 특징을 보여주면서 실존주의에 가담해야만 한다. 특별한 상황이 인간의 실존적 상황 속에 있는 특별한 요소를 더 첨예하게 드러내는 것은 사실이다. 하지만 그 상황은 그런 요소를 드러낼 뿐 창조하지는 않는다. 비인격화 또는 "대상화"(사물화)의 위험은 서구 산업사회에서 가장 두드러진다.[32] 하지만 모든 사회에는 동일한 특징의 위험이 있다. 그 이유는 개체화와 참여의 분리가 소외의 일반적인 표지이기 때문이다. 이 위험은 파괴의 구조에 속해 있으며 모든 역사 속에 존재하는 악이라는 수준에 근거하고 있다.

이런 상황은 인간의 본질적 본성을 기술한다고 주장하지만 인간의 소외만을 제대로 설명하는 그런 인간 교설에도 반영되어 있다. 고립된 주관성은 관념론적 인식론에서 나타나는데 그 인식론에서 인간은 실재를 지각하고 분석하며 통제하는 **인식 주체**(*ens cogitans*)로 격하된다. 그런 인식 행위에는 주체 전체가 대상 전체에 참여하는 일이 결여되어 있다. 그렇게 주체가 대상에 접근하고 대상이 주체에게 제시되는 방식에는 어떠한 **에로스**도 없다. 어떤 추상 수준에서는 이런 방식이 필요하다. 하지만 그 방식이 인지적 접근법 전체를 결정하게 되는 일은 소외의 징후다. 그리고 인간은 자기 세계의 일부이기 때문에, 그 자신은 대상들 중에 있는 대상이 될 뿐이다. 인간은 물리적으로 계산 가능한 전체의 일부, 따라서 완전히 계산 가능한 대상이 된다. 심리학적 수준이 물리학적이거나 화학적인

---

32   역주. Gyorgy Lukas는 Karl Marx의 "상품 물신숭배"와 Max Weber의 "합리화" 개념에 근거하여 "사물화"를 주장했다. 사물화에 관해서는 Gyrgy Lukcs, 『역사와 계급의식』, 조만영·박정호 옮김(서울: 지식을만드는지식, 2015), 제4장 제1절 "사물화 현상"을 참조하라. 역자들은 "사물화란 사람들 사이의 관계가 사물들 사이의 관계로 나타나는 현상, 그리고 나아가서 인간의 주체적 활동과 이 활동의 산물이 인간에게 대립되어 객체화하고 또 이것이 도리어 인간을 지배하는 현상"이라고 설명한다.

방식으로 설명되거나 또는 심리학적 기제들만으로 묘사되는 경우가 바로 그런 경우다. 양쪽의 경우에서 이론적 대상화가 수행되고 있는데, 이 대상화 작업에서 인간은 마치 대상인 것처럼 실천적 목적을 위해서 활용될 수 있고 또 그렇게 활용되고 있다. 소외 상황은 사물일 뿐인 인간과 만나는 이론과 실천에 모두 반영되어 있다. 그 두 가지는 "자기-파괴의 구조들", 즉 악의 기본적 원천들이다.

3. 유한성과 소외

a) 죽음, 유한성, 죄책

궁극적인 존재의 힘에서 소외된 인간은 자신의 유한성에 의해 결정된다. 인간은 자신의 본성적 숙명을 따라야 한다. 인간은 무에서 와서 무로 돌아간다. 인간은 죽음의 지배를 받으며 필멸한다는 불안에 의해 추동된다. 사실 이것이 죄와 죽음의 관계를 묻는 물음에 대한 첫 번째 대답이다. 성서 종교의 주장에 따르면, 필멸할 수밖에 없는 것이 인간의 본성이다. 불멸성이 인간의 본성적 성질이라는 말은 플라톤의 교설일 뿐 기독교의 교리가 아니다. 하지만 플라톤조차도 소크라테스를 통해 영혼 불멸성 논증에 의문을 제기했고 소크라테스는 죽기 전 토론에서 그 논증을 전개했다. 확실히 그가 영혼에 부여했던 영원한 생명이라는 본성은 많은 대중적 그리스도인이 가진 "피안"(hereafter)에 대한 믿음과 유사한 점이 거의 없다. 플라톤은 영혼이 영원한 본질(이데아)의 영역에 참여하는 것과 영혼이 이 영역에서 타락했으며 복귀할 수도 있다는 것에 대해 말했다. 물론 그 영역은 시간적이거나 공간적인 의미의 영역이 아니다. 성서의 낙원 이야기에는 타락과 죽음의 관계에 관한 아주 다른 해석이 있다. 성서의 상징은 불멸에 관한 대중적인 이미지와는 크게 동떨어져 있다. 창세기의 설명에 따르면, 인간은 먼지에서 와서 먼지로 돌아간다. 그는 생명나무의 열매, 곧 신적 음식 혹은 영원한 생명의 음식을 맺는 나무의 열매를 먹도록 허락받을 경우에만 불멸성을 가진다. 이 상징들은 명확하다. 인간은 영원한 것에 참여할 때만 영원할 수 있다. 인간은 영원한 것에서 분리될 때 자신의 본성적 유한성에 남겨진다. 따라서 초기 교부들이 성찬의 음식을 "불멸을 위한 약"으로 불렀던 것[33]과 동방 교회가 그리스도에 관한 메시지의 초점을 부활에 맞추었던 것[34]은 이러한 관념들과 동일선상에 있다. 부활의 순간이란 부활이 없었다면 본성적으로 죽을 수밖에 없었을 자들에게 영원한 생명이 제공되는 순간이다. 소외된 인간은 필멸할 수밖에 없다는 유한한 본성에 남겨져 있다. 죄는 죽음을 낳는 것이 아니라 죽음에게 영원한 것에 참여함으로써만 정복되는 힘을 부여한다. "타락"으로 인해 인간의 (그리고 자연의?) 세포 구조나 심리학적 구조가 물리적으로 변했다는 관념은 부조리하고 비성서적이다.

　　인간이 "필멸의 상태"에 남겨지면, 비존재와 관련된 본질적 불안은 죽음의 공포로 변한다. 비존재와 관련된 불안은 유한한 모든 것에 현존해 있다. 그 불안은 삶의 전 과정에서 의식적으로나 무의식적으로 영향을 끼

33 　역주. 이그나티우스, "안디옥의 감독 이그나티우스의 서신 : 에베소인들에게", 『초기 기독교 교부들 : 기독교고전총서1』, 김선영 옮김(서울: 두란노아카데미, 2017), 20:2(129).

34 　역주. Battista Mondin은 동방 교회 신학의 특징을 "영혼의 신화(神化)"라고 말한다. "비잔틴 신학자가 강조하는 진리는 이미 앞선 그리스 교부들에 의해 강조된 것, 즉 하느님께서 스스로 인간이 되셔서 인간들을 신성으로 들어 높이셨고 거룩하게 하셨다는 것이다. 이러한 원리에서부터 성성(聖性)과 그 성성의 원천인 전례 생활의 필요성이 나타난다. 신학은 신화 과정을 실현하기 위한 하나의 길이다. 비잔틴 세계에서 참된 신학자란 오직 성인뿐이다." Battista Mondin, 『신학사1』, 조규만·박규흠·유승록·이건 옮김(서울: 가톨릭출판사, 2012), 757.

친다. 그것은 심장 박동처럼 깨닫지 못하는 중에도 언제나 현존해 있다. 그것은 몽환적 순결이라는 잠재적 상태 속에도 있고 그리스도로서의 예수의 모습에서 표현되었듯이 하나님과 대결하기도 하면서 결단하기도 하는 일치 속에도 있다. 필멸할 수밖에 없음에 대한 예수의 불안을 극적으로 묘사함으로써 유한성과 불안의 관계가 보편적임이 확실하게 드러난다.

소외의 조건들에서 불안은 죄책이라는 요소로 인해 야기되는 또 다른 특징을 갖고 있다. 불안의 비극적 현실성이 보편적으로 나타남에도 불구하고 잠재적 영원성의 상실은 인간이 책임져야 하는 일로 경험된다. 죄는 죽음의 물리적 원인이 아니라 죽음의 가시다.[35] 죄로 인해 필멸할 수밖에 없다는 인간의 불안한 깨달음은 영원성을 상실했음에 대한 고통스러운 깨달음으로 변한다. 이런 이유로 필멸할 수밖에 없다는 불안은 자기 자신을 제거하려는 욕망과 연결된다. 인간은 본성적인 죽음을 회피하기 위해서 무화(annihilation)를 종말이자 죄책의 결과로서 욕망한다. 소외의 조건에서 죽음의 불안은 무화의 불안보다 더 크다. 그것이 죽음을 악, 즉 파괴의 구조로 만든다.

본질적 유한성이 실존적 악으로 변형되는 것은 소외 상태의 일반적 특질이다. 그 변형은 최근에는 인간의 상황에 대한 기독교적 분석과 비기독교적 분석을 통해서, 그리고 실존주의 문학을 통해서는 이전부터 매우 강력하게 묘사되어왔다. 죽음에 대한 분석에서 제시된 것과 같이 유한성과 소외의 날카로운 구별이 유지되기만 한다면, 그런 묘사는 신학에서 수용 가능하며 또 극히 중요하다. 그렇게 수용되지 않으면, 그 묘사는 아무리 가치 있는 내용을 제시하더라도 창조 교리에 맞게 또 본질적 존재와 실

---

35   역주. 고전 15:55-56.

존적 존재의 구별에 맞게 수정되어야 한다.

b) 소외, 시간, 공간

악의 구조에 관한 어떠한 묘사도 완벽할 수 없다. 그것은 끝나지 않는 과제다. 모든 시대 모든 곳에서 나타난 세계의 문학 작품들은 악의 구조에 관한 묘사로 채워져 있다. 악의 사역들에 관한 새로운 발견이 지속적으로 이루어지고 있다. 성서도 그런 발견들로 채워져 있으며 타 종교와 세속문화의 작품들도 마찬가지다. 신학은 악의 형식들에 대한 이런 보편적 깨달음을 알아야 한다. 그것은 그 형식들을 열거할 수는 없지만, 몇 가지 기본 구조는 보여줄 수 있고 또 보여주어야 한다. 그것들은 악의 구조들이면서 또 자기-파괴의 구조들이다. 그것들은 유한성의 구조들에 근거한다. 하지만 죄책이 죽음의 불안을 변형시키는 것처럼 그것들은 파괴적 요소들을 덧붙임으로써 그 구조들을 변형시킨다.

시간, 공간, 인과율, 실체 등의 범주로 나타나는 유한성의 본성은 창조 전체 속에 존재하는 구조라는 타당성을 가진다. 하지만 유한성의 범주들이 담당하는 기능은 실존의 조건에서 변한다. 모든 존재자에게서 나타나는 존재와 비존재의 일치는 범주들을 통해서 현현한다. 따라서 범주는 불안을 낳지만, 우리가 비존재에 대한 존재의 우월성을 경험하면 범주를 긍정하는 용기를 가질 수 있게 된다. 하지만 우리는 소외의 상태에서 궁극적인 존재의 힘과 맺는 관계를 상실한다. 그 상태에서 실존은 범주의 지배를 받게 되며 범주는 범주를 향한 이중적 반작용, 즉 저항과 절망을 산출한다.

존재 자체의 힘이 현존하는 "영원한 지금"이 없는 것으로 시간을 경험하게 되면, 시간은 현실적 현존이 없는 일시성(transitoriness)일 뿐인 것으로 인식된다. 시간은—시간의 신들과 관련된 신화가 보여주는 것처럼—마성적 힘으로 나타나서 자신이 창조했던 것을 파괴한다. 시간에 저항하려는 인간의 시도는 아무 소용없다. 인간은 자기에게 주어진 짧은 시간을 연장하고자 한다. 인간은 가능한 한 많은 일시적인 것들로 순간을 채우고자 한다. 그는 자신의 것이 아닌 미래 속에서 기억을 스스로 창조하고자 한다. 그는 자신의 시간이 끝난 이후에도 이어지는 지속적 생명과 영원 없는 끝없음을 상상한다.

인간은 이런 형식으로 시간이라는 범주에 내포되어 있는 비존재의 궁극적 위협에 저항한다. 절망의 구조 속에 있는 한 가지 요소는 많은 형식으로 나타나는 이런 저항이 붕괴되는 것이다. 시간 자체를 경험함으로써 절망이 산출되는 것은 아니다. 오히려 시간에 맞선 저항이 패배함으로써 절망이 산출된다. 이 저항 자체는 인간이 영원한 것에 본질적으로 속해 있다는 사실, 소외 상태의 인간은 영원한 것으로부터 배제되어 있다는 사실, 그리고 인간은 자기 시간의 일시적 순간들을 영속적인 현존으로 변형하고자 욕망한다는 사실에서 유래한다. 실존적 인간은 자신의 시간성을 수용하기를 꺼려하기 때문에 시간은 인간에게 마성적인 파괴의 구조가 된다.

존재 자체의 힘이 현존하는 "영원한 여기"가 없는 것으로 공간을 경험하게 되면, 공간은 공간적 우발성으로, 즉 인간이 속한 필연적 장소가 없는 것으로 경험된다. 그것은 신적 힘들과 마성적 힘들이 수행하는 놀이의 결과로 간주되는데(헤라클레이토스), 그 힘들은 어떤 인물과 "그 인물이 서 있는 (물리적·사회학적·심리학적) 장소" 사이의 어떠한 내적인 관계도 인정하지 않는다. 인간은 이 상황에 저항하고자 한다. 그는 특정한 장소를 자신의 것으로 만들고자 절대적으로 노력한다. 최종적인 "고향"(home)을 바라는 모든 열망 속에는 이 욕망이 작용하고 있다.[36] 하지만 인간은 성공하지 못한다. 그는 "이 땅의 방랑자"로 남아 있으며 결국 "자기 처소도 다시 그를 알지 못할 것이다"(욥).[37] 인간이 현실적이거나 가상적인 제국주의를 통해 가능한 한 많은 공간을 자기 것으로 만들고자 한다면, 그 결과 또한 이럴 것이다. 인간은 "보편적 여기"의 차원을 가지고 "영원한 여기"의 차원을 대체한다. 그는 공간적인 "곁에 있음"에 저항하고자 하는데, 여기에는 인간의 유한성이 포함되어 있기 때문이다. 하지만 그는 패배하며 궁극적인 뿌리 뽑힘이라는 절망으로 내던져진다.

다른 범주들과 관련해서도 유사한 결과를 관찰하게 된다. 예를 들어 인간은 자신이 그 속에서 여러 원인 중 하나가 되는 끝없는 인과율에 저항하면서 자신을 절대적 원인으로 만들고자 시도하고 또 우연한 사건들로 인해 실체가 소멸하는 일에 저항하면서 자신을 절대적 실체로 만들고자 시도하는데, 여기서도 유사한 결과를 볼 수 있다. 이런 시도들은 인간이 자신의 잠재적 무한성을 깨닫고 있음을 보여준다. 하지만 모든 것이 인과율적으로 의존하게 하는 근거, 모든 것이 우연적으로 변화하게 하는 근거가 현존하지 않은 채 그런 시도를 한다면, 그 시도들은 필연적으로 실패한다. 존재 자체의 힘이 없으면, 인간은 인과율과 실체 속에 있는 비존재의 요소에 저항할 수 없다. 그리고 인간의 저항이 실패하게 되는 것은 절망의 구조 속에 있는 또 다른 요소다.

---

36   역주. 서양의 사상사에서 나타난 고향의 의미, 고향 상실, 고향 회귀 등에 관해서는 전광식,『고향』(서울: 문학과 지성사, 1999)을 참조하라.

37   역주. 욥 7:10

c) 소외, 고난, 외로움

소외의 조건에서 존재론적 양극들이 갈등하고 유한성의 범주들이 변형됨으로 말미암아 인간의 곤경에는 전방위적 결과가 초래된다. 그 결과 중 두 가지 두드러진 본보기―고난과 외로움―를 여기서 논할 것이다. 전자는 인간 자신과 관련 있고 후자는 다른 사람과 관계 맺는 인간과 관련 있다. 그 두 가지는 서로 분리될 수 없다. 그것들은 서로 구별되지만 상호의존적이다.

죽음처럼 고난 역시 유한성의 요소다. 고난은 몽환적 순결 상태에서 제거되지 않고 복으로 변형된다. 인간은 실존의 조건들에서 이 복으로부터 탈락되며 고난은 파괴적 방식으로 인간을 얽어맨다. 고난은 파괴의 구조―악―가 된다. 본질적 유한성의 요소로서의 고난과 실존적 소외의 요소로서의 고난을 구별하는 것은 기독교와 동양의 거대 종교, 특히 불교를 이해하는 데 결정적이다. 불교처럼 이것을 구별하지 않으면, 유한성과 악이 동일시된다. 구원은 유한성으로부터의 구원이 되며 유한성에 내포되어 있는 고난으로부터의 구원이 된다. 하지만 그것은―기독교에 있는 것과 같은―고난이 파괴의 구조로 변형된 소외로부터의 구원이 아니다. 고난에 대한 불교의 해석은 고난을 존재하려는 의지에서 끌어낸다는 점에서 옳다. 따라서 그 고난은 의지가 특정한 어떤 것이 되려는 욕망을 자기 스스로 부정함으로써 극복된다. 기독교는 궁극적 용기를 가지고 유한성의 요소인 고난을 수용하라고 요구하고 그렇게 함으로써 실존적 소외에 기반하는 고난, 단지 파괴일 뿐인 고난을 극복하라고 요구한다. 기독교는 파괴적 고난에 대한 승리가 시간과 공간 속에서는 단지 부분적으로만 가능하다는 것을 알고 있다. 하지만 비교하면 알게 되듯이, 이 단편적인 승리를 추구하는지 아닌지에 따라서 서양 문화와 동양 문화가 달라진다. 그 차이에 의해서 개인, 인격성, 공동체, 역사에 대한 가치 평가가 변한다. 사실상 그 차이로 인해 인류의 역사적 운명이 결정되었다.

생명의 특징인 모호성 때문에 유한성의 표현으로서의 고난과 소외의 결과로서의 고난의 구별이 구체적으로 확인될 수는 없지만, 그럼에도 이 구별은 타당하다. 예를 들어 무의미한 고난과 정반대되는 의미를 경험할 수 있는 고난의 유형에 관해 말할 수 있다. 고통을 겪는 존재자가 보호와 치유를 요청하는 한 고난은 의미가 있다. 고난은 살아 있는 존재자의 한계와 잠재성을 보여줄 수 있다. 고난이 그것을 보여주는지 아닌지는 고난의 객관적 특징과 고난당하는 주체가 고난을 받아들이는 방식에 달려 있다. 주체적 행위를 할 수 있는 주체의 가능성을 파괴해버리는 고난의 형식들이 있다. 예를 들면 심리적 파괴, 비인간화하는 외적 조건들 또는 육체적 저항력의 급격한 감소 등이다. 실존은 고난당하는 주체가 고난의 의미를 발견하지 못했던 사례들로 가득하다. 물론 그런 상황이 본질적 존재에 내포되어 있는 것은 아니다. 그것은 본질에서 실존으로의 이행에, 그리고 존재자들과의 만남을 통해서 이루어지는 존재자의 자기-현실화에서 도출된 갈등에 기초한다. 그것은 실존에 내포되어 있다.

무의미한 고난의 원인 중에는—실제로는 주요한 원인으로—개별적 존재자의 "혼자 있음", 다른 존재자들과 연합하여 혼자 있음을 극복하려는 개체적 존재자의 욕망, 그리고 이 욕망의 좌절에 따른 적개심이 있다. 여기서도 혼자 있음의 본질적 구조와 실존적 구조를 구별하는 것이 필요하다. 모든 살아 있는 존재자는 구조적 중심을 갖고 있다. 인간은 완전한 중심을 가진 자기를 소유한다. 그는 이 중심으로 인해 자기 자신과 동일하지 않은 실재 전체로부터 단절된다. 그는 혼자서 자신의 세계 안에 있고, 혼자 있을수록 자신을 자신으로서 더 많이 의식하게 된다. 반대로 인간은 자신의 완전한 중심으로 인해 무제한적으로 자신의 세계에 참여할 수 있다. 그리고 그는 생명의 역동적 힘인 사랑으로 인해 그런 참여를 지향하게 된다. 본질적 존재의 상태에서 참여는 유한성에 의해 제한받지만 거부당하지는 않는다. 유한성의 구조 자체는 선하다. 하지만 소외의 조건에서 유한성의 구조는 파괴의 구조가 된다. 본질적 유한성에서 혼자 있음은 인간의 완전한 중심의 표현이며, "고독"(solitude)이라 불릴 수 있을 것이다. 그것은 타자와 관계 맺기 위한 조건이다. 오직 고독할 수 있는 자만이 교제할 수 있다. 인간은 고독 속에서 궁극적인 것의 차원, 혼자 있는 자들끼리 교제할 수 있는 참된 기초를 경험하기 때문이다. 그는 실존적 소외에서 궁극적인 것의 차원과 단절되고 홀로—외로움 속에—남겨진다. 하지만 이 외로움은 참을 수 없는 것이다. 인간은 그 외로움으로 인해 자신의 외로운 자기를 "집단"에 굴복시키는 그런 유형의 참여에 빠진다.

하지만 개인은 이러한 굴복을 통해서 다른 개인에게 수용되는 것이 아니라 사람들이 자신의 잠재적 고독을 굴복시켰던 대상, 즉 집단의 정신에 수용된다. 따라서 그는 타자를 지속적으로 추구하고 부분적으로 거절당하든 아니면 완전히 거절당한다. 왜냐하면 타자 역시 외로운 개인으로서 고독을 감당할 수 없고, 따라서 교제할 수도 없기 때문이다. 그런 거절은 자신을 거절하는 자들뿐만 아니라 자기 자신을 향한 큰 적개심의 원천이 된다. 이런 방식으로 실존적 소외는 고독과 교제의 본질적 구조를 무한한 고난의 원천으로 왜곡한다. 타자-파괴와 자기-파괴는 외로움의 변증법 속에서 상호의존한다.

본질적 고독과 실존적 외로움의 구별이 유지되지 않는다면, 궁극적 일치는 오직 외로운 개인이 소멸함으로써만 가능할 것이며, 개인이 무차별적 실체 속에서 사라짐으로써만 가능할 것이다. 신비주의가 열망하는 해결책은 불교가 고난의 문제에 대해서 제시하는 대답과 유사하다. 궁극적인 것에는 외로움이 없다. 하지만 고독도 없고 교제도 없다. 중심을 가진 개인의 자기가 해소되기 때문이다. 악과 구원에 대한 기독교적 이해에 있어서 본질적 고독과 실존적 외로움의 구별이 얼마나 중요한지가 이 비교를 통해 드러난다.

d) 소외, 의심, 무의미

유한성에는 의심이 포함되어 있다. 진리는 전체다(헤겔).[38] 하지만 어떤 유한한 존재자도 전체를 갖고 있지 않다. 따라서 유한한 존재자가 의심이 자신의 본질적 존재에 속해 있다는 사실을 수용하는 것은 그가 자신의 유한성을 수용했다는 말이다. 심지어 몽환적 순결에도 의심이 내포되어 있다. 그래서 낙원 이야기라는 신화에 나오는 뱀이 인간의 의심을 불러일으킬 수 있었던 것이다.

본질적 의심은 자기 자신과 자신의 세계 및 그 둘의 궁극적 의미에 관한 불확실성뿐만 아니라 과학의 방법론적 의심에도 현존해 있다. 모든 것에 관한 철저한 문제 제기가 있어야만 만나는 실재에 다가가는 인지적 접근법도 존재한다는 것은 너무나 당연한 사실이다. 물음은 갖고 있음(갖고 있지 않다면 어떠한 물음도 가능하지 않을 것이다)과 갖고 있지 않음(갖고 있다면 어떤 물음도 필요치 않을 것이다)을 모두 제시한다. 본질적 의심이라는 이 상황은 심지어 실존의 상태에 있는 인간에게도 주어지며 인간이 기꺼이 실

---

38 역주. "진리는 곧 전체다. 그러나 전체는 본질이 스스로 전개되어 완성된 것이다. 절대적인 것에 대해서 얘기한다면, 이는 본질상 결과로서 나타나는 것이며 종말에 가서야 비로소 그는 참모습을 드러낸다고 해야만 하겠다. 바로 이 표현 속에는 절대적인 것이 본성은 현실적인 주체로서 그 스스로 생성되는 것이라는 사실이 명시되어 있다." Hegel, 『정신현상학1』, 55.

재를 정직하고 희생적으로 활용할 수 있을 정도로 실재를 분석하고 통제할 수 있게 해준다.

하지만 불확실성의 다른 모든 측면도 유한성에 포함되어 있다. 인간은 스스로 존재하는 것이 아니라 "존재하도록 던져졌다"(하이데거)는 사실,[39] 인간에게는 필수적인 장소와 필수적인 현존이 결핍되어 있다는 사실은 유한한 존재자의 일반적 불안정성, 자기 존재 전체의 우발성을 표현하고 있다. 이 불안정성은 인격적 관계에서 이루어지는 선택과 마주친 실재의 다른 부분에서 이루어지는 선택에서도 나타난다. 그것은 불명확한 감정과 모든 결정에 내포되어 있는 위기에서 나타난다. 마지막으로 그것은 자기 자신과 자기 세계 자체에 대한 의심에서 나타난다. 그것은 존재로서의 존재에 관한 의심이나 불확실성으로 나타난다.

불안정성과 이 모든 형식의 불확실성은 인간의 본질적 유한성에, 인간이 창조된 존재라면 창조된 존재의 선함에 속해 있다. 단지 잠재적이기만 한 것의 상태에 불안정성과 불확실성이 현존해 있을지라도 그것들은 영원의 차원의 힘에 수용된다. 이 차원에는 궁극적 안정성이나 확실성이 있는데, 궁극적 안정성이나 확실성은 유한성이 가진 잠재적 불안정성과 불확실성을 (그리고 이것을 깨달아서 발생하는 불안을) 배제하지 않는다. 오히려 영원의 차원은 유한성을 수용하는 인간의 용기와 함께 잠재적 불안정성과 불확실성을 그 자체 안에 받아들인다.

만약 소외의 상태에서 궁극적인 것의 차원이 폐쇄되면, 상황이 변한

39　역주. Heidegger는 현존재의 피투성, 내던져져 있음(thrownness, Geworfenheit)에 관해 다음과 같이 말한다. "그의 '어디에서'와 '어디에로'는 은폐되어 있지만 그럴수록 더욱더 그것 자체에 있어서는 은폐되어 있지 않고 열어 밝혀진 현존재의 존재 성격을, 즉 이러한 '현존재가 존재하고 있다는 사실'을 우리는 이 존재자가 그의 '거기에'로 내던져져 있음이라고 칭한다." Heidegger, 『존재와 시간』, 이기상 옮김(서울: 까치글방, 2005), 188.

다. 불안정성이 절대화되고 존재의 가능성에 대한 절망으로 나아간다. 의심이 절대화되고 유한한 진리를 수용하기를 절망하면서 거부한다. 오히려 그 둘로 인해 유한성의 구조가 실존적 파괴의 구조가 되는 경험이 산출된다.

실존적 불안정성과 의심에 있는 파괴적 특징은 인간이 절망을 회피하려는 모습으로 나타난다. 인간은 유한한 안정성이나 유한한 확실성을 절대적인 것으로 만들고자 한다. 붕괴의 위협에 대한 방어책을 수립하게 되는데, 그 방어책 중 어떤 것은 잔인하고 어떤 것은 열광적이며 어떤 것은 부정직하고, 그리고 그 모든 것은 불충분하고 파괴적이다. 그 이유는 유한성에는 어떠한 안정성과 확실성도 없기 때문이다. 파괴적 힘은 잘못된 안정성과 확실성을 향한 공격을 대표하는 자들, 특히 잘못된 안정성과 확실성에 맞서 대립하는 자들을 겨냥할 수도 있다. 전쟁과 박해는 이러한 변증법에 부분적으로 의존한다. 하지만 그 방어책들이 불충분하다고 증명되면, 파괴적 힘은 주체 자신을 향할 것이다. 그는 쉼 없음, 공허, 회의주의, 무의미 경험에 내던져진다. 그리고 그는 당연히 이 극단적 경험을 피하기 위해서 실제적이거나 가상적인 대답을 추구하는 것이 아니라 모든 물음이나 대답에 대해 무관심한 태도를 취함으로써 자신의 의심을 부정한다. 이런 식으로 인간은 자신의 참된 인간성을 파괴하고 노동과 쾌락이라는 큰 기계 속에서 움직이는 톱니가 된다. 그는 의미를 박탈당하는데, 심지어 무의미성 때문에 겪는 고난이라는 형식으로도 의미를 박탈당한다. 진지하게 의미를 묻는 물음의 의미심장함조차도 그에게 남지 않는다.

이러한 묘사를 통해서 죄와 악의 구별은 단지 부분적으로만 타당할 뿐임을 보게 된다. 죄의 자기-파괴적 결과인 악에 이미 죄 자체가 현존해 있다. 책임의 요소가 무의미한 고난, 외로움, 회의적 의심, 무의미성, 절망 같은 파괴의 구조들에도 있다. 반대로 이 각각의 구조들은 소외의 보편적 상태와 그 상태의 자기-파괴적 결과들에 의존하고 있다. 이런 관점을 따를 때, 한 가지 맥락에서는 "죄"에 관해 말하고 다른 맥락에서는 "악"에 관해 말하는 것이 정당할 것이다. 그것은 내용의 차이가 아니라 초점의 차이다.

현대 사회학의 분석과 심리학의 분석에서 또 다른 문제가 부각되었다. 그것은 파괴의 구조들이 어느 정도까지 보편적으로 인간적이며, 어느 정도까지 역사적으로 한정적인가라는 물음이다. 그 대답은 다음과 같다. 그 구조들이 역사적으로 출현할 수 있는 것은 구조들이 보편적·구조적으로 현존하기 때문이다. 소외는 실존의 구조가 가진 성질이지만, 소외가 두드러지게 나타나는 방식은 역사가 결정하는 문제다. 역사에는 늘 파괴의 구조가 존재하지만, 그 구조가 존재할 수 있는 것은 소외의 구조로 변형될 수 있는 유한성의 구조가 있기 때문이다. 산업사회의 인간에 관한 많은 사회학적 분석과 실존주의적 분석이 있는데, 그 분석은 자기-상실과 세계-상실, 기계화와 대상화, 외로움과 집단에 굴복함, 공허와 무의미성 경험을 제시한다. 이 분석은 그 수행 범위까지는 참이다. 하지만 그것이 우리의 역사적 시대, 산업사회의 구조로부터 인간 곤경의 악을 도출해낸다면 그 분석은 거짓이 된다. 그런 도출에는 우리 사회 구조의 변화가 인간의 실존적 곤경을 변화시킬 수 있다는 믿음이 내포되어 있다. 모든 유토피아주의에는 이런 특징이 있다. 다시 말해서, 유토피아주의의 주요 결함은 인간의 실존적 상황과 각각의 역사적 시대에 이루어지는 그 상황의 출현을 구별하지 않는 데 있다. 모든 시대에는 파괴의 구조들이 있고 그 구조들은 우리 시대의 특정한 구조들과 많은 유사점이 있다. 인간이 본질적 존재로부터 소외되어 있음은 실존의 보편적 특징이다. 그 소외는 개별적 악을 모든 시대에 걸쳐서 지속적으로 생산한다.

파괴의 구조는 실존의 유일한 표지가 아니다. 그 구조는 소외된 것이 치유되고 재연합되는 구조에 대응한다. 하지만 생명이 이처럼 모호하다고 해서 유토피아주의가 보편적인 소외의 상황과는 상관없이 이 시대의 구조로부터 시대적 악들을 도출해내도 되는 것은 아니다.

4. 절망의 의미와 상징틀

a) 절망과 자살 문제

우리가 묘사한 악의 구조는 인간을 "절망" 상태로 몰아간다. 우리는 몇몇 부분에서 절망 전체의 본성이 아니라 절망의 요소들을 제시했다. 조직신학은 절망의 본성을 제시하는 과제를 담당해야 한다. 보통 절망은 심리학의 문제나 윤리학의 문제로 논의된다. 분명히 그것은 그 양쪽의 문제지만 이보다 더 큰 문제이기도 하다. 그것은 인간 곤경의 마지막 항목이다. 그것은 인간이 넘어설 수 없는 경계선이다. 인간은 죽음이 아니라 절망 속에서 자기 가능성의 끝에 도달한다. 절망이라는 단어 자체는 "희망 없음"을 의미하며 벗어날 "출구가 없는"(사르트르) 상황에 대한 감정을 표현한다.[40] 절망(Verzweiflung)이라는 독일어 단어에서 절망은 의심(Zweifel)과 연결되어 있다. 페어(ver-)라는 접두어는 답을 줄 수 없는 의심을 가리킨다. 절망의 상황에 대한 가장 인상적인 묘사는 키에르케고르의 『죽음에 이르는 병』(*Sickness unto Death*)에서 이루어졌는데 그 책에서 "죽음"은 치유 가능성을 벗어났음을 의미한다.[41] 그리고 바울은 유사한 방식으로 이 세상의 슬

---

40   역주. Sartre의 『닫힌 방. 악마와 선한 신』, 지영래 옮김(서울: 민음사, 2013)을 참조.
41   역주. "죽음은 병의 최후가 아니며 다만 죽음은 끊임없이 계속되는 최후일 뿐이다. 죽음에 의해 이 병에서 벗어나는 것은 불가능한 일인데, 왜냐하면 이 병과 그 고통—그리고

품이기도 하면서 죽음으로 귀결되는 슬픔을 제시한다.[42]

절망은 불가피한 갈등상태를 의미한다. 절망은 잠재적 존재이므로 당위적 존재인 쪽과 자유와 운명이 조합된 현실적 존재인 쪽 사이의 갈등이다. 절망의 고통은 자기 실존의 의미 상실을 책임지는 고통이면서 그것을 회복할 수 없는 고통이다. 인간은 자기 자신 안에 그리고 자기 자신과의 갈등 안에 갇힌다. 우리가 도피할 수 없는 이유는 우리가 자기 자신으로부터 도피하는 것이 불가능하기 때문이다. 자살은 자기 자신을 제거하는 방법이 될 수 있는가와 같은 문제가 바로 이런 상황에서 제기된다. 틀림없이 자살에는 상대적으로 적은 현실적 자살 행위가 보증해주는 듯 보이는 의의보다 훨씬 더 폭넓은 의의가 있다. 우선 생명에는 일반적으로 자살 경향, 갈등 없는 안식을 향한 열망이 있다. 인간의 중독 욕망은 이 열망의 결과로 나온 것이다. (앞서 나온 프로이트의 죽음 본능 교설, 그에 대한 평가와 비교하라.) 두 번째, 참을 수 없고 극복할 수 없으며 무의미한 고통을 겪는 모든 순간에는 자기 자신을 제거함으로써 고통에서 도피하려는 욕망이 있다. 세 번째, 절망의 상황은 자기 자신을 제거하려는 욕망이 일깨워지고 자살의 이미지가 가장 매혹적으로 드러나게 되는 가장 두드러진 상황이다. 네 번째, 위협적인 무화에 저항하지 않음으로써 생명을 향한 무의식적 의지가 무너지고 심리학적 자살이 발생하는 상황이 있다. 다섯 번째, 모든 문화는 의지의 자기-부정을 가르친다. 그 자기-부정은 물리적 자살이나 심리학적 자살에 의한 것이 아니라 유한한 내용을 가진 생명을 비움으로써 이루어지는데 이런 비움을 통해서 궁극적 동일성으로 진입할 수 있다.

죽음—은 바로 이처럼 죽을 수 없는 무력함이기 때문이다." Kierkeggard, 『죽음에 이르는 병』, 70.

42   역주. 고후 7:10.

생명의 자기-부정에 관한 물음은 보통 기독교 신학이 받아들이는 것보다 이런 사실들을 고려하면서 더 진지하게 받아들여져야 한다. 자살이라는 외적 행위가 도덕적이고 종교적인 특별한 죄에 해당한다고 선별되면 안 된다. 그런 관습은 미신적 관념, 즉 자살이 구원하는 은혜의 작용을 명확히 막는다는 생각에 근거하고 있기 때문이다. 그리고 모든 사람의 내적 자살 경향은 인간 소외의 표현으로 간주되어야 한다.

결정적이면서도 신학적으로 연관된 물음은 이런 것이다. 자살을 절망으로부터의 도피라고 간주할 수 없는 이유는 무엇인가? 확실히 유한성의 범주를 포함하는 죽음 이전의 생명이 본질적으로 동일한 조건을 따라 분명히 죽음 이후에도 이어지기 때문에 그런 도피는 불가능하다고 믿는 자들에게는 문제가 아니다. 하지만 죽음을 진지하게 고려한다면, 유한성의 차원에서는 자살이 절망의 조건을 제거한다는 사실을 부인할 수 없다. 하지만 우리는 이 차원이 단지 하나의 차원일 뿐인지, 또는 절망 속에 있는 죄책의 요소가 궁극적인 것의 차원을 지시하는지 물을 수 있다. 만약 긍정적인 대답을 한다면—그리고 기독교는 확실히 그것을 긍정해야 한다—자살은 최종 도피처가 아니다. 자살은 우리를 궁극적이고 무조건적인 것의 차원에서 해방하지 못한다. 우리는 이 사실을 다음과 같이 어느 정도 신화적인 방법으로 표현할 수 있을 것이다. 어떠한 인격적 문제도 시간적 차원만의 문제가 아니며 그 문제에는 영원한 뿌리가 있고 영원한 것과 관련된 해결책을 요구한다. 시간적인 차원에서 (외적이고 심리학적인 혹은 형이상학적인) 자살은 절망의 상황을 피할 수 있는 성공적인 시도다. 하지만 영원한 것의 차원에서는 아니다. 구원의 문제는 시간적 차원을 초월한다. 그리고 절망의 경험 자체는 이 진리를 보여준다.

b) "하나님의 진노"라는 상징

절망의 경험은 "하나님의 진노"라는 상징에 반영되어 있다. 기독교 신학자는 그 용어를 사용하기도 하고 비판하기도 했다. 비판은 보통 다른 종교에서 사용하는 "신들의 분노"라는 개념이 우상숭배적 관념, 즉 다른 유한한 존재자들에 의해서 그 신의 감정이 격발될 수 있다는 관념을 전제하고 있다고 상기시킴으로써 제기되었다. 그런 개념은 확실히 신적인 것의 신성과 신성의 무조건적 특징과 모순된다. 따라서 그 개념은 재해석되거나 기독교 사상에서 완전히 폐기되어야 한다. 후자의 대안은 알브레히트 리츨에 의해서 채택되었는데, 신적인 것의 신성으로 그리고 그가 하나님의 참된 본성이라 믿었던 신적 사랑의 이름으로 채택되었다. 우리가 하나님의 "진노"에 관해 말한다면, 우리는 하나님 안에서 사랑과 진노의 분열을 만들어내는 것처럼 보일 것이다. 다시 말해서 하나님이 자신의 진노에 사로잡혀 있으며 따라서 그의 사랑은 이 갈등에서 벗어날 길을 찾아야 한다. 그래서 그리스도의 죽음으로 하나님의 진노가 보상되었으므로(satisfied), 그리스도의 속죄 사역은 하나님이 진노를 유발했던 것을 용서할 수 있게 해주는 해결책으로 해석되었다. 그런 접근법은 때로 양적이며 기계적인 범주를 가지고 설명하면서 하나님의 존엄함을 심하게 침해했다. 그래서 리츨은 하나님의 진노를 언급하는 신약 본문을 궁극적 심판을 제시하는 것, 곧 최종적 심판의 부정적 측면에 관한 표현으로 해석했다. 하지만 우리는 하나님과 인간의 관계 속에 있는 어떤 요소를 표현하고자 "하나님의 진노"라는 상징을 사용하는 일이 절망의 경험 때문에 정당화되는 것은 아닌지 물어야 한다. 우리는 루터를 언급할 수 있다. 그가 다음과 같이 말했을 때 그는 이 문제에 대한 실존적 접근법을 제시한 것이다. "당신이 하나님을 믿는 대로 당신은 하나님을 소유하게 된다."[43] 자기 자신이 하나님으로부터 소외되어 있음을 깨닫는 자들에게 하나님은 궁극적 파괴의 위협이다. 하나님의 얼굴에는 마성적 흔적이 있다. 하지만 하나님과 화해한 자들은 비록 하나님의 진노에 관한 경험이 참된 것일지라도 그 경험은 자신이 화해한 하나님 이외의 다른 하나님에 대한 경험이 아님을 깨닫는다. 오히려 그들의 경험은 사랑의 하나님이 그들과의 관계 속에서 행동했던 방법이다. 신적 사랑은 사랑에 대항하는 모든 자들에게 대항하며 그들로 하여금 자기-파괴에 이르도록 내버려 둔다. 그 목적은 파괴된 자들을 구원하기 위함이다. 이런 일이 필요한 것은 사랑에 대항하는 일이 인간에게서 일어난 이후 인간은 자기-파괴에 빠져버렸기 때문이다. 바로 이것이 사랑을 거부하는 자에게 사랑이 작용할 수 있는 유일한 방식이다. 사랑은 어떤 사람에게 사랑을 거절함으로써 일어나는 자기-파괴적 결과를 제시하는 한편, 사랑 자체의 본성을 따라서 작용한다. 비록 사랑을 경험하는 자가 그 사랑을 자기 존재에 대한 위협으로 여기고 행동할지라도 말이다. 그는 하나님을 진노의 하나님으로 인지하는데, 진노의 하나님은 예비적 용어로서는 옳지만 궁극적 용어로서는 옳지 않다. 그렇지만 진노의 하나님이라는 하나님 경험이 최종적인 하나님 경험이 아니라는 이론적 지식 때문에 자기 존재에 대한 위협인 또 오직 위협일 뿐인 하나님의 실재가 사라지는 것은 아니다. 용서를 수용해야만 진노하는 하나님이라는 형상을 사랑의 하나님이라는 궁극적으로 타당한 형상으로 변형할 수 있다.

---

43   "Wie du ihn glaubst, so hast du ihn." Luther, Weimar, 18, S. 769(재인용: Paul Tillich, *Main Works/Hauptwerke vol.6: Theological Writings/Theologische Schriften*, edited by Gert Hummel[Berlin · New York: De Gruyter-Evangelisches Verlagswerk GmbH, 1992], 359).

c) "정죄"라는 상징

절망의 경험은 "정죄"라는 상징으로도 표현된다. 보통 우리는 "영원한 정죄"에 관해 말한다. 하지만 이것은 이론적으로 옹호될 수 없는 단어들의 조합이다. 오직 하나님만이 영원하다. 신적 영원과 유한성의 한계에 참여하는 자들은 정죄 경험에서 표현되는 절망을 극복했다. 신학적으로 정확하게 말하자면, 영원은 정죄의 반대말이다. 하지만 "영원"을 "끝없음"으로 이해하면, 우리는 끝없는 정죄를 본성상 끝을 가진 자, 즉 유한한 인간에게 할애할 수 있을 것이다. 인간의 시간은 인간 자신과 함께 끝난다. 따라서 우리는 "영원한 정죄"라는 용어를 신학 용어에서 제거해야만 한다. 그 대신 우리는 정죄를 영원에서 제외되는 것이라고 말해야 한다. 이런 의미가 "영원한 죽음"이라는 용어에 내포되어 있는 것 같다. 죽음에는 지속이 없기 때문에 "영원한 죽음"은 영원한 죽음을 의미할 수 없다. 영원으로부터 분리되는 경험은 절망의 상태를 의미한다. 그것은 시간성의 한계 너머를 가리키고 인격적 중심이 수행하는 사랑이라는 행동을 통해서 신적 생명과 연합되지 않은 채로 신적 생명에 묶여 있는 상태를 가리킨다. 우리가 가진 경험이나 언어로는 그것에 관해 더 이상 말할 수 없다. 왜냐하면 부정적인 것은 경험될 수 있을지라도 긍정적인 것과 연합해서만 말해질 수 있기 때문이다. 시간과 관련해서든지 아니면 영원과 관련해서든지, 우리는 다음과 같이 말할 수 있다. 분리의 상태에서조차도—하나님의 창조성이 파괴의 방식으로 나타날지라도—하나님은 우리 안에서 창조적으로 사역하고 있다. 인간은 결코 존재의 근거로부터 분리되지 않는다. 심지어 정죄의 상태에서도 말이다.

E. 새로운 존재 요청과 "그리스도"의 의미

1. 숙명 또는 의지의 속박으로서의 실존

모든 실존적인 자기-실현 행위에서 자유와 운명은 연합되어 있다. 실존은 언제나 사실이면서 행위다. 여기서 다음과 같은 사실이 뒤따라 나온다. 실존적 소외의 맥락에서 이루어지는 어떤 행위도 실존적 소외를 극복할 수 없다. 운명은 자유를 제거하지 않으면서도 자유를 속박 속에 가두어둔다. 이것은 루터가 에라스무스와의 투쟁 속에서 발전시켰던 "의지의 속박" 교리에 표현되어 있다.[44] 그 이전에 그것은 펠라기우스에 맞섰던 아우구스티누스에 의해서도 표현되었고,[45] 그 이전에는 유대주의에 맞섰던 바울에 의해서도 표현되었다.[46] 이 세 가지 사례와 다른 많은 사례에서 펠라기우스주의에 반대하는 신학은 철학적 결정론을 의미한다고 오해받아왔다. 펠라기우스주의에 반대하는 신학자들은 인간의 자유를 굴복시키면서 인간

---

44 역주. "인간의 의지를 속박하는 분은 하나님이다. 이것은 죄의 형벌이다. 하나님은 인간에게 형을 언도했다. 그는 인간을 정죄하여 그로 하여금 선을 행하려는 그의 본래의 의지를 상실하게 했다. 그렇게 함으로써 하나님은 또한 그를 사탄에게 노예된 상태로 굴복하게 했다. 인간은 자기 자신의 의지의 노예이며, 또한 사탄의 권세 아래 있다. 이제 더 이상 그에게는 선을 향해 돌아갈 힘이 없다." Paul Althaus, 『루터의 신학』, 이형기 옮김(고양: 크리스챤 다이제스트, 2001), 180.

45 역주. Tillich는 아우구스티누스의 죄론과 은총론에 관해 이렇게 말한다. "아우구스티누스의 죄 개념에 대응한 것이 그의 은총 개념이다. 인간은 보편적인 죄성으로 하여 최고선으로 자기를 이끌어 올리는 가능성을 잃어버렸다. 인간의 의지가 노예화되어 버렸다. 따라서 인간에게 주어지는 은총은 선물로서의 은총(*garatia data* [공로 없이 주어지는 은총])이다." Tillich, 『그리스도교 사상사』, 송기득 옮김(서울: 대한기독교서회, 2005), 217.

46 역주. "나는 내가 원하는 선한 일은 하지 않고 도리어 원하지 않는 악한 일을 합니다. 내가 해서는 안 되는 것을 하면, 그것을 하는 것은 내가 아니라, 내 속에 자리를 잡고 있는 죄입니다"(롬 7:19-20). 이 본문에 관한 Tillich의 설교는 Paul Tillich, "The Good That I Will, I Do Not," *The Eternal* Now(New York: Charles Scribner's Sons, 1963), 47-57을 참조하라.

을 다른 대상들과 같은 하나의 대상으로 만들어버렸다고 비난받았다. 때때로 그들의 언어는 (심지어 바울조차도) 이 "마니교적" 오류와 닮아 있었다. 그리고 어떤 신학자들은 그런 비난으로부터 보호받을 수 없을 것이다. 하지만 펠라기우스주의에 강하게 반대한다고 해서 반드시 마니교적 경향으로 귀결되지는 않는다. 왜냐하면 의지의 속박 교리는 의지의 자유를 전제하기 때문이다. 오직 본질적 자유만이 실존적 속박을 받을 수 있다. 우리의 경험에서 "의지의 속박"이라는 용어는 오직 인간에게만 적용될 수 있다. 자연에도 자발성과 중심성이 있지만 자유는 없다. 그래서 자연은 의지의 속박에 빠질 수 없다. 인간은 유한한 자유이기 때문에 인간만이 실존적 소외의 충동에 개방되어 있다.

에라스무스가 루터의 의지의 속박 교리를 반박하며 성서 구절을 인용했을 때, 바로 이 입장에서 그는 옳았다. 그는 인간을 인간으로 만드는 것은 도덕적 책임이라고 지적했다. 하지만 루터뿐만 아니라 의지의 속박 개념을 주장하는 다른 대표자들도 그것을 부인하지 않았다. 그들은 **인간**, 즉 유한한 자유를 가진 존재자가 구원받는다는 사실을 부인하지 않았다. 그들은 구원받은 인간이 죄인이라고, 즉 인간은 자신의 본질적 본성과 모순되는 일을 할 수 있는 자유를 통해서 이 사실을 보여주는 자라고 믿었다. 은혜는 은혜를 수용하는 자와 무관한 존재자를 창조하지 않는다. 은혜는 본질적 자유를 파괴하지 않는다. 하지만 은혜는 자유가 실존의 조건에서 하지 못하는 일을 한다. 다시 말해 은혜는 소외된 것을 재연합한다.

그렇지만 의지의 속박은 보편적 사실이다. 그것은 자신의 소외를 돌파할 수 없는 인간의 무력함을 의미한다. 유한한 자유가 가진 힘에도 불구하고 인간은 하나님과의 재연합을 이룰 수 없다. 유한한 관계의 영역에서 이루어지는 모든 결정은 인간의 본질적 자유의 표현이다. 하지만 그 결정들이 하나님과의 재연합을 가져오는 것은 아니다. 그 결정들은 "사법적 정의"(civil justice)의 영역, 도덕적 규범과 법률적 규범의 영역에 머무른다. 그렇지만 모든 생명의 구조가 모호할지라도, 이런 결정들은 모호하지 않으면서 궁극적인 것과 관련이 있다. 하나님과 관계를 맺고 있는 인간은 하나님 없이는 그 어떤 것도 할 수 없다. 인간은 어떤 행위를 하기 위해서 먼저 어떤 것을 받아야만 한다. 새로운 존재가 새로운 행위보다 선행한다. 나무가 열매를 생산하는 것이지 열매가 나무를 생산하는 것이 아니다. 충동들의 뿌리에서 인간에게 발생하는 그 일의 힘이 있어야만 인간은 자신의 충동을 통제할 수 있다. 이런 심리학적 진리는 종교적 진리, "의지의 속박"의 진리이기도 하다.

소외를 소외된 인간 실존의 힘으로 극복하려는 시도는 역경과 비극적 실패로 귀결된다. 그 시도에는 기쁨이 없다. 따라서 루터에 따르면, 만약 율법이 기쁨으로 성취되지 않으면 율법은 성취될 수 없다.[47] 율법은 우리 존재에 낯선 것이 아니다. 율법은 계명의 형식으로 표현된 우리의 존재 자체다. 그리고 기쁨은 우리 존재의 완성이다. 바울은 자녀의 순종을 종의 순종과 대조하여 말했다.[48] 그런데 우리는 자녀처럼 행동하기 위해서 먼저 자녀의 신분을 받아야 한다. 하나님과의 연합이 먼저 재확립되어야 한다. 오직 새로운 존재만이 새로운 행위를 생산할 수 있다.

---

47   역주. 기쁨으로 율법을 성취하게 되는 그리스도인에 관해서는 Althaus, 『루터의 신학』, 296-97을 참조하라.

48   역주. 롬 8:15-17.

2. 자기—구원의 방법들과 그 방법들의 실패

a) 자기—구원과 종교

존재가 행동보다 선행한다는 원리에는 종교사에 대한 기본적인 비판이 내포되어 있다. 종교사는 인간이 자신을 구원하고자 하는 시도와 실패의 역사다. 종교가 인간의 정신적 생명의 기능에 속하며 따라서 종교가 생명 일반의 표현이고 본질적 요소와 실존적 요소를 연합하고 있다고 할지라도, 우리는 실존만을 다루고 있는 지금의 맥락 속에서 종교를 언급해야 한다. 왜냐하면 종교는 생명의 기능이기도 하고 생명이 생명의 모호성의 정복자, 즉 신적인 영을 받아들이게 되는 장소이기도 하기 때문이다. 따라서 생명은 본질적 존재와 실존적 존재의 분열에 맞서는 새로운 존재 요청이 등장하는 분야다. 단편적으로라도 구원이 작용하고 있는 경우에만 구원에 관한 물음을 물을 수 있다. 순수한 절망, 즉 희망이 없는 상태는 절망 자체 너머에 있는 것을 추구할 수 없다. 진리 탐구가 진리의 현존을 전제하는 것처럼 새로운 존재 요청은 새로운 존재의 현존을 전제한다. 이러한 필연적인 순환은 방법론을 다룬 부분에서 조직신학의 모든 부분이 상호의존에 관해 말한 것을 다시 말해주고 있다. 신학적 순환은 신학의 비연역적이고 실존적인 특징에서 기인한다. 지금 우리의 목적을 따라서 말하자면, 이것은 종교를 조직적으로 다루기 전에 종교 개념을 먼저 언급해야 함을 의미한다. 자기-구원의 시도뿐만 아니라 그리스도 요청도 종교 분야에서 나타난다. 종교를 자기-구원의 시도와 동일시하는 것이 잘못이듯이 종교를 계시와 동일시하는 것도 잘못이다. 모든 생명과 같이 종교도 모호하다. 종교는 계시적 경험이라는 기초 위에서 자기-구원이 된다. 종교는 종교가 받은 것을 왜곡하며 종교가 성취하고자 하는 일에서 실패한다. 이것이 종교의 비극이다.

b) 자기-구원의 율법주의적 방법들

자기-구원의 율법주의적 방법은 종교사에서 가장 두드러지며 중요한 방법이다. 율법에 순종하는 것은 율법주의가 아니라고 주장한다는 점에서 유대교는 옳다. 무엇보다도 율법은 신적 선물이다. 그것은 인간에게 인간의 본질적 본성, 인간과 하나님의 참된 관계, 인간과 다른 사람의 참된 관계, 인간과 자기 자신의 참된 관계를 보여준다. 실존적 소외 상태에서 율법은 인간의 참된 본성을 드러낸다. 하지만 율법이 명령으로 드러나는데, 그 이유는 인간이 당위적 존재로부터 소외되어 있기 때문이다. 이것이 율법주의의 가능성이자 유혹이다. 그것은 거의 저항할 수 없는 유혹이다. 인간은 자신의 당위적 존재를 보면서, 자신을 상실하는 불안에 의해 움직여지면서, 자신의 본질적 존재를 현실화하는 자신의 능력을 믿으면서, 의지의 속박을 무시하면서 자신이 상실했던 것을 다시 획득하고자 한다. 하지만 율법이 명령이 되어버리는 소외의 상황은 율법이 완성될 수 없는 상황이다. 실존의 조건에서 명령하는 율법은 필요하지만, 율법의 완성은 불가능하다. 이 사실은 특정한 모든 명령에도 해당되며 모든 것을 포괄하는 율법, 곧 사랑의 율법에도 해당된다. 필연적으로 사랑은 소외의 상태에서 명령이 된다. 하지만 사랑을 감정으로 오해하는 경우라 할지라도 사랑을 명령할 수는 없다. 사랑을 명령할 수 없는 이유는 사랑이 주어지기 전에 이미 재연합의 힘이 명령보다 선행해 있으며 명령을 완성하기 때문이다.

율법주의가 자기-구원의 방법으로 시도될 때마다 그것은 재앙이 되었다. 모든 형식의 율법주의 속에서 인간의 본질적 본성과 일치하는 선한 것은 왜곡되었다. 궁극적으로 모든 형식의 율법주의는 계시적 경험에 근거하며 진지하게 받아들여지고 수용된다. 율법주의의 위대함은 (시민법과 관습법에 순종할 때도 나타나는) 무조건적 진지함으로 나타난다. 율법주의의 왜곡은 명령하는 법에 진지하게 순종함으로써 소외의 상태를 극복할 수 있다는 율법주의의 주장으로 나타난다.

분리된 것의 재연합을 성취하는 일에 율법주의가 실패함으로써 어중간한 타협, 율법의 거부, 절망 또는—절망을 통한—새로운 존재 요청이라는 태도에 이르게 된다. 앞의 예에서 보았듯이 매우 진지하게 요구되는 것이 율법에서는 달성될 수 없다.

c) 자기-구원의 금욕주의적 방법들

율법주의와 그 반대편의 신비주의 사이에 금욕주의가 있다. 금욕적 요소는 모든 형식의 율법주의에서 발견된다. 금욕하는 자는 탐욕의 무법성을 피할 목적으로 유한한 실존의 한계 안에서 자신이 제거할 수 있는 만큼 욕망의 대상들을 제거함으로써 욕망을 소멸시키고자 한다. 자기-구원에 이르는 방법으로 금욕주의를 사용하려는 시도 때문에 여기서도 진리가 왜곡된다.

금욕주의라는 용어는 서로 다른 방식으로 사용된다. 금욕주의는 율법에 대한 순종과 연결하여 자기-제한을 가리킨다. 즉 그것은 도덕적 자기-실현의 모든 행위 속에 있는 필수 요소다. 그것은 끝없는 리비도와 힘에의 의지에 한계를 부여하여 그것들이 자체적인 유한성을 수용하도록 이끈다. 즉 그것은 지혜의 구현이자 사랑의 요구다.

금욕주의는 요구되는 규제 자체가 아니라 자기-규제가 객관적으로 요구될 때 자기-절제의 수단으로 사용되는 규제다. 그것이 절제의 실행이면서 그 이상이기를 주장하지 않을 때, 그런 금욕주의는 허용될 수 있다.

하지만 금욕주의는 언제나 자기-구원의 수단으로 여겨질 위험에 처해 있다. 객관적으로 선한 어떤 것을 의지적으로 보류하는 일(putting-aside) 자체가 때로는 소외에 대한 승리로 등장한다.

어떤 유한한 선을 성취하기 위해 다른 유한한 선과 관련된 금욕적 규제를 활용하고자 할 때, 유사한 위험이 존재한다. 이것은 "세계-내적 금욕주의"로서 노동, 유흥, 돈의 축적 등에 대한 청교도적 태도에서 그 예를 볼 수 있다. 이런 성질들은 자연과 사회에 대한 기술적이고 경제적인 통제를 통해서 그 보답을 얻는다. 그리고 이것이 신적인 복의 표현으로 여겨졌다. 교리적으로는 금욕적 자기-규제를 통해 신적인 복을 획득할 수 없을지라도, 심리학적으로는 청교도의 금욕적 자기-통제가 신적인 복의 원인이 되는 것은 불가피한 일이었다. 교리적으로는 그 성질들이 자기-구원에 대한 가장 철저한 부정에 기초하고 있었을지라도 금욕적 행동을 통한 자기-구원이 이런 방식으로 개신교회에 유입되었다.

"존재론적 금욕주의"로 불릴 수 있는 금욕주의의 주요 형식은 유한한 존재에 대한 존재론적 평가절하에 기초한다. 유한성은 평가절하되어서는 안 된다. 그것은 존재 자체와 대조되는 것이기 때문이다. 유한성과 타락은 동일하며 유한한 실재의 비극적 상태는 구원을 벗어나 있다. 구원의 유일한 방법은 유한한 실재를 완전히 부정하는 것, 마주쳤던 세계의 다양한 내용을 자신에게서 비우는 것이다. 역사적으로 정교하게 설명된 주요한 자기-구원의 금욕주의적 방법들은 보통 신비주의적 종교 유형의 일부다. 그 유형에서 자기-구원은 유한한 실재를 넘어서는 신비적 가치 평가를 통해 시도된다.

자기-구원의 금욕주의적 방법은 의식적인 자기-부정을 통해서 무한한 것과 강제로 재연합하고자 할 때 실패한다. 인간 본성에 있는 탐욕의 대상은 현실적으로 사라지지 않는다. 그 대상은 여전히 억압의 형식으로 현존해 있다. 따라서 그 대상은 집착적인 상상력의 형식으로 나타나거나 지배 의지, 열광, 가학적·피학적 경향이나 자살 경향과 같은 변형된 모습으로 종종 다시 나타난다. 중세의 예술과 문학에 따르면, 악마적인 것은 중세의 금욕주의자들에게서 가장 확실하게 현현했다.

금욕주의는 생명 과정에 있는 하나의 요소이며 필수적인 것이지만, 자기-구원의 시도로서의 금욕주의는 위험한 왜곡이며 실패다.

d) 자기-구원의 신비주의적 방법들

보통 존재론적 형식의 금욕주의는 신비주의에서 나타난다. 따라서 이제 우리는 자기-구원을 향한 신비주의적 시도를 다룰 것이다. 개신교 신학자들이 신비주의를 자기-구원의 **유일한** 방법이라는 혐의로 비난해왔기 때문에 "신비주의"라는 용어의 서로 다른 의미를 구별하는 것이 필요하다. 먼저 "신비주의"는 신적인 것이 경험 속에 현존한다는 특징을 보여주는 범주다. 이런 의미의 신비주의는 모든 종교의 핵심이다. "신 자신이 현존한다"고 말할 수 없는 종교는 도덕적이거나 교리적인 규칙들의 조직일 뿐이며 그런 규칙은 원래 계시의 원천에서 나온 것일지라도 종교적이지 않다. 신비주의 또는 "신이 느껴지는 현존"은 종교의 본성에 본질적인 범주이고 자기-구원과는 아무 관계도 없다.

하지만 인간이 육체적이고 정신적인 수련을 통해서 재연합에 도달하고자 한다면, 자기-구원은 명확해진다. 동방의 많은 신비주의와 서방의 일부 신비주의에 이런 특징이 있다. 이런 의미에서 전부는 아닐지라도 대부분의 신비주의는 자기-구원의 시도이며 유한한 존재와 무한을 연합시키기 위해서 유한한 존재의 모든 영역을 초월하려는 시도다. 하지만 자기-구원의 다른 시도들처럼 이런 시도 역시 실패한다. 신비가는 신과의 실재적 연합에 결코 도달할 수 없다. 그런 연합에 도달한다고 해도 그 연합은 일상적 실존의 소외를 극복하지 못할 것이다. "영혼의 갈증"을 이어가다보면 황홀경의 순간이 따라오지만, 일반적으로 인간의 곤경은 변하지 않는다. 실존의 조건이 변하지 않은 채 남아 있기 때문이다.

하지만 고전적 신비주의는 황홀경의 마지막 단계에서 자기-구원의 가능성을 부인한다. 모든 준비 과정에도 불구하고 이 지점에 도달하게 되었을 때 궁극적인 것과의 황홀경적 재연합이 반드시 이루어지는 것은 아니다. 재연합은 주어지는 것인데, 전혀 주어지지 않을 수도 있다. 신비주의라는 자기-구원의 방법에는 이런 결정적인 제한 사항이 있기 때문에 개신교 신학자 및 신정통주의뿐만 아니라 리츨주의 신학자들은 위대한 신비가를 향해서 너무나 간략하고 정제되지 않은 비판을 가하는 것을 자제해야 한다.

신학자들이 신비가 자신이 제시하는 그 제한 사항에 더 많이 주목한다면, 그들은 이 위대한 전통을 훨씬 더 긍정적으로 평가할 것이다. 그리고 우리는 그런 전통에 "세례 받은 신비주의"라고 부를 만한 것이 있음을 이해할 것이다. 그 신비주의에서 말하는 신비주의적 경험은 새로운 실재의 출현에 의존하며 그러한 출현을 고안하지 않는다. 이런 신비주의의 형식은 고전적인 신비주의적 조직들이 가진 추상적 신비주의와는 다르게 구체적이다. 그것은 "그리스도 **안에**" 있음, 즉 그리스도라는 영적인 힘 안에 있음이라는 바울의 경험을 따르고 있다. 원칙적으로는 그것이 자기-구원의 태도를 초월하고 있을지라도 그것이 현실적으로 악화되는 것을 막을 수는 없다. 자기-구원은 모든 종교 형식 속에 있는 유혹이고 악화는 기독교 한가운데서도 나타나기 때문이다.

e) 자기-구원의 성례적·교리적·감정적 방법들

자기-구원의 율법주의적 방법, 금욕주의적 방법, 신비주의적 방법 외에 성례적·교리적·감정적 방법을 더할 수 있다.

비록 성례전적 방법이 로마 가톨릭교회에서 더 두드러지며 교리적 방법은 개신교회, 특히 루터파 교회에서 더 두드러진다고 해도 두 가지 방법을 함께 논할 수 있다. 로마 가톨릭에도 많은 교리적 자기-구원이 있고 루터파 개신교에도 많은 성례적 자기-구원이 있기 때문에 분리해서 다루는 것은 적절치 않을 것이다. 두 사례에서 새로운 존재가 가시적 형식이나 음성적 형식으로 특수하게 현현하는 일은 사역을 실행함으로써 실존적 소외를 극복하려는 예전적 사역이나 지성주의적 사역으로 왜곡된다. 구원은 사제가 실행하고 그리스도인이 참여하는 성례적 행위에 의존하거나 교회가 정식화하고 그리스도인이 수용하는 참된 교리에 의존한다. 로마 가톨릭에서 성례적 사역은 정당한 것이다. 로마 가톨릭교회는 하나님에 의한 구원과 자기-구원을 종합하기 때문이다. 개신교에서는 펠라기우스적인 자기-구원의 요소가 제거되었지만, 정통주의와 경건주의(근본주의와 부흥주의) 양쪽에서 그 요소는 복권되었다. 고전적 정통주의는 일종의 "순수한 교리의 성례"를 확립했다. "하나님의 말씀에 대한 순종"이라는 이름으로 성서의 문자에 순종할 것을 요구했으며, 성서의 의미가 명확하지 않기 때문에 특수한 신학, 특정한 시대의 신학이 수행한 특별한 성서 해석에 순종할 것을 요구했다. (그리고 오늘날 근본주의가 그러한 것을 요구한다.) 많은 경우, 특히 비판적 의식이 발전했던 시대에 이러한 요구는 지성적 금욕주의로 혹은 인간의 비판력을 희생시키는 것으로 귀결되었다. 이러한 요구는 모든 생동적 힘을 희생시키는 수도사적 금욕주의나 청교도적 금욕주의의 요구와 유사하다.

지금까지 이론과 현실에서 나타나는 성례적인 것과 교리적인 것의 상호의존성을 보여주었다면, 우리는 그것들의 단점을 개별적으로 묘사할 수 있다. 성례적인 자기-구원은 성례적인 수용성을 왜곡한 것이다. 신적인 것이 성례를 통해 현존함은 소위 성례라 불리는 것을 훨씬 뛰어넘는 방식으로 표현되며 그 자체가 자기-구원과 대조된다. 하지만 예전에서 종교적 현실화가 이루어질 때 자기-구원의 요소들이 그 과정에 들어올 수 있으며 그 근원적인 의미를 왜곡시킬 수 있다. 수용된 예식을 수행하기만 하는 것에도 혹은 성례적 행위에 참여하기만 하는 것에도 구원하는 힘이 있다고 간주된다. 성례는 주어지는 것이다. 따라서 그것은 자기-구원을 부정하는 것으로 이해되어야 한다. 하지만 성례가 활용되는 방식은 자기-구원적 태도에 개방되어 있다. "우리는 수행해야 하는 것을 수행했는가" 혹은 "우리는 올바른 형식과 올바른 태도로 계속 수행했는가"라는 걱정스러운 물음은 성례의 행위가 신적 원천과 재연합에 도달하지 못했음을 보여준다. 성례적 자기-구원은 매우 변증법적인 개념이며 현실적으로는 불가능한 일이다. 그런 자기-구원은 하나님과의 재연합을 결코 가져올 수 없다.

　　교리적인 자기-구원도 마찬가지다. "신앙에 의한 칭의"라는 교리가 자기-구원의 도구로 왜곡된 사실에는 부분적으로 루터파 개신교의 책임도 있다. 궁극적인 것에 사로잡힌 상태로서의 신앙이 왜곡되어 교리에 대한 믿음이 되었다. 그래서 우리가 수용되었다는 메시지를 수용하는 것으로서의 신앙이 지성적으로 인정해야 할 명제가 되었다. 하지만 그런 인정 요구는 더 심화된 물음을 제기할 수밖에 없다. 나는 정말로 믿는가? 내 믿음은 의심과 지적인 정직성을 일시적으로 억압한 것이 아닌가? 그리고 내가 정말로 믿지 않는다면, 내 구원은 상실되는가? 정직하고자 하는 의지와 구원받고자 하는 의지 사이의 심각한 내적 갈등은 교리적 자기-구원의 실패를 보여준다.

앞서 제시했듯이 자기-구원의 성례적 형식, 교리적 형식과 반대되는 자기-구원의 감정적 형식이 있다. 예를 들어 경건주의는 (자기-포기의 율법적 요소와 교리적 요소를 포함해서) 회심 경험 그리고 신앙에 기반한 헌신적 삶을 통해 철저히 인격적으로 참여하는 것을 요구했다. 자기-구원의 유혹이 경건주의에도, 모든 형식의 부흥 운동에도 현존해 있다. 경건주의와 부흥 운동은 감정에 대한 열망을 불러일으키는데, 그 감정은 참되지 않고 인위적으로 만들어진 감정이기 때문이다. 이런 일은 부흥 운동 전도자들을 통해서, 그리고 회심과 성화를 경험하도록 자신의 감정을 인위적으로 유도함으로써 일어난다. 이런 상황에서 자기-구원의 요소들이 우리가 갖길 원하는 신적인 구원 행위의 궤적 안으로 도입된다.

하나님과의 인격적 만남, 하나님과의 재연합은 모든 참된 종교의 핵심이다. 그것은 변형하는 힘의 현존 그리고 모든 예비적 관심에서 궁극적 관심으로 전환을 전제하고 있다. 그러나 그것의 왜곡된 형식 속에서 "경건"은 자기 자신 안에서 변형을 성취하기 위한 도구가 된다. 하지만 자신이나 타자에 의해서 인간의 정신적 생명에 부여되는 모든 것은 인공적인 것으로 남아있으며, 불안, 열광주의 그리고 경건한 사역들의 강조라는 결과를 낳는다. 그로 인해 자기-구원의 경건주의적 방법은 최종적 실패에 도달한다.

모든 자기-구원의 방법은 구원의 방법을 왜곡시킨다. 부정적인 것은 긍정적인 것의 왜곡으로 잔존한다는 일반적인 규칙 또한 이 경우에 타당하다. 이것은 종교와 인간적인 자기-구원 시도를 일치시키면서 그 둘을 소외 상태에 있는 인간으로부터 이끌어내는 신학이 적합하지 않다는 점을 보여준다. 현실적으로 소외의 깨달음과 구원의 열망조차도 구원하는 힘이 현존한 결과, 다시 말해서 계시적 경험의 결과다. 자기-구원의 방법들도 마찬가지다. 율법주의는 계시적 경험 속에 있는 율법을 수용하는 것을 전제한다. 금욕주의는 무한한 것이 유한한 것에 대한 심판임을 깨닫는 것을 전제한다. 신비주의는 존재와 의미라는 면에서 궁극성을 경험하는 것을 의미한다. 성례적 자기-구원은 성례적 현존이라는 선물을 전제한다. 교리적 자기-구원은 현현한 진리라는 선물을 전제한다. 감정적인 자기-구원은 거룩한 것이 가진 변형하는 힘을 전제한다. 이런 전제가 없다면 인간의 자기-구원 시도는 시작조차 할 수 없었을 것이다. **잘못된 종교**(*falsa religio*)는 특별한 역사적 종교가 아니라 모든 종교에 있는 자기-구원의 시도이며 심지어 기독교에도 있는 자기-구원의 시도다.

3. 새로운 존재에 대한 비역사적 기대와 역사적 기대

새로운 존재 요청은 보편적이다. 그 이유는 인간적 곤경과 그 모호한 정복 또한 보편적이기 때문이다. 그 요청은 모든 종교에서 나타난다. 완전히 자율적인 문화를 발전시켰던 몇몇 경우들—고대 그리스, 로마, 서구 근대 세계—에서도 새로운 실재에 대한 유토피아적 기대가 현존해 있었다. 종교적 실체는 세속적 형식에도 영향을 주었다. 새로운 존재 요청은 모든 종교, 모든 문화를 변화시킨다는 특징이 있다. 하지만 우리는 양극적 관계를 이루는, 즉 부분적으로는 갈등하고 부분적으로는 일치하는 두 가지 주요 유형을 구별할 수 있다. 결정적인 차이는 그 유형들에서 역사가 차지하는 역할로 인해 발생한다. 새로운 존재를 역사 너머에서 찾을 수도 있고 역사의 목적으로 이해할 수도 있다. 첫 번째 유형은 매우 비역사적이며 두 번째 유형은 매우 역사적이다.

예를 들어 다신론적 종교는 대부분 비역사적이다. 다신론에 반대하는 신비주의적 반작용이 브라만교와 불교에서 발견되고 다신론에 맞선 인문주의적 반작용이 고대 그리스에서 발견되는데 그런 반작용들은 비역사적이다. 궁극적 관심의 다른 표현들에서도 그렇듯이 이 경우에 새로운 존재는 신적인 힘이며 유한성의 한계 안에서 인간적 곤경을 극복하는 많은 방법을 통해 나타난다. 여기서 신적인 것은 역사의 각 시대로부터 동일한 거리를 유지한다. 분명히 구원은 역사 안에서 시작한다. 그 이유는 인간이 역사 안에서 살아가기 때문이다. 그렇지만 구원은 역사를 통해 발생하지 않는다. 만약 역사관이 존재한다면, 역사는 순환적인 운동, 자기-반복적인 운동으로 보일 것이다. 역사는 새로운 어떤 것도 만들지 못한다. 새로운 존재는 역사의 목적이 아니며 신들의 현현에서, 금욕하는 이들과 관상하는 이들이 낳는 정신적 결과에서, 신의 육화에서, 신탁에서, 정신적 고양에서 나타난다. 개인은 그런 신적 현현을 받아들인다. 다시 말해 그런 현현은 제자들에게 전해질 수 있지만 집단에게 전해지지는 않는다. 가족이든 인류 전체든 집단은 새로운 존재의 효과에 참여하지 않는다. 역사 속에서 인류의 비참함은 변하지 않지만, 개인은 실존의 전체 영역—사물들, 인간들, 신들—을 초월할 수 있다. 이런 해석에서 새로운 존재는 모든 존재자의 부정이며 오직 존재의 근거(the Ground of Being)에 대해서만 긍정이다. 우리는 다음과 같이 말할 수 있을 것이다. 새로운 존재를 위해서 지불된 대가는 존재하는 모든 것의 부정이다. 이런 이유로 삶에 대한 동양과 서양의 느낌이 서로 다르다.

서양의 종교와 문화는 역사적 유형에 의해서, 곧 역사의 과정에 나타날 새로운 존재에 대한 기대에 의해 결정되었다. 이런 믿음은 고대 페르시아, 유대교, 기독교, 이슬람교에서 또 어떤 세속화된 현대 인문주의 형식에서도 발견된다. 새로운 존재의 기대는 수직적 방향보다 수평적 방향에서 주로 나타난다. 실재 전체는 본질적으로 선한 것으로 여겨지기 때문에 긍정한다. 그 본질적 선함은 실존적 소외로 훼손되지 않는다. 하지만 새로운 존재에 대한 기대는 변형된 실재에 대한 기대다. 변형은 유일무이하고 반복 불가능하며 되돌릴 수 없는 역사 과정에서 그리고 그런 과정을 통해서 발생한다. 이런 과정의 담지자는 가족, 민족, 교회 같은 역사적 집단이다. 개인은 역사적 집단과의 관계를 통해서만 그 과정을 담지한다. 새로운 존재의 현실화는 역사적 유형의 형식에 따라서 달리 이루어진다. 그 현실화는 느린 과정으로, 한정된 질적 수준으로, 전 과정의 중심에서 이루어지거나 역사가 영원으로 고양되는 역사의 종말에서 이루어진다. 어떤 가능성은 결합되기도 한다. (여기는 그 가능성을 조직적으로 논할 자리가 아니다.) 하지만 이런 것들은 말할 수 있다. 기독교의 결정적인 사건은 역사의 중심에서 발생하였으며, 바로 그 사건이 역사에 중심을 부여했다. 그리고 기독교는 완성이 "아직 이루어지지 않았다"(not-yet)는 것도 알고 있는데, 이것은 유대교가 주로 강조하는 내용이다. 그리고 기독교는 역사의 모든 순간에 계시적 가능성이 있음을 알고 있다. 이 모든 것이 "그리스도"라는 명칭에 포함되어 있으며 기독교는 그 명칭을 최종적으로 현현한 새로운 존재의 담지자에게 부여했다.

4. "그리스도"라는 상징, 그 역사적 의미와 초역사적 의미

"메시아"("그리스도")라는 상징의 역사는 그 상징의 기원이 기독교와 유대교를 모두 초월하며 따라서 새로운 실재에 대한 인간의 기대가 보편적임을 확인시켜준다. 기독교가 이 상징을 역사의 중심적 사건이라고 믿는 사건에 적용했을 때―기독교 이전에 구약 종교가 그리했듯이―기독교는 셈족 세계와 이집트 세계의 사회 체계에서, 특히 정치적 왕정 제도에서 엄청난 상징적 소재를 받아들였다. 메시아, "기름 부음 받은 자"는 왕이다. 그는 적을 정복하고 평화와 정의를 확립한다. 그 관념의 정치적 의미를 초월할수록 왕이라는 인물은 점점 더 상징적 존재가 되었다. 신화적 흔적들이 그 관념에 점점 더 많이 덧붙여졌다. 하지만 메시아는 언제나 역사와 관련하여, 예를 들어 역사적 집단, 그 집단의 과거와 미래에 관련하여 남아 있었다. 메시아는 개인을 역사적 실존 밖으로 인도하는 방식으로 구원하지 않는다. 그는 역사적 실존을 변형한다. 개인은 사회와 자연을 포괄하는 새로운 실재에 들어간다. 메시아 사상에서 새로운 존재는 유한한 존재의 희생을 요구하지 않는다. 이와 달리 새로운 존재는 모든 유한한 존재자들의 소외를 정복함으로써 그 존재자들을 완성한다.

메시아 관념이 가진 엄격한 역사적 특징 때문에 메시아적 기능은 민족, 민족 안에 있는 작은 집단(남은 자), 사회 계급(프롤레타리아) 등에게 부여될 수 있었다. 그리고 그것은 메시아적 인물을 다른 것들, "야웨의 종", "사람의 아들", "위로부터 오시는 이" 등과 결합시킬 수 있었다.[49] 심지어 더 중요한 일도 가능했다. 즉 새로운 존재에 대한 역사적 유형의 기대에 비역사적 유형의 기대도 포함시킬 수 있었다. 이런 점에서 기독교는 보편적 유형이라고 주장할 수 있다. 새로운 존재에 대한 보편적 요청은 보편적 계시의 결과다. 만약 기독교가 보편성을 주장한다면, 기독교는 암묵적으로 다음과 같은 주장을 하는 것이다. 곧 새로운 존재 요청을 했던 서로 다른 형식들은 그리스도로서의 예수 안에서 완성되었다. 기독교는 다음과 같은

---

49   역주. 대표적인 것으로는 사 40-55장; 단 7:2-14; 요 3:31을 참조하라.

것을 보여주어야 하며 그리고 언제나 보여주고자 노력해왔다. 새로운 존재를 기대하는 역사적 유형은 그 자체와 함께 비역사적 유형도 포괄하고 있지만, 비역사적 유형은 역사적 유형을 포괄할 수 없다. 기독교는 보편적으로 타당하기 위해서 새로운 존재에 관한 수평적 방향의 기대와 수직적 방향의 기대를 결합해야만 한다. 이 일을 위해서 기독교 신학은 후기 유대교로부터 개념적 도구를 제공받았다. 포로기 이후 유대교 신앙은 역사적 요소와 초역사적 요소를 결합한 상징, "예수" 사건에 보편적 방식으로 적용될 수 있는 상징을 창조했다. 묵시문학에서 메시아는 우주적 의의를 가진 자로 승격되었고, 율법은 영원한 실재성을 가진 것으로 선언되었으며, 하나님 곁에 있는 신적 지혜는 창조와 구원의 원리가 되었다.[50] 다른 신적 성질들은 야웨 아래서 일종의 존재론적 독립성을 가진다. 사람의 아들이라는 인물은 초월적 뿌리와 역사적 기능을 결합한다. 이런 기초 위에서 제4복음서는 로고스론을 통해 예수의 초역사적 특징을 강조함으로써, 그리고 예수를 통해 임하는 심판과 구원의 현존을 가르침으로써 수직적 방향을 강조했다. 초기 기독교에서 종말론적 의식이 퇴조함에 따라 개인의 구원이 거의 배타적으로 강조되었다. 이것은 이미 바울에게도 나타나는데, 그의 그리스도-신비주의와 영에 관한 교설은 비역사적 유형이 기독교에 들어올 수 있게 하는 중요한 다리가 되었다.[51] 이런 환경 속에서 구약에서 유래한 수평적 방향이 헬레니즘에서 유래한 수직적 방향으로 인해 사라져버릴 위험에 처하게 된 것은 놀라운 일이 아니다. 영지주의가 종교적 동기들을 혼합함으로써 위험은 실재가 되었다. 창조와 완성이라는 두 가지 상

---

50   역주. 잠 8:30.
51   역주. "그리스도-신비주의"는 Wilhelm Boesset이 바울의 "그리스도 안에서"를 설명한 용어다. Dunn, 『바울 신학』, 539.

호의존적인 상징들은 사라졌다. 이런 상황에서 기독교는 교회 안에서 구약을, 즉 새로운 존재에 대한 역사적 유형의 기대를 보존하기 위해 생사의 투쟁을 전개했다. 교회는 결정을 내렸고 기독교의 역사적 특징을 보존했다. 이 결정은 모든 시대에 보호받아야 한다. 하지만 기독교의 보편적 의미가 상실되지 않는 방식으로 보호받아야 하고 우발적인 역사적 운동의 한정적 유효성이 그 보편적 의미를 대체하지 못하는 방식으로 보호받아야 한다.

5. 기독교 신학에서 역설의 의미

새로운 존재가 그리스도로서의 예수 안에 나타났다는 기독교의 주장은 역설적이다. 그 주장은 모든 것을 포괄하는 기독교의 유일한 역설을 구축한다. "역설", "역설적"이라는 단어가 사용될 때마다 그 의미를 조사할 필요가 있다. 이 단어들이 그리스도 사건에 적용됨으로써 혼동과 분노를 낳게 될 만큼 이 단어들은 남용되고 있다. 역설적인 것은 반성적이면서 합리적인 것, 변증법적이면서 합리적인 것, 비합리적인 것, 부조리한 것, 비상식적인 것과 구별되어야 한다.

반성적이면서 합리적인 것 역시 기술적 이성의 영역이라고 할 수 있는데, 그 영역은 (모든 사유가 따라야 하는) 형식 논리의 법칙을 따를 뿐만 아니라 존재의 유일한 차원은 형식 논리라는 도구로 완전히 파악될 수 있는 차원이라고 믿기도 하는 그런 종류의 사유를 가리킨다. 만약 "역설적"이라는 단어가 형식 논리의 파괴로 이해된다면 그것은 마땅히 거부되어야한다. 형식 논리를 파괴할 때조차도 형식 논리를 사용할 필요가 있기 때문이다. 형식 논리는 파괴될 수는 없고 합당하게 사용하기 위해서 제한될 필요가 있다. 역설은 형식 논리를 합당하게 사용하지 않아도 되는 예외가 아니다. 역설을 제자리에 두기 위해서는 형식 논리가 필요하다.

역설적인 것은 종종 변증법적인 것과 혼동되어왔다. 변증법적 사유는 역설적이지 않고 합리적이다. 변증법이 다루고 있는 실재를 변증법이 거울처럼 반영하지 않는다면, 변증법은 반성적이지 않을 것이다. 그것은 실재를 외부에서만 바라보지 않는다. 그것은 실재에 들어간다. 다시 말해서 실재의 내적 긴장에 참여한다. 긴장은 먼저 대립하는 개념들에서 나타난다. 하지만 그 긴장은 실재의 더 깊은 차원에 있는 긴장의 뿌리에까지 적용되어야 한다. 변증법적 묘사를 통해서 개념의 한 요소는 다른 요소로 이행한다. 변증법이 이런 의미로 받아들여진다면, 그것은 모든 생명-과정을 결정하고 있으며 생물학, 심리학, 사회학에 적용되어야 한다. 살아 있는 유기체, 신경증적 갈등, 계급투쟁에서 나타나는 긴장에 관한 묘사는 변증법적이다. 생명 자체가 변증법적이다. 살아 있는 신으로서의 하나님이 신적 생명에 상징적으로 적용되어야 한다면, 변증법적인 진술을 통해서 묘사되어야 한다. 그는 모든 생명이 지닌 특징, 즉 자신을 초월하고 자신에게 복귀하는 특징을 갖고 있다. 이것은 삼위일체 상징들에서 표현되어 있다. 삼위일체적 사유는 변증법적이며 이런 의미에서 역설적이지 않고 합리적이라는 사실을 강조해야 한다. 이 사유는 하나님 안에서 이루어지는 무한과 유한의 관계를 내포하고 있다. 하나님이 유한한 것의 창조적 근거이고 영원히 자신 안에서 유한한 잠재성을 생산하는 한, 하나님은 무한하다. 유한한 것은 하나님을 제한하지 않으며 하나님의 영원한 생명 과정에 속해 있다. 이 모든 것에는 변증법적이고 합리적이라는 특징이 있다. 하지만 그것은 모든 진술을 통해서 신적 신비를 가리킨다. 신학은 그 모든 표현을 통해서 신적 신비 ― 영원한 존재의 신비 ― 를 언급한다. 신학의 도구들은 합리적·변증법적·역설적이다. 신적 신비에 관해 말하는 도구들은 신비하지 않다.

신학적 역설은 "비합리적"이지 않다. 하지만 본질에서 실존으로의 이행, 잠재적인 것에서 현실적인 것으로의 이행, 몽환적 순결에서 실존적 죄책과 비극으로의 이행은 비합리적이다. 이행의 보편성에도 불구하고 이런 이행은 합리적이지 않다. 결국 그 이행은 비합리적이다. 우리는 본질에서 실존으로의 이행이 가진 비합리성을 모든 것에서 직면한다. 그리고 그이행의 현존은 역설적이지 않고 비합리적이다. 비록 그 이행이 모든 피조물의 본질적 구조와 모순된다고 할지라도 그것은 수용되어야만 하며 부정될 수 없는 사실이다.

테르툴리아누스에게 잘못 부여된 **"나는 부조리하기 때문에 믿는다"**(*credo quia absurdum*)라는 혼란스러운 구절이 없었다면,[52] 그리고 역설적인 것이 부조리한 것과 동일시되어왔던 사실이 없었다면, 역설적인 것을 부조리한 것과 비교할 필요가 없었을 것이다. 논리적으로 양립할 수 있는 단어들의 조합이 실재의 의미 있는 질서와 모순될 때, 그 조합은 부조리하다. 따라서 부조리한 것은 괴이한 것, 터무니없는 것과 친족관계에 있다. 우리는 상징적 문자주의와 그 괴이한 결과를 거부하면서 이 용어를 몇 차례 사용했다. 하지만 그런 부조리함은 기독교 메시지의 역설과 아무 관계도 없다.

마지막으로 역설은 비상식이 아니다. 그것은 말할 필요가 없을지도

---

52   역주. 테르툴리아누스는 "나는 부조리하기 때문에 믿는다"는 말을 한 적이 없다. Mondin,
      『신학사1』, 267. 이것은 근대 초기 개신교와 계몽주의 진영이 로마 가톨릭 진영에 대항하
      면서 "그것은 불가능하기 때문에 확실하다"(*certum est, quia impossibile*)라는 테르툴리아
      누스의 말을 수정한 것이다. https://en.wikipedia.org/wiki/Credo_quia_absurdum (2021.
      10. 22 검색).

모르지만 실제로는 필요하다. 불행하게도 의미론적으로는 아무런 의미 없는 명제를 생산하는 일에 몰두하는 신학자, 참된 그리스도인이 되기 위해서는 그 명제를 수용해야 한다고 기독교 신앙의 이름으로 주장하는 신학자가 늘 존재했다. 그는 신적 진리가 인간 이성의 너머에 있다고 논증한다. 하지만 신적 진리는 무의미한 명제로 표현될 수 없다. 모든 사람이 이런 유형의 문장들을 불명확하게 만들어낼 수 있겠지만, 그것들을 이해할 수는 없을 것이다. 그리고 역설은 비상식이 아니다.

우리는 역설과 비교되었던 다른 논리적 범주들과 신적 신비의 관계를 이미 다루었다. 신비는 이런 관계에 속하지 않는다. 우리가 하나님과 신적인 "것들"에 관해 말할 때마다 신비가 현존해 있다. 신비는 신적인 것 자체의 본성, 그것의 무한성과 영원성, 그것의 무조건적이고 궁극적인 특징, 실재의 주체-대상 구조를 넘어서는 그것의 초월성에 기초하고 있다. 신적인 것이 가진 이 신비가 모든 신학에 전제되어 있다. 하지만 신비는 신(theos)의 로고스를 배제하지 않으며 이와 함께 신학 자체를 배제하지 않는다. 신의 로고스는 반성적이고 변증법적이며 역설적인 용어로 표현되어야 한다. 하지만 신, 신적 신비는 그 모든 용어를 초월한다. 존재의 궁극적 신비를 인정하기만 한다면, 역설 위에 역설을 쌓는 자들이 반성적 이성의 도구를 가지고 종교적 개념의 의미론적 의미를 설명하는 자들보다 신적 신비에 더 가까이 있는 것도 아니다.

역설적인 것이라는 개념에 대해서 제한적으로 논의한 다음, 우리는 다음과 같이 긍정적인 용어로 말해야 한다. 그 개념은 문자적 의미로 이해되어야 한다. 역설은 억견(doxa), 즉 경험론적인 것과 합리론적인 것을 포함한 일상적인 인간 경험 전체에 기초하는 의견(opinion)과 모순되는 것을 의미한다. 기독교의 역설은 인간의 실존적 곤경에서 유래한 의견과 모순되고 이 곤경에 기초해서 상상할 수 있는 모든 기대와 모순된다. 기독교 메시지의 역설적 특징은 이해가능한 말의 법칙들을 반박하는 것이 아니라 자기 자신, 자기 세계 그리고 그 둘의 기초를 이루는 궁극적인 것과 관련된 인간의 곤경을 일상적으로 해석하는 것에 대해서 반박한다. 그 반박은 인간 자신, 인간의 자기-구원 시도, 절망으로의 은둔에 굳건히 의존하는 것에 대한 반박이다. 그리스도에게서 나타난 새로운 존재의 현현은 이 세 가지의 태도에 대한 심판이자 약속이다. 새로운 존재가 그리스도를 통해 실존의 조건에서 나타났지만 실존의 조건을 심판하고 정복했다는 사실이 기독교 메시지의 역설이다. 이것이 유일한 역설이며 기독교가 제시하는 모든 역설적 진술의 원천이다. 그리스도인의 상황은 "시물 페카토르, 시물 유스투스"(*simul peccator, simul justus*, "죄인인 동시에 의인, 즉 칭의받았다")라는 역설적 진술은 기독론적 역설, 즉 예수가 그리스도라는 역설과는 별개로 존재하는 또 하나의 역설이 아니다. 역사적으로나 조직적으로 기독교에서 나타나는 것 외의 모든 것은 예수가 그리스도라는 단순한 주장을 보충하고 있다. 이 주장은 비합리적이지도 않고 부조리하지도 않다. 그리고 그 주장은 반성적으로 합리적이지도 않고 변증법적으로 합리적이지도 않다. 하지만 그 주장은 역설적이다. 즉 그것은 인간의 자기-이해와 기대에 대항하고 있다. 역설은 논리적 수수께끼가 아니라 새로운 실재다.

6. 하나님, 인간 그리고 "그리스도"라는 상징

역설에 대한 올바른 이해는 새로운 존재의 담지자인 그리스도의 의미를 하나님, 인간, 우주와 관련하여 고찰하는 일에 본질적으로 중요하다. 메시아와 관련된 기독교 이전의 관념을 분리된 채 관찰한다고 해도 그렇게 고찰된 문제에 대답할 수 없다. 기독교 이전의 관념과 그 관념에 대한 비판, 그리고 그리스도로서의 예수 안에서 이루어진 완성, 이런 것들에 대한 실존적 해석 등이 어우러져야만 대답할 수 있다. 이것은 상관관계의 방법과 일치한다. 이 방법을 사용할 때 물음과 대답은 서로를 결정하며 새로운 존재의 현현에 관한 물음을 인간의 곤경에 기초해서, 그리고 기독교의 **유일한** 대답이라고 수용된 대답과 관련하여 묻게 된다.

그리스도에게 자주 사용되는 첫 번째 개념은 "매개자"(Mediator, 중보자)다. 매개자로서의 신은 종교의 역사 속에서 최고의 신이 점점 추상화되고 제거되어가는 순간에 나타난다. 그런 신은 유대교뿐만 아니라 이방 종교에서도 나타나며 자신의 궁극적 관심을 구체적 현현에서 경험하기 원하는 인간의 욕망을 표현한다. 이방 종교에서 매개자로서의 신은 자신의 권리에 따라서 신이 된다. 유대교에서 그런 신은 야웨에게 종속되어 있다. 기독교에서 "매개"는 무한과 유한, 무조건적인 것과 조건적인 것의 무한한 분열 사이에서 다리 놓음을 의미한다. 하지만 매개는 단지 궁극적인 것을 구체적으로 만드는 것 이상의 기능을 담당한다. 매개는 재연합이다. 매개자는 구원하는 기능을 담당한다. 그는 구원자다. 물론 그는 자신의 능력으로 구원자가 되는 것이 아니라 신적 운명에 의해서 구원자가 되고, 그래서 실제로 구원과 매개는 하나님으로 말미암는다. 구원자가 하나님을 정죄의 필연성에서 구원하는 것이 아니다. 매개하고 구원하는 모든 활동은 하나님으로 말미암는다. 하나님은 매개와 구원의 대상이 아니라 주체다. 하나님은 인간과 화해할 필요가 없지만, 인간에게 자신과 화해할 것을 요구한다.

따라서 우리가 매개자와 구원자로서의 그리스도를 기대한다면, 우리는 하나님과 인간 사이에 있는 제3의 실재로서의 그리스도를 기대하는 것이 아니라 인간에게 하나님을 나타내는 자로서의 그리스도를 기대하는 것이다. 그는 하나님에게 인간을 재현하지 않고 인간이 어떻게 되었으면 좋겠다고 하나님이 바라는 바를 보여준다. 그는 실존의 조건에서 살아가는 자에게 인간의 본질적 존재를 재현한다. 따라서 그는 실존의 조건에서 인간이 되어야 할 당위적 존재를 재현한다. 매개자가 하나님과 인간 이외의 존재론적 실재라고 말하는 것은 부적절한 진술이며 잘못된 기독론의 원천이다. 반인(half-man)이면서 동시에 반신(half-god)인 자만이 그렇게 될 수 있을 것이다. 그런 제3의 존재는 하나님을 인간에게 재현할 수도 없고 인간을 인간에게 재현할 수도 없다. 본질적 인간만이 인간에게 인간을 재현할 수 있고 인간에게 하나님도 재현할 수 있다. 본질적 인간의 본성이 하나님을 재현하기 때문이다. 그는 인간에게서 체현된 원래적인 하나님의 형상을 재현하지만, 하나님과 인간 사이의 소외라는 조건에서 그렇게 한다. 기독교 메시지의 역설은 본질적 인간성에 하나님과 인간의 연합이 포함되어 있다는 것이 아니다. 이것은 무한과 유한의 변증법에 속한 것이다. 기독교 메시지의 역설은 본질적 인간성이 실존의 조건에서 그 조건에 정복되지 않은 채 **하나의** 인격적 생명으로 나타났다는 것이다. 우리는 본질적 인간성(manhood)에서 나타나는 신적 현존을 제시하기 위해서 본질적 신-인성(God-manhood)에 관해 말할 수도 있을 것이다. 하지만 이것은 사족 같은 일이고 본질적 인간성에 관해 말함에 있어서는 사고의 명확성이 가장 크게 기여할 수 있다.

우리가 기독교적 역설을 이해할 때 수정될 필요가 있는 두 번째 개념은 "성육신"이다. 그것이 성서의 용어가 아니라는 사실은 비록 그 개념을 신학적으로 사용하는 데 반대하는 논증은 되지 못할지라도, 그 개념을 종교적으로 사용하는 데 반대할 수는 있는 논증이다. 기독교가 기초하고 있는 사건을 신학적으로 해석한 성육신 개념은 신중한 신학적 조사와 정밀한 서술이 필요하다. 고려해야 할 첫 번째 물음은 명확하다. 누가 성육신의 주체인가? 만약 그 대답이 "하나님"이라면, 우리는 때때로 "하나님이 인간이 되었다"라고, 그리고 이것이 기독교 메시지의 역설이라고 덧붙인다. 하지만 "하나님이 인간이 되었다"라는 주장은 역설적 진술이 아니라 비상식적인 진술이다. 이러한 단어들의 조합은 그 단어들이 말하고자 하는 바를 의미하지 않는 경우에만 의미가 통할 수 있다. "하나님"이라는 단어는 궁극적 실재를 지시한다. 그리고 심지어 가장 일관적인 스코투스주의자들(Scotists)조차도 하나님이 할 수 없는 유일한 일은 하나님이기를 중단하는 것임을 인정해야만 했다.[53] 그런데 바로 그것이 "하나님이 인간이 되었다"라는 주장이 의미하는 바다. 비록 우리가 "생성"(becoming)으로서의 하나님에 관해 말한다고 해도 하나님은 여전히 매 순간 하나님으로 남아 있다. 하나님은 하나님 아닌 것이 되지 않는다. 그래서 인간이 된 신적 존재자에 관해 말하는 것, 그리고 성서에서 사용된 것과 같은 "하나님의 아들"이나 "영적인 인간"이나 "위로부터 온 자"를 언급하는 것이 더 선호된다. 그렇게 사용된 이런 말들은 모두 상식적이지만, 그것들은 두 가지 이유로 위험하다. 첫 번째 이유는 하나님 이외의 신적 존재자들을 상정하는 다신론적 함의가 있다는 것이고, 두 번째 이유는 신적 존재자가 자연적 대상이나 인간적 존재자로 변이되는 신화에 따라서 성육신이 해석된다는 것이다. 이런 의미의 성육신은 결코 기독교의 특질이 아니다. 이방 종교에

---

53   역주. 토마스 아퀴나스에 따르면 감각적 경험에서 출발하여 이성적 추론을 거쳐 신 인식에 도달하는 것이 가능하다. 하지만 둔스 스코투스는 유한한 것과 무한한 것을 철저히 분리하면서 유한한 것으로부터의 추론에 의한 신 인식을 부정한다. 따라서 무한한 신이 유한한 인간이 된다는 것은 스코투스에게 불가능한 일이다. Tillich, 『그리스도교 사상사』, 295-96 참조.

서 등장하는 어떠한 신도 자신이 기초로 삼고 있는 유한한 기초를 극복하지 못했기 때문에 오히려 그런 성육신은 이방 종교의 특징이다. 이런 이유로 신적 존재자를 자연적 대상과 인간적 존재자로 변형하는 일이 다신론의 신화론적 상상 속에서는 아무 문제도 없었다. 기독교에서 "성육신"이라는 용어가 별다른 규정 없이 사용됨으로써 이방 종교적 함의, 적어도 미신적 함의가 만들어졌다.

"성육신"이라는 용어를 수정하여 해석하기 위해서는 "로고스가 육신이 되었다"라는 요한의 진술을 따라야만 할 것이다. "로고스"는 우주뿐만 아니라 하나님을 통해서 나타나고 역사뿐만 아니라 자연을 통해서 나타나는 신적 자기-현현의 원리다. "육신"은 재료적 실체가 아니라 역사적 실존을 의미한다. 그리고 "되었다"는 하나님을 받아들이지 않는 것과 하나님으로부터 소외되어 있는 것에 하나님이 참여한다는 역설을 가리킨다. 이것은 변이의 신화가 아니라 하나님이 인격적인 생명-과정에, 그리고 인간의 곤경에 구원하는 참여자로서 현현했다는 주장이다. 만약 "성육신"을 이렇게 규정하여 이해하면, 기독교적 역설은 이 용어로 표현될 수 있을 것이다. 하지만 이것은 현명치 않은 노선인 것 같다. 그 이유는 그 개념을 미신적 함의로부터 보호하는 것이 실천적으로 불가능하기 때문이다.

그리스도 요청과 그리스도 기대의 특징에 관해 논할 때 어떤 물음이 제기되는데, 그 물음은 의식적으로나 무의식적으로 대부분의 동시대인에게 살아 있음에도 많은 전통적 신학자들이 조심스럽게 피했던 물음이다. 그것은 우주의 거대함, 태양계, 인간과 그 역사가 구축하는 우주의 무한히 작은 부분, 신적 자기-현현들이 나타나기도 하고 수용되기도 하는 다른 "세계들"의 가능성 등과 관련하여 "그리스도"라는 상징의 의미를 어떻게 이해할 것인가라는 물음이다. 우리가 성서의 기대들과 성서와 관련된 기대들이 우주적 틀 안에서 메시아의 도래를 전망한다는 것을 고려한다면, 그런 발전은 특별히 중요해진다. 우주는 새로운 시대로 재탄생할 것이다. 새로운 존재의 담지자가 담당하는 기능은 개인을 구원하는 것, 인간의 역사적 실존을 변형하는 것뿐만 아니라 우주를 갱신하는 것이기도 하다. 그리고 다음과 같이 추정할 수 있다. 인류와 개인들은 우주의 힘들에 의존하고 있으므로 타자 없이 자신만 구원받는 것은 생각할 수 없는 일이다.

이 물음에 대한 기본적 대답은 실존적 소외의 조건에서 인격적 생명을 통해 나타나는 본질적 인간이라는 개념이다. 이 사실은 그리스도에 관한 기대를 역사적 인류에게로 제한한다. 본질적 인간을 실존에서 나타낸 그 사람이 인간의 역사를 재현한다. 더 정확히 말하자면, 역사의 중심적 사건인 그는 인간 역사의 의미를 창조한다. 하나님과 인간의 영원한 관계가 그리스도에게서 현현한다. 이와 함께 이 기본적 대답은 우주를 다른 영역과 다른 시대에 나타날 수도 있는 신적 현현을 향해 개방시킨다. 그런 가능성은 부인될 수 없지만, 증명되거나 반박될 수도 없다. 성육신은 성육신이 일어나는 특별한 집단에게 유일무이하지만, 다른 유일무이한 세계들을 위한 다른 특이한 성육신을 배제한다는 의미로 유일무이한 것은 아니다. 인간은 인류의 실존적 소외만을 극복하기 위해서 무한이 유한에 들어왔다고 주장할 수 없다. 인간은 성육신이 일어날 수 있는 유일한 장소를 차지하고 있다고 주장할 수 없다. 비록 다른 세계들에 관한 진술과 하나님과 다른 세계들의 관계에 관한 진술이 경험적으로 증명될 수 없다고 하더라도 그 진술들은 중요하다. 왜냐하면 그것들은 "매개자", "구원자", "성육신", "메시아", "새로운 시대" 같은 용어들의 의미를 해석하는 데 도움을 주기 때문이다.

아마 우리는 한 걸음 더 나아갈 수 있을 것이다. 존재 전체 속에 있는 모든 것이 상호의존한다는 사실에는 자연이 역사에 참여한다는 사실도 포함되어 있으며 우주가 구원에 참여하는 것 역시 요구한다. 따라서 실존적 소외가 우주 전체 안에서 실재하듯이 실존적 소외가 그 안에 실재할 뿐만 아니라 이 소외에 대한 어떤 유형의 깨달음이 그 안에 존재하는 비인간적 "세계들"이 존재한다면, 그런 세계들은 그 안에서 구원하는 힘이 작동하기 때문에 존재할 수 있다. 그렇지 않으면 자기-파괴는 불가피한 결과가 될 것이다. 한 장소에 구원하는 힘이 현현하는 것은 모든 장소에 구원하는 힘이 작용하고 있음을 의미한다. 하나님이 그리스도의 출현을 통해서 역사적 인간을 위한 사랑만을 현실화했다고 하더라도 새로운 존재의 담지자인 메시아에 대한 기대는 "하나님이 우주를 사랑한다"라는 사실을 전제한다.

지금까지 우리는 새로운 존재에 대한 기대, "그리스도"라는 상징의 의미, 그리고 신학이 이 의미를 해석했던 서로 다른 개념들의 타당성을 분석했다. 우리는 아직 예수에게서 나타난 그리스도의 현실적 출현에 관해 말하지 않았다. 신학적 순환에 따르자면, 이것은 이미 그 기대에 관한 묘사에서 전제되어 있었다. 이제 그 기대를 성취했다고 기독교 메시지가 전하는 사건, 즉 "예수 그리스도"라는 사건을 다룰 것이다.

Ⅱ. 그리스도의 실재

A. 그리스도로서의 예수

1. "예수 그리스도"라는 이름

기독교는 "그리스도"라고 불렸던 나사렛 예수가 현실적으로 그리스도, 즉 만물의 새로운 상태, 새로운 존재를 가져오는 자임을 인정함으로써 존재한다. 예수가 그리스도라는 주장이 고수될 때마다 기독교의 메시지가 존재한다. 반면에 이 주장이 거부될 때마다 기독교의 메시지는 인정받지 못한다. 기독교는 "예수"라 불리는 사람의 탄생과 함께 태어난 것이 아니라 그의 추종자 중 하나가 그에게 "당신은 그리스도십니다"라고 말했던 순간 태어났다. 그리고 기독교는 이 주장을 반복하는 사람들이 있는 한 살아 있을 것이다. 그 이유는 기독교가 기초하는 사건이 두 가지 측면을 갖고 있기 때문이다. 먼저는 "나사렛 예수"라 불리는 사실이고, 그다음은 이 사실이 예수를 그리스도로 받아들이는 자들에 의해서 수용된 것이다. 초기 전승에 따르면 그를 그리스도로 받아들인 첫 번째 인물은 시몬 베드로다. 이 사건은 마가복음에 나오는 이야기에서 보고되고 있다.[1] 그것은 빌립보 가이사랴 근처에서 일어났으며, 이야기의 전환점이 되었다. 제자들이 예수를 그리스도로 수용한 순간은 역사 속 권세자들이 예수를 거부한 순간이기도 했다. 이 사실은 그 이야기에 거대한 상징적 힘을 준다. 그리스도인 그는 "그리스도"라는 명칭을 수용하기 위해서 죽어야 했다. 그리고 지속적으로 그를 그리스도라고 부르는 자는 다음과 같은 역설을 주장해야 한다. 실존적 소외를 극복하는 자는 소외와 소외의 자기-파괴적 결과에 참여해야 한다. 이것이 복음서의 핵심적 이야기다. 가장 단순한 형식으로 축소해서 말하자면, 인간 나사렛 예수가 그리스도라는 말이다.

기독론을 사유하기 위한 첫 번째 단계는 "예수 그리스도"라는 이름을 해석하는 일인데, 특히 빌립보 가이사랴에서 일어난 이야기와 관련하여 해석하는 것이 좋다. 우리는 다음의 사실을 명확하게 인식해야 한다. 예수 그리스도는 이름과 성으로 구성된 개인의 이름이 아니라 개인의 이름—기원후 1년과 30년 사이에 나사렛에서 살았던 어떤 사람의 이름—과 "그리스도"라는 칭호가 조합된 것이다. 그 칭호는 신화론적 전승을 통해 전해진 특별한 기능을 가진 특별한 인물을 표현한다. 메시아—**크리스토스**(*Christos*)라는 그리스어—는 "기름 부음 받은 자"라는 의미로, 그는 이스라엘과 세계에서 하나님의 통치를 확립할 수 있도록 하나님으로부터 기름 부음 받은 자다. 따라서 예수 그리스도라는 이름은 "그리스도라고 불리는 예수" 혹은 "그리스도인 예수" 혹은 "그리스도로서의 예수" 혹은 "예수, 바로 그 그리스도"라고 이해되어야 한다. 이 해석된 말 중 어떤 것을 사용할지는 맥락에 의해서 결정된다. 하지만 "예수 그리스도"라

---

1   역주. 막 8:29.

는 이름의 근원적 의미를 신학 사상이나 교회의 실천에서 계속적으로 유지하기 위해서는 그 말 중 하나를 사용해야 한다. 기독교의 설교와 가르침은 인간 예수가 그리스도로 불린다는 역설을 계속 반복적으로 강조해야 한다. 그 역설이 "예수 그리스도"를 예전과 설교에서 그대로 사용할 때 종종 사라져버리기 때문이다. "예수 그리스도"는―근원적으로, 본질적으로, 지속적으로―"그리스도인 예수"를 의미한다.

2. 사건, 사실, 수용

그리스도로서의 예수는 역사적 사실이면서 또 믿고 수용할 주제다. 기독교가 기초하고 있는 사건과 관련된 진리를 말하기 위해서는 이 양 측면을 주장해야만 한다. "그리스도 사건"의 이 양 측면을 동일하게 강조했다면, 많은 신학적 실책을 피할 수 있었을 것이다. 그리고 그 양 측면 중 하나도 완전히 간과했다면, 기독교 신학 전체는 무너졌을 것이다. 신학이 나사렛 예수라는 이름이 지시하는 사실을 간과했다면, 신학은 본질적 신-인성(Essential God-Manhood)이 실존에 나타났고 실존의 조건에 정복당하지 않으면서 자신을 그 조건에 종속시켰다는 기독교의 기본 주장을 간과하게 되었을 것이다. 실존적 소외를 극복한 어떠한 인격적 생명도 없었다면, 새로운 존재는 요청과 기대로만 남게 되고 시간과 공간 속에서 실재가 되지 못했을 것이다. 오직 실존이 **하나의** 지점, 즉 실존 전체를 대표하는 한 명의 인격적 생명에서 극복되는 경우에만 실존은 원리적으로 다시 말해 "근원적으로 힘 있게" 극복된다. 바로 이런 이유로 기독교 신학은 나사렛 예수라는 이름이 가리키는 현실적 사실을 주장해야만 한다. 그로 인해 교회는 1세기 종교 운동 중 경쟁하는 집단들에 맞서 승리할 수 있었다. 바로 이런 이유로 교회는 신약성서만큼이나 초기부터 교회 안에 들어와 있던 영지주의적·가현설적 요소와 격렬하게 싸워야 했다. 그리고 바로 이런 이유 때문에 신약성서에 대한 역사적인 접근법과 그 비판적 방법을 진지하게 받아들이는 사람은 "예수, 바로 그 그리스도"(Jesus the Christ)라는 메시지의 사실적 측면을 강조하면서도 가현설적 관념을 의심한다.

그렇지만 다른 측면, 즉 예수를 그리스도라고 믿고 수용하는 것 역시 동일하게 강조될 필요가 있다. 이러한 수용이 없으면 그리스도는 그리스도, 즉 시간과 공간 속에 나타난 새로운 존재의 현현이 되지 못했을 것이다. 예수가 자신을 제자들에게 그리스도로서 나타내지 않았다면, 그리고 그들을 통해서 이어지는 모든 세대에게 그리스도로 나타내지 않았다면, 아마도 나사렛 예수라 불리는 자는 역사적으로나 종교적으로 중요한 사람 정도로만 기억되었을 것이다. 그렇다면 그는 예비적 계시, 아마도 계시의 역사의 준비 부분에 속했을 것이다. 그는 새로운 존재에 대한 예언자적 예견은 될 수 있었겠지만, 새로운 존재 자체의 최종적 현현은 될 수 없었을 것이다. 그는 그리스도임을 주장하더라도 그리스도가 될 수 없었을 것이다. 그리스도 사건의 수용적 측면은 사실적 측면만큼 중요하다. 그리고 오직 그 둘의 일치만이 기독교가 기초하고 있는 사건을 창조할 수 있다. 이후에 성립된 상징 체계에 따르면, 그리스도는 교회의 머리이고 교회는 그의 몸이다. 이처럼 사실적 측면과 수용적 측면은 필연적으로 상호의존한다.

3. 역사와 그리스도

그리스도를 그리스도로 수용하는 자가 없으면 그리스도는 그리스도가 아니다라고 한다면, 그리스도를 그리스도로 수용하는 집단인 교회가 연속적으로 존재하지 못하고 단절되거나 파괴될 경우, 그리스도는 이 메시지의 타당성과 관련해서 무슨 의미가 있을까? 우리는 예수가 그 핵심으로 등장하는 역사적 전통이 완전히 붕괴되는 경우를 상상할 수 있을 것이다. 오늘날에는 이전보다 더 쉽게 상상할 수 있을 것이다. 우리는 인류 전체가 전멸하고 완벽히 새롭게 시작함으로써 "그리스도로서의 예수" 사건에 대한 기억이 전혀 남지 않게 되는 경우도 상상할 수 있을 것이다. 증명될 수도 없고 반박될 수도 없는 그런 가능성 때문에 예수가 그리스도라는 주장이 무너질 수 있을까? 아니면 기독교 신학은 그런 사색을 금지할까? 두 번째 상상은 오늘날 이 가능성이 현실적 위협이 되었다고 깨달은 자에게 불가능한 일이 되었다! 인류가 인류를 전멸시킬 힘을 획득한 이후 이 물음은 억제될 수 없다. 인류의 자살은 기독교 메시지와 반대되는 것일까?

신약성서는 역사의 연속성이라는 문제를 알고 있고 인간의 역사가 존재하는 한 그리스도로서의 예수 안에 나타난 새로운 존재는 현존하며 효력을 발한다는 사실을 명확하게 제시한다. 예수 그리스도는 시간의 종말에 이르기까지 자신을 믿는 자들과 함께 있을 것이다. "지옥의 문",[2] 마성적 권세들은 그리스도의 교회를 정복하지 못할 것이다. 그리고 종말 이전에 그리스도는 자신의 "천년 왕국"[3]을 세울 것이고 모든 존재자의 심판자로서 올 것이다. 우리는 이런 주장을 인류 자체가 내일 멸망할 수도 있다는 가능성과 어떻게 결합할 수 있을까? 그리고 그리스도로서의 예수가 등장했던 역사적 전통과 단절되어 있는 인간이 남아 있다고 하더라도, 우

---

2   역주. Dante는 베르길리우스의 인도를 받아 지옥을 여행하는데, 지옥편, 3곡, 도입부에서 "지옥의 문" 앞에 서게 된다. 그 지옥의 문 위에는 이런 글이 적혀 있었다. "여기 들어오는 너희는 모든 희망을 버려라." Dante Alighieri, 『신곡: 지옥편』, 박상진 옮김, William Blake 그림(서울: 민음사, 2009), 3곡, 9행.

3   역주. 계 20:1-15.

리는 여전히 이렇게 물어야 한다. "그러한 전개를 고려했을 때 성서의 주장은 무엇을 의미하는가?" 우리는 하나님이 그런 재앙이 일어나지 않도록 정해놓았다고 대답할 수는 없다. 지상에 있는 생명의 조건이 시간적으로 제한되어 있음과 인간 생명의 조건은 더 제한되어 있음을 우주의 구조가 명확하게 제시하기 때문이다. 만약 우리가 종말론적 상징들에 더해진 초자연주의적 문자주의를 버리고자 한다면, 그리스도로서의 예수와 인간 역사의 관계를 다른 방식으로 이해해야 할 것이다.

우리는 그리스도 관념과 우주의 관계와 관련해서 유사한 문제를 논했었다. 그 물음은 공간적 연장이라는 측면에서 그리스도 관념이 가진 의의에 관한 물음이었다. 지금 묻는 물음은 시간적 연장이라는 측면에서 그리스도로서의 예수라는 실재가 가진 의의에 관한 물음이다. 첫 번째 물음에 대한 대답은 이런 것이었다. 영원한 신-인성과 인간 실존의 관계는 하나님과 실존하는 우주의 다른 부분이나 차원의 관계를 배제하지 않는다. 그리스도는 우리를 위한 하나님(God-for-us)이다! 하지만 하나님은 우리만을 위한 하나님이 아니라 창조된 모든 것을 위한 하나님이다. 우리는 유사한 방식으로 다음과 같이 말해야 한다. 그리스도로서의 예수는 자신이 중심이 되는 역사적 발전, 곧 그리스도가 그 시작과 그 종말을 결정하는 역사적 발전과 연관되어 있다. 인간이 자신의 실존적 소외를 깨닫기 시작하고 새로운 존재 물음을 제기하는 순간, 그 발전이 시작된다. 분명히 그런 발전의 시작은 역사적 연구에 의해서 결정되는 것이 아니라 성서나 다른 종교 문학이 보여주듯이 전설이나 신화의 용어로 언급된다. 이런 시작에 상응하는 종말은 그리스도로서의 예수가 중심인 역사의 연속성이 확실하게 깨지는 순간이다. 이 순간은 그 본성이나 원인에 따라서 경험론적으로 결정되지 않는다. 그 순간의 본성은 한때 역사적 인류였던 것이 사라지거나 완전히 변형되는 것일 것이다. 그 순간의 원인은 역사적이고 생물학적인 것이거나 물리학적인 것일 것이다. 여하튼 그 순간은 그리스도로서의 예수가 중심인 그 발전의 종말일 것이다. 지금 여기서 경험되는 것처럼 유일무이하고 지속적인 발전을 이루고 있는 역사적 인류에게 그리스도가 중심이라는 것은 신앙적으로 확실한 사실이다. 하지만 신앙은 미래에 이루어질 역사적 인류의 운명과 시간이 종말에 이르게 되는 방식을 판단할 수 없다. 예수는 우리를 위한, 즉 예수에 의해 의미가 결정되는 역사적 연속체에 참여한 사람들을 위한 그리스도다. 이 실존적 한계로 인해 그의 의의가 질적으로 제한되는 것은 아니다. 하지만 그 한계는 역사적 연속체의 이전에 있었고 이후에 있을 신적 자기-현현의 다른 방식에 개방된 채 남아 있다.

4. 역사적 예수 탐구와 그 실패

역사적 탐구라는 학문적 방법이 성서 문헌에 적용되자마자 결코 완전히 사라진 적이 없었던 신학적 문제가 교회사의 그 이전 시기에는 알지 못했던 방식으로 강조되었다. 역사적 방법은 분석적·비판적(analytic-critical) 요소와 구성적·추측적(constructive-conjectural) 요소를 결합했다. 정통주의적인 축자영감설을 따르는 평균적 의식을 가진 기독교인에게는 첫 번째 요소가 두 번째 요소보다 훨씬 더 두드러져보인다. 사람들은 "비평"이라는 용어에서 부정적 요소만을 감지했으며 그 모든 작업을 "역사비평"이나 "고등비평"이라 불렀고 또는 최근의 방법과 연관해서는 "양식비평"이라 불렀다. "역사비평"이라는 용어 자체는 역사적 탐구만을 의미할 뿐이다. 모든 역사적 탐구는 그 자료를 비판하고 더 큰 개연성을 가진 것과 더 적은 개연성을 가진 것 혹은 개연성이 거의 없는 것을 구분한다. 이 방법은 계속해서 성공적으로 확증되었기 때문에 아무도 이 방법의 타당성을 의심하지 않으며 이 방법을 통해서 아름다운 전설과 유서 깊은 편견이 파괴될지라도 아무도 심각하게 진지하게 항의하지 않는다. 하지만 성서의 탐구는 그 근원부터 의심스러워졌다. 그것은 역사적 자료뿐만 아니라 이 자료에 포함된 계시도 비판하는 것처럼 보였다. 역사적 탐구와 성서의 권위를 거부하는 일은 동일시되었다. 계시라는 말에는 계시적 내용뿐만 아니라 그 계시가 드러나게 되는 역사적 형식 또한 포함되어 있다. 이것은 특별히 "역사적 예수"와 관련된 사실들에 해당하는 것으로 드러났다. 성서적 계시는 본질적으로 역사적이기 때문에 계시적 내용과 성서에 기록되어 있는 역사적 보고를 분리하는 일이 불가능한 것으로 드러났다. 하지만 역사비평은 신앙 자체를 붕괴시키는 것처럼 보였다.

그러나 성서에 대한 역사적 탐구에서 비판적 부분은 덜 중요한 부분이다. 더 중요한 부분은 구성적·추측적 부분인데, 그 부분은 모든 작업의 추진력이었다. 기록 배후의 사실, 특히 예수에 관한 사실을 추구했다. 나사렛 예수라는 사람의 실재를 발견하고자 하는 간절한 욕망을 가지고 거의 그 실재 자체만큼 오래된 전통, 실재를 물들이며 덮고 있는 전통의 배후로 들어가고자 했다. 그래서 소위 "역사적 예수" 탐구가 시작되었다. 그 동기는 종교적인 동시에 과학적인 것이었다. 그 시도는 많은 점에서 용감하고 고귀하며 극히 중요했고 그 신학적 결과도 거대하고 매우 중요했다. 하지만 그 기본 의도에 비추어보았을 때, 나사렛 예수에 관한 경험론적 진리를 찾고자 하는 역사비평의 시도는 실패했다. 역사적 예수, 즉 예수를 그리스도로 수용하는 상징들 배후에 있는 예수는 나타나지 않았고 오히려 새로운 단계에 접어들 때마다 점점 희미해졌다. 알베르트 슈바이처가 자신의 초기 저서인 『역사적 예수 탐구』(*The Quest of the Historical Jesus*)에서 자세히 설명했던 것처럼 "예수의 생애"를 저술하려는 시도들의 역사는 여전히 타당하다. 그 자신의 구성적 시도는 수정되어왔다. 보수적 학자이든 진보적 학자이든 학자들은 더 신중해졌지만, 그 방법론을 따르고자 하는 상황은 변하지 않았다. "신약성서의 비신화화"라는 루돌프 불트만의 대담한 기획이 모든 신학 진영에서 폭풍을 일으켰고 그 놀라운 각성 이후에 역사적 문제에 대한 바르트주의의 침묵이 뒤따랐을 때, 이 사실이 명확해졌다. 하지만 새로운 (그리고 매우 오래된) 물음에 따른 결과는 소위 역사적 예수의 모습이 아니라 학문적으로는 개연성 있게 정립될 수 있는 성서의 모습 배후에 아무런 모습도 없다는 통찰이었다.

이 상황은 역사적 탐구가 가진 그리고 언젠가는 극복될 잠정적인 단점에 관한 문제가 아니다. 문제는 자료 자체의 본성 때문에 발생한다. 나사렛 예수에 관한 보고들은 그리스도로서의 예수에 관한 보고들이며 그를 그리스도로 받아들인 사람들이 제공한 보고들이다. 따라서 만약 우리가 그리스도로서의 예수의 모습 배후에 있는 예수의 실재를 찾고자 한다면, 사건의 사실적 측면에 속해 있는 요소와 수용적 측면에 속해 있는 요소를 반드시 비판적으로 분리해야 한다. 우리는 그렇게 하면서 "예수의 생애"를 그린다. 그리고 그런 그림들이 수없이 그려졌다. 그중 많은 것이 학문적 정직성, 헌신적 사랑, 신학적 관심과 함께 작동해서 나왔다. 다른 것들에서는 비판적 분리가 나타나며 심지어 악의적 거부가 나타난다. 하지만 그 어느 것도 이백 년 동안 이 일에 쏟은 거대한 학문적 노고의 결과로 얻게 된 개연적인 모습이라고 주장할 수 없다. 최선의 경우라 할지라도, 그 모습들은 어느 정도 개연적인 결과일 뿐이며 기독교 신앙을 수용하거나 거부하기 위한 기초가 될 수 없었다.

이런 상황을 바라보면서 역사적 예수의 모습을 "본질적인 것들"로만 축소하려는 시도, 곧 개별적인 것들은 의심하도록 남겨두고 **게슈탈트**를 정교화하려는 시도가 있었다. 하지만 이것은 출구가 아니었다. 모든 개별적인 흔적들이 의심스럽다고 해서 역사적 탐구가 그 흔적을 제거하고 남아 있는 본질적 모습만을 그려내는 일은 불가능했다. 역사적 탐구는 개별적인 것들에 의존한 채 남아 있다. 결과적으로 "예수의 생애"라는 형식을 현명하게 회피한 역사적 예수의 모습들도 여전히 서로서로 달랐다. 자기-규제가 적용되지 않은 역사적 예수의 모습들이 달랐던 만큼이나 서로 많이 달랐다.

게슈탈트가 개별적인 것들에 대한 가치 평가에 의존한다는 사실은 예수가 자신에 관해 생각했던 것 중 한 가지 사례에서 분명하게 나타난다. 이것을 자세히 설명하기 위해서 다른 많은 질문들 가운데서도 먼저 다음 물음에 답해야 한다. 예수는 과연 자신에 대해 "사람의 아들"이라는 칭호를 적용했는가? 그리고 적용했다면 그는 무슨 의미로 그렇게 했는가? 이 물음에 대한 모든 대답은 다소간 개연적인 가설일 뿐이지만 역사적 예수의 "본질적" 모습의 특징은 이 가설에 결정적으로 의존하고 있다. 우리는 그런 사례를 통해서 "예수의 생애"를 그리려는 시도가 "예수의 **게슈탈트**"를 그리려는 시도로 대체될 수 없음을 명확히 알 수 있다.

동시에 우리는 이 사례를 통해 다른 중요한 것도 알 수 있다. 역사적 탐구의 방법론적 측면에 익숙하지 않으며 그 탐구가 기독교 교리에 끼치는 결과를 두려워하는 사람들은 일반적인 역사적 탐구를 공격하곤 하는데, 특히 성서에 대한 탐구가 신학적으로 편향되어 있다고 공격하곤 한다. 그들이 일관적이라면, 그들은 자신의 해석 또한 편향되어 있으며 또 그들이 말하는 것처럼 그들 자신도 신앙의 진리에 의존하고 있음을 부인하지 않을 것이다. 그들은 역사적 방법에 객관적인 학문적 판단 기준이 있음을 부인한다. 하지만 그런 주장을 유지하는 것은 보편적으로 사용되는 탐구 방법에 따라서 발견되고 보편적으로 사용된 엄청난 역사적 자료들 때문에 불가능하다. 그 방법의 특징은 의식적이거나 무의식적인 편견에서 벗어나기 위해 지속적으로 자기-비판을 한다는 것이다. 이 방법은 결코 완벽하게 성공적일 수는 없지만, 강력한 무기이며 역사적 지식을 획득하는 데 필수적이다.

종종 이 맥락에서 제시되는 사례 중 하나가 신약이 기적을 다루는 방식이다. 역사적 방법은 기적이 그리스도와 연관되어 있기 때문에 기적은 일어났을 것이라는 가정 없이, 또는 그런 사건은 자연법칙과 모순되기 때문에 일어나지 않았을 것이라는 가정 없이 기적 이야기에 접근한다. 역사적 방법은 모든 특정한 경우에 대한 기록이 얼마나 신뢰할 만한지, 기록들이 더 오래된 자료들에 얼마나 의존하고 있는지, 기록들이 그 시대의 믿음(credulity)에 얼마나 많은 영향을 받았는지, 그 기록들이 다른 독자적인 자료들로 인해 얼마나 잘 확인되는지, 그 기록들이 무슨 양식으로 기록되었는지, 그 기록들이 전체 맥락 속에서 무슨 목적으로 사용되었는지 묻는다. 이 모든 물음에 대해서 부정적인 편견이나 긍정적인 편견의 필연적 개입 없이 "객관적"으로 대답할 수 있다. 역사가는 이런 방식으로 확실성에는 결코 도달할 수 없을지라도 높은 수준의 개연성에는 도달할 수 있다. 하지만 그가 역사적 개연성이라는 것을 (뒤에서 보게 될) 신앙적 판단을 통해서 긍정적이거나 부정적인 역사적 확실성으로 변형한다면, 그것은 또 다른 수준으로의 비약이 될 것이다. 역사적 개연성과 역사적 확실성의 명백한 구별은 텍스트의 의미를 이해하는 일이 텍스트와 기록을 만나는 일에서 사용되는 이해의 범주들에 의존하고 있다는 명확한 사실에 의해서 혼란스러워진다. 하지만 그 이해가 범주들에 전적으로 의존하는 것은 아니다. 객관적 접근법에 열려 있는 철학적 접근법이나 다른 접근법이 있기 때문이다. 이해에는 역사가가 이해의 대상에 참여하는 일이 필요하며 우리는 우리의 이해 범주를 포함한 우리의 존재로만 참여할 수 있지만, 이 "실존적" 이해가 사실과 관계에 관련된 역사가의 판단에 편견을 심어줘서는 안 된다. 공관복음서 전통의 발전 또는 신약이 가진 신화론적 요소와 전설적 요소의 발전 등과 같은 그런 물음들이 논의될 때, 성서 메시지의 내용을 자신의 궁극적 관심으로 갖고 있는 자와 그 내용에 무관심한 자는 동일한 위치에 있다. 그 두 사람에게는 역사적 개연성이라는 동일한 판단 기준이 있으며 그 기준이 똑같이 엄격하게 적용되어야 한다. 비록 그렇게 하는 것이 그들 자신의 종교적이거나 철학적인 확신 또는 편견에 영향을 줄지라도 그렇게 해야 한다. 이런 과정을 통해서 특정한 사실에 대해서 눈을 가리고 있던 편견이 다른 사실에 대해서는 눈을 열어줄지도 모른다. 하지만 이 "눈 열림"은 방법론적 원리가 될 수 없는 인격적인 경험이다. 오직 하나의 방법론적 절차가 있을 뿐이다. 그것은 주요 문제를 바라보는 것이지만, 주요 문제를 독자적으로 바라보는 것이 아니다. 현실적으로 그런 관찰은 많은 심리학적·사회학적·역사적 요인으로부터 영향을 받는다. 사실에 객관적으로 접근하는 모든 이들은 이런 면들을 의도적으로 무시해야 한다. 우리는 어떤 사람이 기독교인—또는 기독교에 반대하는 자—이라는 사실에서 예수의 자기-의식에 관한 판단을 형성해서는 안 된다. 그 판단은 기록과 그 기록의 개연적인 역사적 타당성에 대한 일정 정도의 신뢰성에 근거해서 이루어져야 한다. 물론 이것은 기독교 신앙의 내용이 이 판단과 별개라는 사실을 전제하고 하는 말이다.

역사적 예수 탐구는 나사렛 예수라는 인간에 관한 최소한의 신뢰성 있는 사실을 발견하려는 시도였으며 그 목적은 기독교 신앙의 안전한 토대를 제공하기 위함이었다. 하지만 이 시도는 실패했다. 역사적 탐구는 예수에 관한 크고 작은 개연성을 가진 사실을 제공했다. 이런 개연적 사실들을 기초로 해서 역사적 탐구는 "예수의 생애"를 그렸다. 그러나 "예수의 생애"는 전기보다는 소설에 더 가까웠다. 확실히 그것은 기독교 신앙의 안전한 토대를 제공할 수 없었다. 기독교는 역사 소설의 수용 여부에 기초하고 있지 않다. 기독교는 메시아에 관한 전기에 전혀 관심이 없었던 사람들이 예수의 메시아적 특징에 관해서 말했던 증언에 기초한다.

이런 상황을 통찰함으로써 어떤 신학자들은 역사적 예수의 "생애"나 **게슈탈트**를 구성하려는 시도를 포기하게 되었고 작업을 "예수의 말씀들"에 관한 해석으로 한정하게 되었다. (비록 모두는 아닐지라도) 이 말씀 중 대부분은 예수 자신과 연결되지 않으며 전기 속의 맥락에서 분리될 수도 있다. 따라서 그 말씀들의 의미는 그가 그 말을 했는지 아닌지의 여부와는 아무런 상관이 없다. 이런 사실을 기초로 삼는다면, 해결 불가능한 전기적 문제는 예수의 말씀이라고 옳거나 그르게 기록된 말들의 진실성과 아무런 상관이 없다. 동시대의 유대 문학에서 예수의 말씀들과 유사한 구절들이 대부분 존재한다는 사실로 인해서 그 말씀들의 타당성이 논박되지 않는다. 이 사실로 인해서 산상수훈, 비유, 적대자 및 추종자들과 나눈 토론 등의 모음집에서 예수의 말씀들이 나타내는 유일무이함과 힘이 논박되지 않는다.[4]

예수의 말씀들을 기독교 신앙의 역사적 토대로 만들고자 하는 신학

---

4   이것은 사해문서의 발견에도 해당한다. 그 발견에 주어진 엄청난 대중적 관심에도 불구하고 그로 인해 많은 사람이 성서적 탐구라는 문제에 눈을 뜨게 되었다고 하더라도, 그 발견은 신학적 상황을 전혀 변화시키지 못했다.

은 두 가지 방식으로 그렇게 한다. 그런 신학은 예수의 말씀들을 "예수의 가르침"이나 "예수의 메시지"로 간주할 수 있다. 예수의 가르침인 말씀들은 자연법의 정교한 해석이나 인간 본성에 관한 근원적 통찰로 이해된다. 그 말씀들은 말이 나왔던 구체적 상황과 아무 관계가 없다. 그것들은 구약성서에서 발견되는 율법, 예언 혹은 지혜 문학에 속한다. 예수의 말씀들은 깊이와 힘에서는 세 가지 범주를 모두 초월할 수 있지만, 그 특징에서는 세 범주를 초월하지 않는다. 역사적 탐구가 "예수의 가르침"으로 퇴조함으로써 예수는 구약성서의 수준으로 격하되었고 구약성서의 맥락을 극복했다는 예수의 주장은 암묵적으로 부정되었다.

역사적 탐구를 예수의 말씀들로 제한하는 두 번째 방식은 첫 번째 방식보다 더 심오하다. 그 방식은 예수의 말씀들이 인간 행동의 일반적 규칙임을, 그리고 그 말들이 우리가 복종해야 하는 규칙임을, 그 말들이 보편적이며 따라서 그 말들이 나온 상황에서 추상화될 수 있음을 부인한다. 그 대신 그 말씀들은 하나님 나라가 "가까이 왔다"는 것과 그 나라에 들어가기 원하는 자는 하나님 나라에 찬성하든지 반대하든지 결정해야 한다는 것을 강조한다. 이러한 예수의 말씀들은 일반적 규칙이 아니라 구체적 요구다. 역사적 예수에 관한 이런 해석, 특히 루돌프 불트만이 제시한 해석은 예수의 의미를 예수가 전한 메시지의 의미와 동일시한다. 예수는 결단, 즉 하나님을 향하는 결단을 요구한다. 그리고 이 결단에는 예수 자신이 십자가를 수용했던 것에 따라서 십자가를 수용하는 일이 포함되어 있다. 역사적으로 불가능한 일, 즉 예수의 "생애"나 **게슈탈트**를 그리는 일은 즉시 주어진 것, 즉 하나님 나라와 그 나라의 조건에 관한 예수의 메시지를 사용함으로써, 그리고 "그리스도의 십자가의 역설"에 가능한 한 근접함으로써 교묘하게 피하게 된다. 하지만 역사적으로 제한적인 판단을 내리는 이 방법도 기독교 신앙에 토대를 제공할 수 없다. 이 방법은 하나님 나라를 향한 결단에 필요한 것들이 어떻게 충족될 수 있는지 제시하지 않는다. 결단해야 하는 상황은 여전히 율법 아래 있는 상황이다. 그 상황은 구약의 상황, 곧 그리스도를 요청하는 상황을 초월하지 못한다. 우리는 이런 신학을 앞의 "율법주의적 자유주의"와 대조해서 "실존주의적 자유주의"로 부를 수 있다. 하지만 예수의 가르침에 순종하는 힘이나 하나님 나라를 향해서 결단하게 하는 힘이 어디서 나오는가라는 물음에 대해서는 어떤 방법도 대답하지 못한다. 그 대답은 새로운 실재에서 나오기 때문에 그 방법들은 이 물음에 대답할 수 없다. 기독교의 메시지에 따르면, 새로운 실재는 그리스도로서의 예수 안에 나타난 새로운 존재다. 십자가는 요구에 관한 상징이기 이전에 선물에 관한 상징이다. 이 사실이 수용된다면, 그리스도의 존재에서 그의 말씀들로 퇴각하는 것은 불가능하다. 역사적 예수 탐구를 위한 마지막 길은 차단되었고 역사적 탐구를 통해서 기독교 신앙에 토대를 제공하고자 했던 시도가 실패했음은 명확해졌다.

만약 "역사적 예수"라는 용어의 의미에 대해서 의미론적 혼동이 없었다면, 이 결과는 아마도 더 쉽게 인정되었을 것이다. 이 용어는 복음서 기록 배후에 자리잡고 있는 인물의 성격과 생애에 관한 역사적 탐구의 결과에 대해서 주로 사용되었다. 모든 역사적 지식처럼 이 인물에 관한 우리의 지식도 단편적이고 가설적이다. 역사적 탐구는 이 지식을 방법론적 회의주의에 종속시켰고, 그리고 본질적 사항뿐만 아니라 개별적 사항들도 지속적인 변화에 종속시켰다. 그 탐구의 이상은 높은 수준의 개연성에 도달하는 것이었지만, 많은 경우 이런 일은 불가능했다.

"역사적 예수"라는 용어는 "그리스도로서의 예수"라는 사건에 사실적 요소가 있다는 의미로 사용되기도 한다. 이런 의미의 용어라면, 그것은 역사적 탐구라는 물음이 아니라 신앙의 물음을 제기한다. 그리스도 사건에 있는 사실적 요소가 부정된다면, 기독교의 토대가 부정될 것이다. 역사적 탐구 작업에 대한 방법론적 회의주의는 이 요소를 부정하지 않는다. 신앙은 "예수"라는 이름과 그리스도였던 사람의 연관성을 보증할 수 없다. 그것은 이 문제를 우리의 불확실한 역사 지식으로 남겨두어야 한다. 하지만 신앙은 실재의 사실적 변형, 곧 신약이 그리스도로서의 예수의 모습에서 표현하는 그 인격적 생명을 통해서 이루어지는 변형을 보증한다. 이 두 가지 의미의 "역사적 예수"가 명확하게 구별되지 않으면, 결실 있고 정직한 토론이 불가능할 것이다.

5. 역사적 탐구와 신학

역사적 탐구를 통해서 기독교 신앙과 신학에 토대를 제공하려는 시도가 실패했다면, 역사적 탐구가 기독교 안에서 수행하는 다른 기능이 있는가라는 물음이 제기된다. 역사적 탐구에는 확실히 다른 기능이 있다. 성서에 대한 역사적 접근법은 기독교 역사에서 그리고 종교와 인간 문화의 역사에서도 하나의 큰 사건이었다. 그것은 개신교가 자랑할 만한 하나의 요소다. 신학자들이 자신이 속해 있는 교회의 거룩한 작품들을 역사비평적 분석 방법에 종속시켰을 때, 개신교의 용기가 역사적 접근법에서 드러났다. 인간 역사 속에서 등장한 어떤 종교도 그런 대담한 행동을 하지 않았고 자발적으로 동일한 위기를 짊어지지 않았다. 분명히 이슬람교, 정통 유대교, 로마 가톨릭은 그렇게 하지 않았다. 이러한 용기로 인해서 개신교는 일반적인 역사 의식에 가담하게 되었다는 보상을 받았으며 정신생활의 창조적 발전에 영향을 끼치지 못하면서 고립되고 협소한 정신세계로 내몰리지 않게 되었다는 보상을 받았다. (근본주의 집단을 제외한) 개신교는 증거가 아닌 교리적 편견에 기초해서 역사적 탐구를 거부하는 무의식적 부정직함을 거부할 수 있었다. 이것은 과감한 태도였고 심각한 위기가 없지 않았다. 하지만 급진적 역사비평이 가져온 이 위기를 감수했던 개신교 집단은 다양한 위기에도 불구하고 여전히 살아 있다. 예수가 그리스도라는 기독교의 주장은 가장 비타협적인 역사적 정직성과 모순되지 않는다는 사실이 점점 명확해졌다. 물론 이 주장을 표현하는 방식은 역사적 접근법의 영향을 받아가며 변화해야만 했다.

가장 우선적이며 중요한 변화는 신학이 신구약 성서 이야기에서 경험론적인 역사적 요소, 전설적 요소, 신화적 요소를 구별해야 한다는 사실을 배웠다는 점이다. 신학은 이러한 서로 다른 의미론적 표현 형식들에 적용할 기준들을 발견했고 모든 훌륭한 역사학자들도 활용하는 엄격한 방법론을 활용하여 그 기준들을 적용했다. 분명히 세 가지 의미론적 형식을 구별함으로써 조직신학자의 작업에서 중요한 결과가 초래되었다. 신학자는 이 구별로 인해서 높고 낮은 개연성을 가진 판단에 대해 교리적 타당성을 부여할 수 없게 되었다. 만약 신학자가 역사적 결정을 내린다면, 그는 기독교 신앙의 해석자로서 결정을 내리는 것이 아니라 역사학자로서 결정을 내리는 것이다. 그는 역사적으로 개연적인 판단에 교리적 타당성을 부여할 수 없다. 신앙이 신앙의 차원에서는 무엇이든 할 수 있겠지만, 그것이 역사적 판단을 뒤집을 수는 없다. 그것은 역사적으로 개연적이지 않은 것을 개연적인 것으로, 혹은 개연적인 것을 비개연적인 것으로, 또는 개연적인 것이나 비개연적인 것을 확실한 것으로 만들 수 없다. 신앙의 확신에는 역사적 탐구의 물음과 관련된 확실성이 포함되어 있지 않다. 이러한 통찰이 오늘날 확산되어 있다는 것, 그것이 역사적 탐구가 조직신학에 끼친 가장 큰 공헌이다. 하지만 그것이 다가 아니다. 기독론과 관련된 상징의 발전을 통찰했다는 것이 또 다른 공헌이다.

역사적 탐구는 복음서에 있는 역사적 요소, 전설적 요소, 신화적 요소의 차이를 분석함으로써 성서의 기독론적 상징을 다룰 수 있는 도구를 조직신학에 제공해주었다. 처음부터 신학은 신학의 합리성을 보여줄 목적으로 바로 이런 상징을 가지고 기독교 메시지의 "로고스"를 제시했기 때문에 조직신학은 이 과제를 피할 수 없다. 신약에서 사용된 기독론적 상징들로는 다윗의 아들, 사람의 아들, 하늘에서 오시는 이, 메시아, 하나님의 아들, 주, 로고스 등이 있다. 덜 중요한 다른 것들도 있다. 그 상징들은 다음과 같은 네 단계로 발전한다. 첫 번째 단계로 언급해야 할 것은 이 상징들이 자체적인 종교 문화와 언어에서 태어나고 성장했던 단계다. 두 번째는 상징을 수용한 자들이 상징을 자기-해석의 표현으로 사용하고 자신의 실존적 곤경에 내포되어 있는 물음에 대한 대답으로 사용하는 단계다. 세 번째는 기독교가 기초한 사건을 해석하기 위해서 상징들을 사용할 때 그 의미가 변하는 단계다. 네 번째는 대중들이 그 상징들을 미신으로 왜곡하고 그 왜곡된 것을 문자주의적이고 초자연주의적인 신학으로 지지하는 단계다. 기독론적 상징들이 발전하면서 나타나는 이 네 단계의 사례들은 이런 분석이 타당함을 보여준다.

네 개의 복음서에서 예수는 자신을 가리킬 때 "사람의 아들"이라는 상징을 사용했는데 그 상징은 하나님과 인간의 근원적 일치를 가리키고 있다. 만약 우리가 근원적 인간이라는 페르시아의 상징[5]과 영적인 인간이

---

5   역주. 마즈다교(또는 조로아스터교)에 따르면, 오르마즈드와 스판다르마트 사이에서 가요마르트가 태어나는데 그에게는 성별의 구분이 없다. 그의 정액 중 1/3이 땅에 떨어져 장군풀로 자라고, 그곳에서 마슈예와 마슈야네라는 남자와 여자가 태어난다. Mircea Eliade,

라는 바울의 관념이 관련 있음을 인정한다면, 이것은 위의 내용에 완전히 부합한다. 이것은 위에서 묘사되었고 "사람의 아들"이라는 상징에 적용된 첫 번째 단계다. 두 번째 단계는 하나님, 자기 세계, 자기 자신으로부터 소외되어 있는 인간의 상황과 위로부터 온 자가 대조를 이루는 방식에서 도출된다. 이 대조에는 사람의 아들이 소외의 세력을 정복할 것이며 하나님과 인간의 일치를 재확립할 것이라는 기대가 포함되어 있다. 세 번째 단계에서 예를 들어 "사람의 아들"이라는 상징은 (혹은 보강하는 상징 중 하나는) 대제사장 앞에서 심문받는 장면에서 예수가 자신에게 그 용어를 적용한 것으로 기록되어 있다.[6] 사람의 아들의 기능과 관련된 근원적인 관점은 이 묘사에서 결정적으로 변형된다. 사실 예수가 자신을 하늘의 구름 위에서 새 시대의 심판자로 나타날 사람의 아들이라 칭했기 때문에 신성모독으로 고소된 것은 이해할 만한 일이었다는 말도 옳다. 문자주의는 예전에 있던 하늘의 처소에서 내려와 인간으로 변형된 초월적 존재자를 상상함으로써 네 번째 단계로 진입한다. 이런 방식으로 참되고 강력한 상징은 부조리한 이야기가 되며 그리스도는 반신, 곧 하나님과 인간 사이의 개별적 존재자가 된다.

그리스도에게 적용된 "하나님의 아들"이라는 상징도 동일한 네 단계를 따랐다. 성서 언어에서 "아들"은 아버지와 아들의 친밀한 관계를 의미한다. 본질적 본성, "몽환적 순결" 상태의 인간은 하나님과 그런 관계 속에 있다. 이스라엘은 아들로 선택받음으로써 그런 관계를 얻었다. 이방 종교에서는 어떤 신적이거나 반신적인 인물이 신의 아들이다. 비록 "하나님

『세계종교사상사 2』, 최종성·김재현 옮김(서울: 이학사, 2014), 434.
6   역주. 마 26:64; 막 14:62; 눅 22:69.

의 아들"이라는 상징을 사용하는 이 두 가지 방식이 매우 다르다고 해도 그 방식들은 인간의 본성에 근거하여 하나님과 인간 사이에 아버지-아들 관계가 가능하다는 공통적인 전제를 갖고 있다. 하지만 이 관계는 인간이 하나님으로부터 소외됨으로써, 인간이 하나님에게 맞서 자기를 높임으로써, 인간이 하나님으로부터 돌아섬으로써 상실되었다. 이제 하나님의 아들 됨은 보편적 사실이 아니다. 오직 특별한 신적 행위만이 하나님의 아들 됨을 재확립할 수 있다. 기독교는 그리스도를 "하나님의 독생자"로 간주하면서 그를 다른 모든 사람과 그들의 본성이지만 상실되어버린 하나님의 아들 됨과 대조시켰다. "하나님의 아들"은 실존의 조건에서 하나님과 인간의 본질적 일치를 나타낸 자에 관한 칭호가 되었다. 본질적으로 보편적인 것은 실존적으로 유일무이한 것이 되었다. 하지만 이 유일무이함은 배타적이지 않다. 그리스도에게서 현실화된 새로운 존재에 참여하는 모든 자는 하나님의 자녀가 되는 힘을 얻는다. 하나님의 아들은 하나님과 관계 맺고 있는 모든 사람에게 있던 자녀로서의 특징, 본질적 인간의 특징을 재확립한다. "하나님의 아들"이라는 상징을 이렇게 사용하는 것은 이방 종교뿐만 아니라 유대교도 초월한다. 하나님의 아들이 된다는 것은 실존의 조건에서 하나님과 인간의 본질적 일치를 드러낸다는 것과, 그리스도의 존재에 참여하는 모든 자에게서 이 일치가 재확립된다는 것을 의미한다. 이 상징을 문자적으로 받아들인 후 인간 가족의 상황을 신적인 것의 내적 생명에 투사하게 되면 이 상징은 왜곡된다. 문자주의자들은 종종 "예수가 하나님의 아들인 것"을 믿는지 사람들에게 묻는다. 이 물음을 묻는 자들은 자신들이 "하나님의 아들"이라는 용어의 의미를 알고 있다고 생각하면서 알고 있는 이 칭호가 나사렛 예수라는 사람에게 부여될 수 있는가만이 유일한 문제라고 생각한다. 이런 식으로 그 물음을 물으면, 그 물음에 대답하는 것은 불가능하다. 그 이유는 긍정적인 대답이든 부정적인 대답이든 잘못된 대답일 것이기 때문이다. 이 물음에 대답하는 유일한 방법은 다른 물음을 묻는 것이다. 당신이 "하나님의 아들"이라는 용어를 사용할 때, 당신이 의미하는 바는 무엇인가? 만약 이 물음에 대해서 문자주의적 대답을 한다면, 우리는 그 대답을 미신적인 것으로 여기고 거부해야 한다. 만약 "하나님의 아들"이라는 용어의 상징적 특징을 긍정하는 대답을 한다면, 그 이후에야 이 상징의 의미가 논의될 수 있을 것이다. "하나님의 아들"이라는 상징에 대한 문자주의적 이해로 인해 기독교는 많은 해를 입어왔다.

우리는 이미 "메시아" 혹은 "그리스도"라는 상징을 다루었다. 하지만 우리는 모든 기독론적 상징과 연관하여 기술했던 네 가지 단계에 따라서 그 상징을 재해석해야 한다. 첫번째는 역사적이면서 초역사적인 인물을 제시하는 단계인데, 그 인물은 야웨가 그를 통해서 이스라엘에 자신의 왕국을 세우고 더 나아가 이스라엘을 통해서 전 세계에 자신의 왕국을 세우고자 하는 인물이다. 메시아와 그의 왕국이 가진 역사-내적인 성질과 초역사적인 성질 사이에서 이루어지는 요동은 그 상징의 본질에 속하지만, 예언자 시대에는 역사적 요소를 주로 강조했고 묵시적 시대에는 초역사적인 요소가 결정적이었다. 두 번째는 현실적 실존에서 인간의 곤경 ─ 그리고 인간 세계의 곤경 ─ 을 경험하는 단계다. 현실적 왕국은 부정의와 비참함으로 충만해 있다. 그 왕국은 악마의 통치를 받고 있다. 메시아 관념의 이런 측면은 후기 유대교 시대에 점차적으로 강조되었고 묵시문학에서 매우 강력하게 표현되었다. 개인, 사회, 자연을 포함한 현 시대 전체는 역전될 것이다. 새로운 시대, 우주의 사물들이 맞이할 새로운 상태가 요청될 것이다. 바로 메시아가 신적 힘으로 그 시대를 가져올 것이다. 이런 동기들은 유대교에만 있었던 것이 아니다. 그 동기들의 뿌리는 페르시아에도 있으며 고대 세계 곳곳에서 반향을 일으켰다. 세 번째는 기독교가 이 일단의 상징들을 수용하고 변형하는 단계다. 즉 새로운 시대를 가져오기로 되어 있는 메시아가 옛 시대의 권세들에게 패배한다. 십자가 위에서 메시아가 패배한 것은 메시아 상징의 가장 급진적 변형인데, 너무나 급진적인 바로 이 이유 때문에 유대교는 지금까지도 예수의 메시아적 특징을 부인한다. 패배한 메시아는 결코 메시아가 아니다. 하지만 기독교는 그 역설을 인정하고 수용했다. 네 번째는 메시아적 역설이 문자주의적으로 왜곡되는 단계다. 그 단계는 "그리스도"라는 칭호가 문자적 이름이 되어버려서 어떤 기능에 대한 상징적 호칭이기를 중단하게 되는 방식으로 시작된다. "그리스도"는 초자연적 힘을 가진 개인이 되는데, 그는 의지에 따라자신을 희생함으로써 하나님이 그를 믿는 자들을 구원할 수 있게 만든 인물이다. 변형된 메시아 상징이 보여주었던 역설이 그렇게 사라져버렸다.

기독론적 상징의 발전을 보여주는 마지막 예는 "로고스"인데, 이 상징은 교회가 작업한 기독론에서 주요한 도구가 되었다. 스토아주의가 구상했던 로고스는 우주론적 요소와 종교적 요소를 연합하고 있었기 때문에 그것을 개념적 상징이라고 부를 수 있을 것이다. 그것에는 합리적 구조와 창조적 힘이 연합되어 있다. 알렉산드리아의 필론과 제4복음서에서 로고스 관념의 종교적이고 상징적인 성질이 우세했지만, 합리적 측면이 사라진 것은 아니었다. 우주의 합리적 구조는 로고스를 통해서 매개된다. 이것이 로고스 상징을 고찰하는 첫 번째 단계다. 두 번째 단계는 이 관념의 실존적 배경을 고찰하는 것이다. (로고스 교설의 창시자인) 헤라클레이토스가 보편적 로고스와 그 법칙을 인간의 어리석음 및 사회적 무질서와 대조했을 때, 그는 대답을 제시한 것이다. 스토아주의는 그 주제를 이어받았고 로고스에 참여하는 현명한 자와 로고스로부터 분리되어 있지만 로고스에 다가가고자 노력하는 어리석은 대중 사이에서 이어질 수 없는 분리를 제시했다. 필론의 동기는 신의 접근 불가능한 신비를 제시하는 것이었고, 그 신비에는 신과 인간을 매개하는 원리가 필요했기에 때문에 그는 로고스 교설을 제안했다. 제4복음서에 따르면, 기독교에는 두 가지 동기가 현존해 있다. 로고스는 신비를 계시하는 한편 인격적 생명을 통해 역사적 실재로 나타남으로써 소외된 자들을 재연합한다. 그리고 이것이 우리가 고찰한 세 번째 단계다. 기독교는 로고스라는 개념적 상징을 받아들이고 변형한다. 신적 자기-현현의 보편적 원리는 그 본질적 특징을 따라서 개체적 인간 안에 질적으로 현존해 있다. 그는 자신을 실존의 조건에 종속시키며 또 소외된 실존 안에서 실존적 소외를 정복한다. 보편적 로고스에 참여하는 일은 역사적 인격을 통해 현실화된 로고스에 참여하는 일로 이루어진다. 기독교는 스토아주의의 현자를 영적인 사람으로 대체했다. 영적인 사람은 자신의 어리석음을 깨닫는데 그 어리석음은 십자가의 어리석음으로, 곧 로고스가 무제한적으로 현존했던 자의 역설로 극복된다.[7] 여기서 또 네 번째 단계가 고찰되어야 하는데 그것은 "로고스"라는 개념적 상징을 신적 존재자가 나사렛 예수라는 인간으로 변신(metamorphosis)한 이야기로 **재신화화**(re-mythologization)하는 단계다. "성육신"이라는 용어는 자주 이런 식으로 잘못 이해된다. 그리고 삼위일체 상징 체계를 보여주는 몇 가지 회화나 예술적 표현들은 신적 자기-현현의 보편적 원리와 나사렛 예수라는 역사적 인물을 동일시함으로써 그런 재신화화의 편을 든다. 전통적인 신학은 로고스가 역사 속에 있었을 때 신적 생명에서 로고스 요소가

---

7   역주. 고전 1:18, 23.

빠져 있었다는 부조리한 관념을 거부함으로써 이런 신화화에 저항했다. 그런 부조리에 반대하면서 로고스 상징의 재신화화가 실행되어왔고 실행되어야 한다.

역사비평은 우리가 기독론적 상징들의 발전을 이해할 수 있도록 크게 도움을 주었다. 신학이 그것들을 다시 사용할 수 있는 이유는 그 상징들이 문자주의적 함의로부터 벗어났기 때문이다. 문자주의적 함의로 인해 그 상징들은 신학에서 쓸모없는 것이 되었고 기독교 상징의 의미를 이해하기 원하는 자들에게 불필요한 걸림돌이 되었다. 이것은 과학적 탐구가 신학과 신앙에 끼친 거대한 간접적 공헌 중 하나다. 신앙이나 신학은 이런 통찰에 근거하지는 않지만, 그 통찰은 미신과 부조리로부터 신앙과 신학을 보호해준다.

6. 신앙과 역사적 회의주의

성서를 향한 역사적 접근법에 대해 앞에서 했던 가치 평가는 부정적인 주장과 긍정적인 주장으로 귀결된다. 부정적 주장은 역사적 탐구가 기독교 신앙의 토대를 제공하거나 제거할 수 없다는 것이다. 긍정적 주장은 역사적 탐구가 기독교 신학에 영향을 주었고 주어야 한다는 것이다. 첫째, 역사적 탐구는 성서의 (그리고 유사한 것으로는 모든 시대 기독교 설교의) 서로 다른 세 가지 의미론적 차원을 분석함으로써 신학에 영향을 준다. 둘째, 그것은 (조직신학적으로 중요한 다른 상징들과 함께) 기독론적 상징들의 발전을 몇 가지 단계에 따라 제시함으로써 영향을 준다. 마지막으로 그것은 모든 역사적 작업을 통해 발전된 최고의 방법을 가지고 성서를 철학적·역사적으로 정확하게 이해함으로써 영향을 준다.

하지만 고려해야 할 종교적 불안이 있음에도 계속해서 묻고 있는 물음을 한 번 더 제기하는 일이 조직신학에서 필요하다. 기독교 신앙의 원천이 되는 문헌을 다루고자 역사적 방법을 수용하게 되면 교회의 사상과 생활에, 그리고 모든 개별 그리스도인의 사상과 생활에 위험한 불안정성이 주입되지 않을까? 역사적 탐구가 기록된 성서에 대한 완벽한 회의주의로 귀결될 수도 있지 않을까? 역사비평을 통해서 나사렛 예수라는 사람은 결코 살았던 적이 없다는 판단에 이를 수도 있지 않을까? 어떤 학자들은—비록 그들이 소수이고 그다지 중요하지 않은 학자일지라도—이 진술을 정당한 것으로 여기지 않았을까? 그리고 결코 그렇게 확실하게 진술할 수는 없다고 해도 예수가 실존하지 않았다는 것이 어느 정도 개연성을 가질 수 있다면, 비록 그 개연성이 낮다고 해도 그 진술은 기독교 신앙을 파괴하지 않을까? 이 물음들에 답하기 위해서 먼저 불충분하며 오해를 사기도 하는 대답을 제거하도록 하자. 역사적 탐구는 그런 회의주의를 지지하는 어떠한 증거도 아직 제공하지 못했다고 지적하는 것은 적절한 대응이 아니다. 확실히 역사적 탐구는 아직 제공하지 못했다! 하지만 그 탐구가 장차 언젠가는 그렇게 할 수도 있지 않을까라는 염려스러운 물음이 남는다. 신앙은 그런 불확실한 근거에 의존할 수 없다. 회의주의적 증거가 "아직 존재하지 않는다"(not-yet)는 사실에서 취하게 되는 대답으로는 불충분하다. 다른 가능한 대답이 있는데 그것은 잘못된 것이 아니지만 오해를 사기도 한다. 그 대답은 다음과 같이 말한다. 기독교의 역사적 토대는 기독교 신앙 자체의 본질적 요소이며 이 신앙은 자체적인 힘으로 역사비평의 회의주의적 가능성을 기각할 수 있다. 또 다음과 같이 주장한다. 역사적 탐구는 나사렛 예수의 실존과 적어도 성서에 묘사된 핵심 사항들을 보증할 수 있다. 하지만 우리는 이 대답을 신중하게 분석해야 하는데, 그 이유는 그 대답이 모호하기 때문이다. 문제는 이런 것이다. 신앙은 정확히 무엇을 보증하는가? 그리고 이에 대한 불가피한 대답은 신앙은 오직 그 자체의 토대만을 보증할 수 있다는 것이다. 다시 말해 그것은 신앙을 창조했던 그 실재의 등장만을 보증할 수 있다는 것이다. 이 실재는 새로운 존재인데, 새로운 존재는 실존적 소외를 정복하고 그렇게 함으로써 신앙을 가능케 한다. 이 신앙만을 보증할 수 있을 뿐이다. 왜냐하면 신앙 자체가 실존한다는 말은 새로운 존재가 현존한다는 말과 같은 말이기 때문이다. 신앙 자체는 실존의 조건 안에서 그리고 그 조건 아래서 새로운 존재가 나타났다는 직접적인 (결론에서 나온 것이 아닌) 증거다. 기독교 신앙의 본성이 정확히 그 사실을 보증한다. 어떠한 역사비평도 자신이 신앙의 상태로 변했음을 알게 된 사람의 직접적인 깨달음에 의문을 제기할 수 없다. 우리는 급진적 회의주의에 대한 아우구스티누스-데카르트적인 반론을 기억할 수도 있을 것이다. 그 전통은 존재에 참여함으로써 자신을 보증하고자 하는 즉각적인 자기-의식을 보여준다.[8] 마찬가지로, 우리는 역사적 논증이 아니라 참여가 기독교의 근거인 사건의 실재를 보증한다고 말해야 한다.

---

8   역주. 아우구스티누스는 다음과 같이 말한다. "자기가 살아 있고, 회상을 하고, 꿰뚫어보고, 의욕하고, 생각하고, 알며 판단하는 것 등을 누가 의심할 수 있겠는가? 바로 그가 의심할 때에야말로, 그는 살아 있는 것이다.…인간은 자기가 의욕하고 있는 것에 관해서는 의심할 수가 있을지라도, 자기가 의심하고 있다는 이 사실에 관해서는 의심을 할 수가 없다." 『삼위일체론』, 제10권. 10. 14. Johannes Hirschberger, 『서양철학사(上)』, 강성위 옮김 (대구: 이문출판사, 1991), 413에서 재인용. Descartes는 모든 것을 의심하는 "방법적 회의"를 거친 후 다음과 같이 말한다. "그러나 금방 그 뒤에, 그렇게 모든 것이 거짓이라고 생각하고 싶어 하는 동안에도 그렇게 생각하는 나는 반드시 어떤 무엇이어야 한다는 것을 깨달았다. 그리고 〈나는 생각한다, 그러므로 나는 있다〉라는 이 진리는 아주 확고하여 확실하여, 회의론자들의 제아무리 터무니없는 상정들을 모두 합치더라도 흔들어 놓을 수 없음을 주목하고 나는 주저 없이 이것을 내가 찾고 있던 철학의 제1원리로 받아들일 수 있다고 판단하였다." René Descartes, "방법서설", 『방법서설·성찰·데카르트 연구』, 최명관 옮김(서울: 도서출판 창, 2010), 96.

참여는 새로운 존재가 옛 존재를 정복했음을 보여준 어떤 인격적 인물을 보증한다. 하지만 참여로 인해서 그 인물의 이름이 나사렛 예수임이 보증되는 것은 아니다. 이 이름을 가진 어떤 이의 실존과 삶에 관련된 역사적 의심은 간과될 수 없다. 그가 다른 이름을 가졌었을 수도 있다. (역사적 방법을 따를 경우 이것은 역사적으로는 부조리하지만 논리적으로는 필연적인 결과다.) 그의 이름이 무엇이었든 간에 새로운 존재는 이 사람을 통해 현실화되었고 지금도 현실화되고 있다.

하지만 여기서 매우 중요한 물음이 제기된다. 그의 본성에 관한 구체적 흔적이 전혀 남아 있지 않다면, "그리스도"라고 불리는 새로운 존재는 어떻게 실재를 변형할 수 있을까? 기원후 1-30년에 하나님이 그의 아들을 보냈다고 기독교 신앙이 노골적으로 주장하는 것만으로 충분하다고 키에르케고르가 말했을 때, 그는 과장한 것이다. 새로운 존재의 구체성이 없으면, 새로운 존재의 새로움도 공허해질 것이다. 실존이 구체적으로 그리고 다양한 측면에서 정복되는 경우에만 실존은 현실적으로 정복된다. 새로운 존재의 공동체를 창조하고 보존했던 힘은 새로운 존재의 출현에 관한 추상적 진술이 아니다. 그것은 새로운 존재를 나타냈던 그 인물의 모습이다. 이 모습과 관련된 그 어떤 특별한 흔적도 확실하게 검증될 수는 없다. 하지만 다음과 같은 것은 명확하게 주장될 수 있다. 바로 이 모습 때문에 새로운 존재는 자신이 변형시킬 자들을 변형할 수 있는 힘을 갖게 된다. 이것은 **형상의 유비**(*analogia imaginis*), 즉 그 모습과 그 모습을 산출한 현실적인 인격적 생명 사이에 유비가 있음을 의미한다. 제자들이 만났던 실재, 바로 이 실재가 그 모습을 창조했다. 그리고 바로 이 모습이 과거에도 그리고 지금도 새로운 존재의 변형하는 힘을 매개하고 있다. 우리는 여기서 제안된 **형상의 유비**를 존재의 유비 — 이것은 하나님을 아는 방법이 아니라 하나님을 말하는 방법(현실적으로 유일한 방법)이다—와 비교할 수 있을 것이다. 이 두 가지 유비의 경우, 유비의 배후로 들어가는 일과 하나님 인식에서는 간접적으로만, 즉 상징적으로만 말할 수 있고, 예수 인식에서는 신앙을 통해서만 매개할 수 있는 것을 직접적으로 진술하는 일은 불가능하다. 하지만 우리의 인식이 가진 간접적이고 상징적이며 매개적인 특징 때문에 그 인식의 진리치가 감소하는 것은 아니다. 왜냐하면 그 두 가지 유비의 경우에서 간접적 인식의 자료로 우리에게 주어지는 것은 우리의 인식 대상에 의존하고 있기 때문이다. 우리는 상징적 자료를 통해 하나님에 관해서 말하게 되는데 그 자료는 신적 자기-현현의 표현이다. 그리고 이를 매개하는 자료는 그리스도의 성서적 모습을 통해서 우리에게 주어진 것인데, 그것은 첫 번째 증언자가 새로운 존재와 새로운 존재의 변형하는 힘을 수용했던 결과물이다. 경험론적 사실성이라는 측면에서 보면, 신앙은 구체적인 성서의 자료를 보증할 수 없다. 오히려 그 자료는 그리스도로서의 예수 안에 나타난 새로운 존재의 변형하는 힘을 적합하게 표현하고 있다는 사실만이 보증될 뿐이다. 오직 이런 의미로만 신앙은 성서적 예수의 모습을 보증할 수 있다. 그리고 다음과 같은 것이 제시될 수 있다. 교회사의 모든 시대에서 교회와 그리스도인을 만들어낸 것은 성서적 모습 배후에 있을 수도 있는 어떤 이에 관한 가설적 기술이 아니라 바로 성서적 예수의 모습이다. 그 모습에는 이런 창조적 힘이 있다. 왜냐하면 새로운 존재의 힘은 그 모습에서 그리고 그 모습을 통해서 표현되었기 때문이다. 이 고찰은 상상된 모습과 실재적인 모습의 구별로 귀결된다. 예수의 동시대인들이 상상했던 어떤 모습은 자신들의 변형되지 않은 실존과 자신들의 새로운 존재 요청을 표현했다. 하지만 그것은 새로운 존재 자체가 아니었다. 그것은 변형하는 힘으로 검사받는다.

"모습"(picture)이라는 단어는 또 다른 유비로 귀결될 수 있다. 비평 방법의 도움을 받아 성서적 모습 배후로 들어가서 "역사적 예수"를 발견하고자 했던 자들은 (축음기와 가능하다면 심령사진으로 보강된) 사진을 제공하고자 했다. 좋은 사진에도 주관적 요소가 있다. 그리고 역사적 인물에 관한 모든 경험론적 묘사에도 그런 요소가 있음을 아무도 부인하지 않을 것이다. 그 반대되는 입장은 신약의 모습을 아우구스투스 황제 시대에 존재했던 종교적으로 가장 심오한 사고들의 경험과 이상이 투사된 것으로 해석하는 입장일 것이다. 예술의 이상주의적 양식이 이 입장과 유사하다. 세 번째 방식은 "표현주의적" 초상화 방식이다. (여기서 사용된 "표현주의"라는 단어는 대부분의 역사 시대에 지배적이었던 예술 양식 및 우리 시대에 재발견된 예술 양식을 의미한다.) 화가는 이런 접근법을 통해서 자신이 다루는 인물의 가장 깊은 차원에 들어가고자 한다. 그리고 그는 자신이 다루는 주제의 실재와 의미에 깊이 참여함으로써 그 차원에 들어갈 수 있다. 오직 그때만 그는 이 인물을 그려낼 수 있는데, 그런 회화 방식에서 그 인물의 외면은 사진처럼 재생되지도 (혹은 자연주의적으로 모방되지도) 않고 아름다움에 대한 화가의 이상에 따라서 이상화되지도 않으며 단지 화가가 자기 주제의 존재에 참여함으로써 경험했던 것을 표현하는 일에 활용될 뿐이다. 이 세 번째 방식은 우리가 그리스도로서의 예수에 관한 복음서의 기록과 관련해서 "실재적 모습"이라는 용어를 사용할 때, 의도했던 것을 나타내준다. 아돌프 슐라터(Adolf Schlatter)처럼 우리도 이렇게 말할 수 있다. 우리는 예수뿐만 아니라 아무도 알지 못한다. 다른 모든 인격과는 달리 그에게 참여하는 것은 (다른 어떤 개인도 결코 완벽하게 접근할 수 없는) 우발적인 개인의 영역에서 일어나는 일이 아니라 그 자신이 하나님에게 참여했던 영역에서 일어나는 일이다. 모든 사람이 하나님과 신비한 관계를 맺을 수 있음에도 불구하고 그 참여에는 모든 사람이 참여할 수 있는 보편성이 있다. 물론 역사적으로 문서가 생산된 일을 생각해보면, 우리가 예수보다 많은 사람을 더 잘 알고 있다. 하지만 예수의 존재에 인격적으로 참여하는 것과 관련해서 생각해보면, 우리는 아무도 더 잘 알지 못한다. 왜냐하면 예수의 존재는 모든 인간에게 보편적으로 타당한 새로운 존재이기 때문이다.

여기서 밝힌 입장을 반대하는 매우 흥미로운 논증을 언급하도록 하겠다. 그 논증은 신앙의 본성에는 위기라는 요소가 포함되어 있다는 가정을 근거로 삼고 있으며, "왜 역사적 불확실성이라는 위기를 감수하지 않는가?"라고 이 논증이 제기하는 물음을 근거로 삼고 있다. 예수가 그리스도임을 긍정하는 것은 신앙의 행위이고 결과적으로 과감한 용기의 행위다. 그것은 어둠 속으로 뛰어드는 자의적 도약이 아니라 결단이다. 그 결단에는 즉각적인 참여와 이에 따른 확신이라는 요소들이 낯섦과 그러한 낯섦에 의해 촉발되는 비확신과 의심이라는 요소들과 혼합되어 있다. 하지만 의심은 신앙의 반대말이 아니다. 의심은 신앙의 한 요소다. 따라서 위기 없는 신앙은 없다. 신앙의 위기는 신앙이 궁극적 관심에 관한 잘못된 상징, 즉 실제로는 궁극성을 표현하지 않는 상징(예를 들어, 디오니소스나 민족 같은 상징)을 긍정할 수도 있다는 것이다. 하지만 이 위기는 불확실한 역사적 사실을 수용할 수도 있다는 위기와는 아주 다른 차원에 위치하고 있다. 따라서 불확실한 역사적 사실과 관련된 위기를 신앙이 처한 위기의 일부로 간주하는 것은 옳지 않다. 신앙의 위기는 실존적이다. 역사적 판단의 위기는 이론적이며 또한 지속적인 과학적 수정에 개방되어 있는 반면, 신앙의 위기는 우리 존재 전체와 관련되어 있다. 바로 여기에 결코 혼동되어서는 안 되는 서로 다른 두 개의 차원이 있다. 잘못된 신앙은 누군가의 삶의 의미를 파괴할 수 있다. 잘못된 역사적 판단은 그런 일을 할 수 없다. 따

라서 "위기"라는 단어를 동일한 의미로 양쪽 차원에서 사용하면 오해가
일어날 수 있다.

7. 그리스도로서의 예수에 관한 성서의 증언

신약이라는 문헌은 모든 면에서 그리스도로서의 예수의 모습을 근원적이
고 기본적인 형식으로 드러낸다. 사도 교부들로부터 현대 신학자들의 저
작에 이르는 다른 모든 문헌은 이 근원적인 문헌에 의지하고 있다. 신약 자
체는 신약 문서로 기록된 사건의 필수적인 부분이다. 신약은 그 사건의 수
용적 측면을 나타내며 또한 그 사건의 사실적 측면을 증언한다. 만약 이것
이 참이라면, 우리는 다음과 같이 말할 수 있다. 신약 전체는 기독교 신앙
이 의존하고 있는 사건의 기본 문헌이다. 신약의 몇몇 부분들은 이런 측면
에서 일치하지만 다른 측면에서는 많은 차이가 있다. 그러나 신약의 모든
책은 예수가 그리스도임을 주장한다는 점에서 일치한다. 그리스도로서의
예수에 관한 성서 기록 배후로 진입하는 것은 소위 **자유주의 신학**의 바람
이었다. 그런 시도를 통해서 앞의 세 복음서는 신약의 가장 중요한 부분으
로 부각되었고 많은 현대 신학자가 이런 평가를 내렸다. 하지만 우리가 기
독교 신앙은 그런 토대 위에 세워질 수 없음을 깨달을 때, 제4복음서와 서
신서들은 공관복음서와 똑같이 중요해졌다. 그리고 그 후에 우리는 예수
를 그리스도로 선언한다는 하나의 결정적인 지점에서는 그것들이 갈등하
지 않음을 알게 되었다. 공관복음서와─제4복음서를 포함한─신약의 다
른 문서들이 보여준 차이는 다음과 같다. 전자는 예수가 그리스도라는 주
장이 기초하고 있는 모습을 제공하는 반면, 후자는 이 주장에 대한 정교한
설명과 기독교적 사상 및 생활에서 그 주장이 가진 함의를 제공한다. 이 차

이는 배타적이지 않다. 왜냐하면 그 차이는 강조의 차이일 뿐 실체의 차이가 아니기 때문이다. 따라서 하르나크가 예수가 제시한 메시지와 예수에 관한 메시지를 대조했을 때,[9] 그는 오류를 범한 것이다. 공관복음서의 예수가 제시한 메시지의 실체와 바울 서신들에서 제시된 예수에 관한 메시지의 실체는 다르지 않다. 이 진술은 앞의 세 복음서에서 모든 바울적 요소를 제거하고자 했던 자유주의 신학의 시도와는 무관하다. 역사비평은 어느 정도의 개연성을 가지고 이런 일을 할 수 있다. 하지만 이 일이 성공적으로 이루어질수록 공관복음서가 보여주는 그리스도로서의 예수의 모습에는 더 적은 것만 남게 된다. 이 모습과 그리스도에 관한 바울의 메시지는 서로 모순되지 않는다. 신약의 증언은 그리스도로서의 예수에 관한 증언이라는 점에서 모두 일치한다. 이 증언이 기독교회의 토대다.

B. 그리스도로서의 예수 안에 나타난 새로운 존재

1. 새로운 존재와 새로운 시대

종말론적 상징 체계에 따르면 그리스도는 새로운 시대를 가져오는 자다. 베드로가 예수를 "그리스도"라고 했을 때, 그는 예수를 통해 만물의 새로

---

9   역주. Harnack는 『기독교의 본질』 전반부에서 예수 그리스도의 복음, 예수가 전하는 복음을 다루고, 후반부에서는 예수에 관한 복음의 역사를 다룬다. 그리고 그는 사도 시대에 일어난 이러한 전환에 대해서 다음과 같이 강조하여 말한다. "바야흐로 그리스도에 대한 그리고 그리스도에 관한 적절한 교리(Lehre)가 중심으로 옮겨가 복음의 위엄과 단순성을 역전시키려 하고 있는 것이다." Harnack, 『기독교의 본질』, 오흥명 옮김(서울: 한들출판사, 2007), 169.

운 상태가 도래할 것을 기대했다. 이 기대가 "그리스도"라는 칭호에 함축되어 있다. 하지만 그 기대는 제자들의 기대에 부합하도록 성취되지 않았다. 자연적 사물뿐만 아니라 역사적 사물의 상태도 변하지 않은 채 남았고 새로운 시대를 가져올 것 같았던 자도 옛 시대의 권세들에 의해서 파괴되었다. 이것은 제자들이 자신의 희망이 몰락했음을 받아들이든지, 아니면 그 소망의 내용을 급진적으로 변화시켜야 한다는 것을 의미했다. 제자들은 새로운 존재와 희생당한 자인 예수의 존재를 동일시함으로써 두 번째 방식을 선택할 수 있었다. 공관복음의 기록에 따르면, 예수 자신은 메시아 주장과 폭력적인 죽음의 수용을 화해시켰다. 그 기록은 제자들이 이 조합에 저항했음을 보여준다. 그들은 메시아에게 역설적 특징이 있다는 주장을 부활절과 오순절로 묘사된 경험이 있고서야 믿을 수 있었다. 바로 바울은 그 역설을 이해하고 정당화할 수 있는 신학적 틀을 제공했다. 문제의 해답으로 다가가는 한 가지 접근법은 그리스도의 첫 번째 도래와 두 번째 도래를 구별하는 것이었다. 사물의 새로운 상태는 두 번째 도래인 그리스도가 영광중에 다시 옴으로써 창조될 것이다. 첫 번째 도래와 두 번째 도래 중간 시대에는 새로운 존재가 그에게서 현존해 있다. 그리스도는 하나님 나라다. 원칙적으로 그리스도에게서 종말론적 기대가 성취되었다. 그리스도에 참여하는 자는 비록 인간의 실존적 곤경이라는 조건에서 참여하고 있기 때문에 오직 단편적으로, 예견으로 참여하는 것일지라도, 새로운 존재에 참여하는 것이다.

새로운 존재는 실존의 조건에 있는 본질적 존재로서 본질과 실존의 분리를 정복한다. 바울은 같은 생각을 표현하고자 "새로운 피조물"(new creature)이라는 용어를 사용하여, 그리스도 "안에" 있는 자들을 "새로운 피조물"이라고 불렀다.[10] "안"이라는 용어는 참여를 의미한다. 그리스도 안에서 존재의 새로움에 참여한 자는 새로운 피조물이 되었다. 바로 그런 창조적 행위로 이런 일이 일어난다. 공관복음서의 신학에 따르면 그리스도로서의 예수가 신적인 영에 의해 창조된 것(a creation)처럼,[11] 그리스도에 참여하는 자는 그 영에 의해서 새로운 피조물이 된다. 그의 실존적 존재와 본질적 존재의 소외는 원리적으로, 즉 힘과 기원이라는 측면에서 정복되었다. 여기서 사용된 "새로운 존재"라는 용어는 본질적 존재와 실존적 존재의 분열을 직접적으로 가리키고 있으며, 이 신학 조직 전체에서 회복의 원리가 된다. 새로운 존재는 실존의 조건에 나타난, 그리고 그 조건에서 왜곡 없이 나타난 본질적 존재의 현현이기 때문에 새롭다. 그것은 두 가지 측면에서 새롭다. 그것은 단지 잠재적일 뿐인 본질적 존재와 반대라는 점에서 새롭다. 또 그것은 실존적 존재가 가진 소외라는 특징을 극복한다는 점에서 새롭다. 그것은 현실적이면서도 현실적인 실존의 소외를 정복한다.

동일한 관념을 표현하는 다른 방식들이 있다. 새로운 존재는 율법 아래에 있는 상황—옛 상황—을 정복하는 경우 새롭다. 율법은 인간의 실존에 맞서 있는 인간의 본질적 존재인데, 인간 실존을 통제하고 심판하는 기능을 한다. 인간의 본질적 존재가 인간의 실존에 받아들여지고 인간의 실존에서 현실화되는 경우 율법은 인간에게 법이 되기를 중단한다. 새로운 존재가 있는 곳에는 어떤 계명이나 심판도 없다. 따라서 우리가 그리스

---

10   역주. 고후 5:17.
11   역주. 마태복음과 누가복음에 따르면 천사가 나타나 마리아에게 예수가 성령에 의해서 태어날 것임을 알려준다(마 1:20; 눅 1:35). 또 그리스도로서의 사역을 앞둔 예수는 공생애에 앞서 세례 요한에게서 세례를 받는데, 그때 하늘에서 성령, 곧 하나님의 영이 임했다고 공관복음서는 공통적으로 말하고 있다(마 3:16; 막 1:10; 눅 3:22).

도로서의 예수를 새로운 존재로 부른다면, 우리는 바울과 함께 그리스도
는 율법의 종말이라고 말하는 것이다.[12]

종말론적 상징 체계에 따르면, 그리스도는 실존의 종말이라 할 수 있
다. 그는 소외, 갈등, 자기-파괴 속에 살았던 실존의 종말이다. 새로운 실
재를 향한 인류의 희망이 그리스도로서의 예수에게서 성취되었다는 성서
의 관념은 새로운 존재가 그에게서 현존했다는 주장에서 직접적으로 추
론되는 결론이다. 그의 출현은 "실현된 종말론"(Dodd)이다.[13] 물론 그것은
"원리적인" 성취다. 그것은 힘의 현현이며 성취의 시작이다. 하지만 다른
성취의 원리를 기대할 수 없는 경우 그것은 실현된 종말론이다. 그리스도
에게서 성취의 질적 의미가 나타났다.

우리는 동일한 규정을 따라서 다음과 같이 말할 수 있다. 그리스도에
게서 역사가 종말에 도달했다. 즉 종말을 예비하는 시대가 그 목적에 도
달했다. 그리스도로서의 예수 안에 나타난 새로운 존재가 암묵적으로 현
존해 있지 않은 역사라면, 궁극적인 것의 차원에서 질적으로 새로운 것을
생산해낼 수 없다. 그리스도가 역사의 "종말"이라는 주장은 지난 2,000년
의 역사에 비추어볼 때 부조리한 듯하다. 하지만 "종말"(end)의 두 가지 의
미, 즉 "종결"과 "목적"을 이해한다면, 부조리하지 않다. "종결"이라는 의
미에서 역사는 아직 끝나지 않았다. 역사는 지속되고 있고 실존적 소외의
모든 특질을 보여주고 있다. 그것은 유한한 자유가 작동하는 장소이며 실
존적 왜곡과 생명의 엄청난 모호성을 낳고 있다. "목적"이라는 의미에서

---

12   역주. 롬 10:4.
13   역주. Dodd는 신약에 나오는 종말론적 언급들이 미래를 언급하는 것이 아니라 예수의 사
      역과 유산에 관한 것이라고 주장했다. 다시 말해서, 종말은 미래, 마지막 때에 관한 것이
      아니라 예수와 그의 제자들로 인해 시작된 새로운 것에 관한 것이다. 이러한 "실현된 종말
      론"과 대조되는 개념은 그리스도의 임박한 재림을 강조하는 "철저한 종말론"이다.

역사는 내재적 목적에 질적으로 도달했다. 즉 새로운 존재가 역사적 실재로 출현함으로써 도달했다. 하지만 양적으로 고려했을 때, 역사 안에서 이루어진 새로운 존재의 현실화는 왜곡과 모호성이라는 인간의 역사적 곤경에 빠져들었다. "이미"와 "아직" 사이에서 일어나는 요동은 그리스도의 첫 번째 도래와 두 번째 도래 사이에서 나타나는 긴장이라는 상징으로 나타나는 경험이다. 그 요동은 그리스도인의 실존에 반드시 속해 있다.

2. 인격적 생명에서 나타난 새로운 존재

새로운 존재는 인격적 생명에서 나타났는데 인간을 위해서 다른 방식으로는 나타날 수 없었다. 생성의 잠재성은 오직 인격적 생명에서만 완전하게 현실화되기 때문이다. 우리의 경험 속에서 오직 인격만이 온전히 발전된 자기이며 동시에 자신이 속해 있는 세계와 직면한다. 오직 인격에서만 존재의 양극성이 온전히 존재한다. 오직 인격만이 완전한 개체가 되며 바로 이런 이유 때문에 인격은 자신의 세계에 무제한적으로 참여할 수 있다. 오직 인격만이 무제한적인 자기-초월의 힘을 가지고 있고 바로 이런 이유 때문에 인격은 완벽한 구조, 곧 합리성의 구조를 가진다. 오직 인격만이 자유와 자유의 모든 특질을 가지는데, 바로 이런 이유 때문에 인간만이 운명을 가진다. 오직 인격만이 유한한 자유인데, 이 자유가 인격에게 자기와 대립하고 자기에게 회귀하는 힘을 제공한다. 이런 것은 다른 어떤 존재자들에게도 해당되지 않는다. 오직 이런 존재자에게서만 새로운 존재가 나타날 수 있다. 실존이 가장 철저하게 실존이 되는 곳에서만, 유한한 자유인 자에게서만 실존이 정복될 수 있다.

하지만 인간에게 일어나는 일은 암묵적으로 생명의 모든 영역에서도 일어난다. 인간에게는 존재의 모든 차원이 현존해 있기 때문이다. 인간은 물리학, 생물학, 심리학의 영역에 속해 있으며 그 영역들의 다양한 차원과 다양한 관계들에 종속되어 있다. 이런 이유로 르네상스 철학자들은 인간을 "소우주"라고 불렀다. 인간은 그 자체로 우주다. 따라서 인간에게 일어나는 일은 (인간과 세상이라는) 우주가 상호참여함으로써 일어난다. 물론 이것은 양적 용어가 아니라 질적 용어로 하는 말이다. 양적으로 말하자면, 우주는 인간에게서 일어나는 일과 대체적으로 무관하다. 질적으로 말하자면, 인간에게 일어나는 일은 인간이 우주를 구축하는 요소와 관련이 있기 때문에 일어난다. 이 사실로 인해서 인격은 우주적 의의를 획득하게 된다. 그리고 오직 인격적 생명에서만 새로운 존재가 현현할 수 있다는 통찰이 이 사실에서 확인된다.

3. 그리스도로서의 예수 안에 나타난 새로운 존재에 관한 표현들

그리스도로서의 예수는 그의 존재에 관한 어떤 특별한 표현으로 새로운 존재의 담지자가 되는 것이 아니라 그의 존재 전체로 새로운 존재의 담지자가 된다. 바로 그의 존재로 인해 그는 그리스도가 되는데, 그 이유는 본질적 존재와 실존적 존재의 분열을 초월하는 새로운 존재의 성질이 그의 존재에 있기 때문이다. 여기서 다음의 사실이 뒤따라 나온다. 그의 말들, 행동들, 고난 그리고 그의 "내적 생명"이라 불리는 것도 그를 그리스도로 만들지 못한다. 그것들은 새로운 존재의 표현들이고 그 표현들은 그의 존재의 성질이지만, 이것, 곧 그의 존재는 표현들보다 선행하며 그것들을 초월한다. 이러한 주장은 그의 그리스도로서의 특징을 묘사하는 몇몇 부적합한 방법들을 거부하는 비판의 도구로 활용될 수 있다.

그리스도로서의 예수의 존재에 관한 첫 번째 표현은 그의 말씀이다. 말은 정신적 생명의 담지자다. 신약의 종교에서 입말(spoken word)의 중요성은 과대평가될 수 없다. 수많은 것 중 오직 두 개의 예만 인용하자면, 예수의 말씀은 "영생의 말씀"이라 불리고,[14] 제자도는 "그의 말씀을 붙잡는 것"에 의존한다.[15] 그리고 그 자신이 "말씀"이라고 불린다.[16] 바로 이 두 번째 예는 그를 그리스도로 만드는 것은 그의 말씀이 아니라 그의 존재임을 보여준다. 그의 존재는 은유적으로 "말씀"이라 불리는데 그 이유는 그것이 인간을 향한 하나님의 최종적인 자기-현현이기 때문이다. "말씀"이라고 불리는 그의 존재는 그의 말씀들을 통해서도 표현된다. 하지만 말씀인 그는 그가 한 모든 말씀들을 뛰어넘는다. 이 주장은 예수의 말씀과 예수의 존재를 분리하는 신학, 예수를 교사, 설교자, 예언자로 만드는 신학에 대한 기본적인 비판이다. 이런 신학적 경향은 교회만큼이나 오래되었는데 고대와 현대의 합리주의에서 나타난다. 그런 경향은 19세기 이른바 "자유주의 신학"의 두드러진 모습이었다. 하지만 대중의 사고에 끼친 자유주의의 영향력은 자유주의의 신학적 의의를 넘어선다. 자유주의는 일상생활의 경건에서, 특히 기독교를 신적 교사가 명령하는 관습적 규칙들의 체계라고 여기는 집단들에서 큰 역할을 담당하고 있다. 우리는 특별히 교육적 맥락에서 "예수의 가르침들"에 대해 말하며 그 가르침을 종교적 훈육의 기초로 삼는다. 이것은 꼭 잘못된 것이 아니다. "예수의 가르침"이라는 용어—단수로 사용되는 것이 더 좋다—는 자신에게서 하나님 나라가 현존한다는 그의 예언자적 메시지를 포함할 수 있기 때문이다. 일상적으로 (대

---

14   역주. 요 6:68.
15   역주. 빌 2:16(새번역).
16   역주. 요 1:1.

B. 그리스도로서의 예수 안에 나타난 새로운 존재   **201**

부분 복수로 사용되는) 그 용어는 하나님, 인간에 관한 예수의 교리적 진술, 그리고 무엇보다도 인간에게 요구되는 것을 가리키는 데 사용된다. "예수의 가르침들"이라는 용어를 이런 의미로 사용하면, 그를 교리적이고 윤리적인 율법을 제시하는 또 다른 인물로 만들게 된다. 이런 견해는 분명히 율법주의적인 자기-구원 유형으로 다시 흘러간다.[17] 그것은 그리스도로서의 예수를 나사렛 예수라 불리는 종교적이고 도덕적인 교사로 대체하는 것이다. 그런 신학과 그 대중적인 적용에 반대하면서, 우리는 "존재가 말보다 선행한다"라는 원리를 고수해야 한다. 예수의 말씀은 새로운 존재를 창조하는 힘을 가지고 있는데, 그 유일한 이유는 그리스도로서의 예수가 말씀**이기** 때문이며, 오직 새로운 존재의 힘을 통해서만 그의 말씀들은 실재가 될 수 있기 때문이다.

그리스도로서의 예수 안에 나타난 새로운 존재의 두 번째 표현은 그의 행동이다. 그 행동 역시 그의 존재로부터 분리되었고 모방해야 할 모범이 되었다. 그는 입법자로 간주되지 않았고 그 자신이 새로운 법으로 간주되었다. 이 관념을 정당화하는 많은 근거가 있다. 그리스도로서의 예수가 실존적 소외의 조건에서 하나님과 인간의 본질적 일치를 재현한다면, 바로 이 사실로 인해 모든 인간은 "그리스도의 형상"을 이루도록 요청받는다. 그리스도처럼 된다는 것은[18] 그에게 현존해 있는 새로운 존재에 완전

---

17   역주. 영어본. This view is obviously a relapse to the regalistic type of self-salvation, **the appearance of the New Being in the Christ**(강조는 덧붙여진 것이다). 독어본. Diese Aufffasung ist offensichtlich ein Rückfall in den legalistischen Typ der Selbst-Erlösung. 강조한 내용은 영어본에는 있지만, 독어본에는 없다. 역자는 독어본을 따랐다.

18   역주. 갈 4:19은 한국어 성경에서 "너희 속에 그리스도의 형상을 이루기까지"(개역개정), "여러분 속에 그리스도의 형상이 이루어지기까지"(새번역)라고 번역되어 있으나, 그리스어 성경에는 "μέχρις μορφωθῇ Χριστοὸς ἐν ὑμῖν"(너희 안에 그리스도께서 형성되기까지)이며, NRSV는 "until Christ is formed in you"로 번역했다.

히 참여함을 의미한다. 이런 의미에서 그리스도는 새로운 율법**이며** 그와 같아지는 것이 암묵적으로 요구된다. 하지만 이것이 그리스도를 모방하라는 명령으로 해석된다면, 잘못된 결과가 불가피하게 뒤따른다. **그리스도를 모방함**(*Imitatio Christi*)은 종종 자신의 삶을 예수의 삶—여기에는 성서의 모습에 나오는 구체적 흔적들이 포함된다—의 복사본으로 변형하려는 시도라고 이해되었다. 하지만 이런 이해는 예수 그리스도의 모습 안에서 나타나는 그의 존재의 일부일 뿐인 이 흔적의 의미와 대조를 이룬다. 이 흔적은 그의 존재인 새로운 존재를 반투명하게 비출 뿐이다. 그것은 모방해야 할 모범이 아니라 우발적인 특징 너머를 지시하는 것이다. 만약 그 흔적을 모범으로 사용하면, 그것은 자체의 투명성을 상실하고 예전주의적이거나 금욕주의적인 규정이 되어버린다. 만약 "모방"이라는 단어를 이 맥락에서 사용하고자 한다면, 그 단어가 지시하는 것은 이런 의미여야 한다. 구체적인 상황 **속에** 있는 우리가 새로운 존재에 참여할 것과 우리 생명의 우발성 너머가 아니라 우발성 안에서 이 참여에 의해 변형될 것을 요구받는다. 만약 그가 새로운 율법과 모방의 대상으로 이해된다면, 새로운 율법이 복사나 모방이라는 특징을 가지게 되는 것은 늘 불가피한 일이다. 그래서 로마 가톨릭에서 명백하게 오용되었던 이 용어들을 개신교가 사용하기 주저했다는 것은 옳은 일이었다. 그리고 개신교는 그리스도의 행위를 그의 존재로부터 분리하는 이 요소를 재도입하고자 하는 경건주의적 시도와 부흥주의적 시도에 저항해야 했다.

그리스도로서의 예수 안에 나타난 새로운 존재의 세 번째 표현은 그의 고난이다. 고난에는 그의 끔찍한 죽음이 포함되는데, 고난은 실존적 소외의 권세들과 실존을 정복하는 것의 담지자 사이에서 일어난 불가피한 갈등의 결과물이다. 예수는 자신에게 부여된 고난과 죽음을 감당함으로써만 그리스도가 될 수 있었다. 왜냐하면 그는 오직 이런 방식으로만 실존에 완전히 참여할 수 있었고 자신과 하나님의 일치를 해소해버리고자 하는 실존의 모든 권세를 정복할 수 있었기 때문이다. 정통주의 신학자들은 신약이 보여주는 그리스도로서 예수의 모습에서 나타난 십자가의 의의를 밝히고자 고난과 죽음을 그의 존재에서 분리하고 희생론의 틀 안에서 고난과 죽음을 그리스도로서의 결정적인 기능으로 이해했다.[19] 이것은 부분적으로 정당하다. 왜냐하면 실존의 조건에 있는 개별적 개인으로서의 자신을 새로운 존재의 담지자로서의 자신에게 지속적으로 희생하지 않았다면, 그는 그리스도가 될 수 없었을 것이기 때문이다. 그는 예수로서의 자신을 그리스도로서의 자신에게 희생함으로써 그리스도로서 자신의 특징을 증명하고 확증했다. 하지만 이 희생적 기능을 그의 존재로부터 분리하는 것은 정당하지 않은데, 현실적으로 그 기능은 그의 존재의 표현이기 때문이다. 하지만 그런 분리는 캔터베리의 안셀무스의 이론과 같은 속죄 이론들을 통해서 표현되었다. 안셀무스가 보기에 예수 그리스도의 희생적 죽음은 하나님으로 하여금 사랑과 진노 사이의 갈등을 극복할 수 있게 해주는 **여분의 사역**(*opus supererogatorium*)이었다. 여기는 안셀무스의 속죄 이론 자체를 다루는 자리가 아니다. 하지만 우리는 그 이론이 그리스도 해석에서 빚어낸 결과를 다루어야 한다. 그의 "신적 본성"은 언제나 전제되어 있고 이런 의미에서 새로운 존재의 담지자라는 그의 특징은 (기독론적 교의라는 면에서) 긍정된다. 하지만 그의 존재는 그의 죽음의 전제로만 다루어지고 하나님과 인간에게 죽음의 효과가 전달되기 위한 전제로만 다루어

---

19   역주. 예수의 고난과 죽음을 희생제물로 이해하는 패러다임은 초기 기독교에서 시작했다. 이 패러다임에 따르면 예수의 죽음은 "화해의 제물", "몸값", "대속물" 등으로 이해된다. 김균진, 『기독교신학 2』(서울: 새물결플러스, 2014), 493.

질 뿐이다. 그의 존재는 **유일한** 중요 요인, 그를 그리스도로 만드는 요인, 고난과 죽음을 필연적 결과로 가지는 요인으로 다루어지지 않는다. 십자가에서 겪는 고난은 실존의 조건에서 드러난 영원한 신-인성의 출현으로부터 분리될 수 있는 부가적인 것이 아니다. 그 고난은 이 출현이 지닌 불가피한 함의다. 그의 말이나 행동처럼 그리스도로서의 예수의 고난은 그에게서 나타난 새로운 존재의 표현이다. 안셀무스가 다음과 같이 말했을 때, 즉—하나님과 그리스도의 일치는 고난과 죽어야 함을 계속해서 수용하지 않더라도 실존의 조건에서 유지되어왔던 것처럼—예수의 능동적 순종은 마땅히 하나님께 드려야 하는 것이지만 고난과 죽음은 그렇지 않았다고 말했을 때, 그것은 놀라운 추상화였다.

우리는 이런 고찰을 명심하고서 예수의 존재와 그의 **말씀**의 합리주의적 분리를, 예수의 존재와 그의 **행동**의 경건주의적 분리를, 예수의 존재와 그의 **고난**의 정통주의적 분리를 평가해야 한다. 우리는 그의 존재를 새로운 존재로 이해하고 그의 존재의 표현을 그리스도로서 예수의 현현으로 이해해야 한다.

빌헬름 헤르만 같은 신학자들은 이런 방식으로 사유하고자 시도했다. 그는 예수의 내적 생명 속으로, 예수와 하나님, 인간들, 예수 자신이 맺는 관계 속으로 들어가고자 했다. 그것은 "역사적 예수" 탐구와 관련하여 이루어졌다. 다음과 같이 말하는 것은 정당하다. 새로운 존재가 인격적 생명에서 현실화된다면, 새로운 존재는 외화될 수 없는 그 운동들, 비록 그 인격의 모든 표현에 영향을 주었을지라도 외화될 수는 없는 그 운동들에서 현실화된다. 인격의 내적 생명에 접근하는 방법은 이 표현들에서 도출된 결론을 통하는 방법뿐이다.[20] 하지만 그런 결론은 늘 의심스러울 수밖에 없는데 예수의 경우 특히 그렇다. 결론이 의심스러울 수밖에 없는 이유는 우리가 가진 기록의 특징 때문이기도 하고, 그의 존재의 유일무이함으로 인해서 결론이 유비적으로 도출되기 때문이기도 하다. 강조해서 말하자면, 예수에 관한 성서의 기록은 예수를 심리화하지 않는다. 더 정확히 말하자면, 그 기록은 예수를 존재론화한다고 말할 수 있을 것이다. 그것은 그에게서 나타난 신적인 영에 관해 또는 그와 아버지의 일치에 관해 말한다. 그것은 마성적 유혹에 대한 그의 저항에 관해, 제자들과 죄인들을 향한 그의 허용이면서도 비판적인 사랑에 관해 말한다. 그것은 그의 외로움 경험, 무의미함 경험, 자신을 위협하는 끔찍한 죽음에 대한 그의 불안 경험에 관해 말한다. 하지만 이 모든 것은 심리학도 아니고 성격 구조에 관한 묘사도 아니다. 그것은 예수의 내적 생명으로 들어가는 시도도 아니다. 우리가 가진 기록들은 그의 발달, 경건 혹은 내적 갈등을 심리학적으로 묘사한 것이 아니다. 그것은 실존의 조건에 있는 그에게 새로운 존재가 현존했음을 보여줄 뿐이다. 물론 한 인격에서 일어나는 모든 일은 그의 심리학적 구조 내에서 그리고 그 구조를 통해서 일어난다. 하지만 신약의 저자들은 예수가 자신이 죽어야 한다는 것에 대해 불안해했음을 기록함으로써 그가 인간의 유한성에 전체적으로 참여했음을 보여주었다. 그들은 불안의 특별한 형식을 표현함과 동시에 그가 불안을 정복했음도 보여준다.

---

20   역주. Hermann은 성서비평학이 예수에 관한 많은 부분을 불확실한 것으로 만들기 때문에 이에 대한 대안으로 예수의 내적 생명을 탐구함으로써 예수의 "지상 생활의 윤리적·종교적 의의"를 찾고자 했다. 이러한 내적 생명의 본질적 내용은 "정신적 인격성을 선양하고 정신적 우애를 확립한다는 보편적인 윤리적 이상"이었다. Hermann의 이러한 방법은 기독교를 심리학적 요소를 강조하는 주관적 체계로 전락시켰다는 비판을 받는다. O. W. Heicj & J. L. Neve, 『기독교 신학사』. 서남동 옮김(서울: 대한기독교서회, 1995), 297-98.

그런 정복이 없었다면, 그는 메시아가 될 수 없었을 것이다. 그 모든 사례에 포함되어 있는 것은 어떤 특별한 심리학적 행위가 아니라 새로운 존재와 소외의 권세가 만난 사례들이다. 따라서 메시아적 성질을 묘사하기 위해서 예수의 내적 생명에 들어가려는 시도가 그리스도로서의 예수에게서 나타난 새로운 존재를 직접적으로 다루려는 시도라고 할지라도, 그 시도는 실패로 간주될 수밖에 없다.

이런 점에서 하나님에 관한 중요한 진술로서 하나님에게 적용되었던 "존재"라는 용어가 "존재의 힘"으로 해석되거나 또는 부정적 표현으로는 비존재에 저항하는 힘으로 해석되었다는 사실을 상기할 수 있을 것이다. 유사한 방식으로 그리스도로서의 예수에게 적용되는 "새로운 존재"라는 용어는 그에게서 나타난 실존적 소외를 정복하는 힘을 지시하거나 또는 부정적 표현으로는 소외의 권세들에 저항하는 힘을 지시한다. 그리스도로서의 예수 안에 나타난 새로운 존재를 경험하는 일은 실존적 소외를 극복한 힘을 경험하는 일인데, 그 힘은 그 힘을 경험하는 자와 그리스도에게 참여하는 모든 사람에게 존재한다. 하나님이나 신적 현현들에게 사용되는 "존재"라는 단어는 존재의 힘이거나 부정적 표현으로는 비존재를 정복하는 힘이다. 그러한 "존재"라는 단어는 다음과 같은 사실을 지시한다. 이힘은 어떤 이의 선 의지의 문제가 아니라 모든 의지적 행동의 특징보다 선행하면서 그 특징을 결정하는 선물이다. 우리는 이런 의미로 다음과 같이 말할 수 있다. 새로운 존재 개념은 은혜의 의미를 재확립한다. "실재론"은 은혜를 마술적 형식으로 잘못 해석할 위험에 처해 있었던 반면에 "유명론"은 은혜 개념을 완전히 상실할 위험에 처해 있었다. "존재"나 "존재의 힘"에 관한 이해가 없으면, 은혜에 관해서 의미 있게 말할 수 없다.

4. 소외를 정복하는 그리스도로서의 예수 안에 나타난 새로운 존재

a) 그리스도에게서 나타난 새로운 존재와 소외의 표지들

성서가 모든 구체적인 세부 사항들을 가지고 그려내는 그리스도로서 예수의 모습은 새로운 존재의 담지자로서의 특징을 확인해주거나 하나님과 인간의 본질적 일치와 인간의 실존적 소외 사이의 갈등을 극복한 자로서의 특징을 확인해준다. 복음서뿐만 아니라 서신서에도 나오는 그리스도로서 예수의 이 모습은 인간의 실존적 곤경을 분석하면서 상세히 설명했던 소외의 표지들과 대조를 이룬다. 그 분석은 인간의 실존적 곤경과 그리스도에게서 나타난 새로운 존재의 형상의 대비에 부분적으로 의존하고 있기 때문에 이러한 대조는 놀라운 일이 아니다.

성서에 나오는 그리스도로서 예수의 모습에 따르면, 그와 하나님 사이에는 긴장은 있을지언정 소외의 흔적이 없으며, 결과적으로 그와 그 자신 사이에 그리고 그와 그의 (본질적인 본성적) 세계 사이에 소외의 흔적이 없다. 그의 존재의 역설적 특징은 다음과 같은 사실로 나타난다. 그는 시간과 공간이라는 조건 속에서 유한한 자유만을 갖고 있었지만, 자신의 존재의 근거로부터 소외되지는 않았다. 불신앙의 흔적, 즉 그의 무한한 관심의 주체인 신적 중심에서 자신의 인격적 중심을 제거한 흔적이 없었다. 자신의 메시아적 사역이 극단적 절망에 처하게 된 상황에도 그는 자신을 버린 하나님에게 부르짖었다.[21] 마찬가지로, 그는 자신의 메시아적 소명을 깨달았음에도 불구하고 어떠한 **휘브리스**나 자기-높임의 흔적도 보여주지 않았다. 그는 베드로가 처음으로 그를 그리스도라고 불렀던 그 결정

---

21   역주. 마 27:46.

적인 순간에 이 명칭을 수용했고 자신의 끔찍한 죽음의 수용과 그것을 결
합시켰으며 제자들에게 자신이 담당하는 메시아 기능을 공개하지 말라고
경고했다.[22] 이 사실은 바울이 쓴 빌립보서 2장 그리스도 찬가에서도 동일
하게 강조되었는데, 거기서 바울은 초월적 그리스도의 신적인 형상 수용
과 종의 형상 수용을 결합했다. 제4복음서는 예수에게 할애된 다음의 구
절을 통해서 이를 위한 신학적 토대를 제공했다. "나를 믿는 사람은 나를
믿는 것이 아니라 나를 보내신 분을 믿는 것이다."[23] 이 모습에는 아무런
탐욕의 흔적도 없다. 이 사실은 사막의 유혹 이야기에서 강조되어 있다.[24]
여기서 사탄은 그리스도의 가장 약한 지점이었을 음식, 인정, 무제한적 힘
에 대한 욕망을 활용했다. 메시아인 그는 이 욕망을 성취할 수도 있었다.
하지만 그렇게 했다면, 그는 마성적 존재가 되었을 것이고 그리스도이기
를 중단했을 것이다.

그리스도로서의 예수 안에 나타난 새로운 존재가 소외를 정복한 것
을 "예수의 무죄성"(sinlessness)이라는 용어로 기술해서는 안 된다. 이것은
부정적인 용어로서 메시아적 유혹, 즉 소외의 파괴적 결과에 종속됨으로
써 자신이 희생되는 것을 거부하고 그리스도인 자신의 위엄을 드러내려
는 유혹에 맞서 그가 승리했음을 보여주기 위해서만 사용되었다(히브리
서).[25] 사실, 특별한 죄들의 목록이 있어서 예수가 죄를 범하지 않았다는 것
이 밝혀지지도 않았고 생명의 모호성에 관한 매일매일의 묘사가 있어서
그가 모호하지 않게 선했다는 것이 증명되지도 않았다. 그는 하나님으로

---

22   역주. 마 16:20-21.
23   역주. 요 12:44.
24   역주. 눅 4:1-13.
25   역주. 히 4:15.

부터 고립된 자신에게 "선하다"는 용어가 적용되는 것을 거부했고 올바른 자리에 그 문제, 즉 자신과 하나님의 관계의 유일무이함을 올바르게 정립했다.[26] 그의 선함은 단지 그가 하나님의 선함에 참여함에 따른 선함이었다. 모든 사람처럼 예수도 유한한 자유다. 그렇지 않았다면, 그는 인류와 동일하지 않았을 것이고 그리스도가 될 수도 없었을 것이다. 하나님만이 자유와 운명을 초월한다. 하나님만이 이 양극성과 다른 모든 양극성의 긴장을 영원히 정복한다. 예수에게 그 양극성들은 현실적인 것이었다. "무죄성"이라는 용어는 실존 안에 있는 실존적 소외의 권세들을 정복한 그 사람의 성서적 모습을 합리화한 것이다. 신약성서만큼이나 일찍 그런 합리화가 몇 군데서, 예를 들어 몇몇 기적 이야기—빈 무덤 이야기, 동정녀 탄생, 육체적 승천 등—에서 등장한다. 합리화가 이야기를 통해서 나타나든 아니면 개념을 통해서 나타나든 그 이야기나 개념의 특징은 언제나 동일하다. 그리스도와 관련된 (그리고 이후에는 다른 성서의 인물들과 관련된) 긍정적인 어떤 것이 확인되고 그것은 원칙적으로 경험론적 검증에 개방되어 있는 부정적인 것으로 해석된다. 이런 식으로 실존적이고 상징적인 종교적 진술은 합리적인 객관화하는 이론적 진술로 변형된다.

성서의 모습은 세 가지 강조점을 보여준다는 점에서 철저히 긍정적이다. 첫째는 그리스도의 완벽한 유한성이고, 둘째는 그 유한성에서 자라나는 유혹이라는 실재이며, 셋째는 이 유혹에 대한 승리다. 그 유혹에 패배할 경우 그와 하나님의 관계는 파괴되었을 것이고 그의 메시아적 소명은 소멸되었을 것이다. 제자들의 현실적 경험에 기초하는 이 세 가지 강조점을 벗어나면 그 어떤 조사도 불가능하고 무의미할 것이며 죄가 단수로

---

26   역주. 눅 18:19.

사용되면 특히 그런 조사가 불가능하고 무의미할 것이다.

b) 그리스도가 받은 유혹의 실재

그리스도로서의 예수는 유한한 자유이기 때문에 그도 실재적 유혹에 직면했다. 가능성 자체가 유혹이다. 그리고 예수에게 실재적 유혹의 가능성이 없었다면, 그는 하나님과 인간의 본질적 일치(영원한 신-인성)를 재현하지 못했을 것이다. 단성론적 경향은 신학자와 대중적인 기독교를 포함한 교회 역사에서 언제나 존재해왔는데, 그 경향은 그리스도의 유혹이 심각한 것이었다는 사실을 부인하도록 조용히 많은 사람을 유도했다. 그들은 그리스도로서 예수의 완전한 인간성, 그의 유한한 자유, 그리고 이와 함께 유혹에서 패배할 가능성을 인정할 수 없었다. 그들은 의도치 않게 예수에게서 그의 실재적 유한성을 제거해버렸으며 그에게 자유와 운명을 넘어선 신적 초월성을 부여했다. 완전히 성공하지는 못했지만, 그리스도로서 예수의 모습을 단성론적으로 왜곡하는 일에 교회가 저항한 것은 옳은 일이었다.

하지만 성서 이야기가 심각한 유혹을 보여주고 있다는 단언을 우리가 수용하면, 우리는 어떤 문제에 직면하게 된다. 그 문제는 본질에서 실존으로의 이행을 포함하는 일반적 인간에 관한 교설에서 중요한 문제다. 몽환적 순결에서 자기-현실화와 소외에 이르는 인간의 타락은 실존적 소외에 대한 그리스도의 승리와 동일한 인간론의 문제를 제기한다. 우리는 다음과 같이 물어야만 한다. 어떤 조건에서 유혹이 심각해지는가? 그 하나의 조건은 유혹하는 힘을 가지고 있는 것을 바라는 현실적 욕망 아닌가? 하지만 그런 욕망이 있다면, 유혹에 굴복하거나 굴복하지 않으려는 결단 이전에 소외가 존재하고 있다는 말 아닌가? 실존의 조건 아래에 있는 인간의 상황이 이러하다는 사실에는 의심의 여지가 없다. 생명이 시작될 때부터 우리의 욕망은 발현되며 가능성들이 나타난다. (낙원 이야기처럼) 금지가 우리에게 숙고와 결단을 강요한다면, 이 가능성들은 유혹이 된다. 그렇다면 다음과 같은 물음이 제기된다. 만약 그 욕망이 낙원 이야기에서 나오는 아담의 지식과 힘에 대한 욕망이거나 유혹 이야기에서 나오는 예수의 영광과 힘에 대한 욕망이라면, 그 욕망을 어떻게 평가할 것인가? 탐욕에 대한 우리의 분석이 그 대답을 줄 수 있다. 모든 것과의 재연합을 향한 욕망이 포함된 본성적 자기-초월과 어떤 것과의 재연합도 원하지 않고 힘과 쾌락을 통해 모든 것을 착취하기만을 원하는 왜곡된 탐욕 사이의 차이는 유혹 상태의 욕망을 평가하는 데 있어서 결정적이다. 욕망이 없으면 유혹도 없다. 하지만 욕망이 탐욕으로 변하는 것이 유혹이다. 금지는 욕망이 탐욕으로 이행하는 것을 막기 위해 설정된 조건이다. 낙원 이야기에서는 이런 조건이 제시되지 않았다. 지식과 힘을 향한 욕망이 탐욕으로 변하지 않으면 그 욕망은 정당하다는 내용이 제시되어 있지 않다. 처음에는 아담에게 허락되고 나중에는 금지되었던 생명 나무의 열매와 아담의 관계에서 우리는 그 제시된 것을 추론할 수 있을 뿐이다. 즉, 하나님이 없으면 그는 영원을 소유할 수 없을 것이다. 마찬가지로 우리는 하나님이 없으면 그는 지식을 소유할 수 없을 것이라는 유비를 추론할 수 있다. 욕망 자체는 악하지 않다. (열매를 먹어도 된다.) 하지만 욕망을 합법적으로 이루기 위한 조건들은 지켜지지 않았다. 따라서 먹는 행위는 탐욕의 행위가 되었다. 예수의 유혹 이야기를 통해서 예수의 욕망을 합법적으로 성취하기 위한 조건이 최소한으로 제시되었다. 예수가 사탄을 거부하는 도구가 되었던 구약 인용문들을 통해서 그 조건이 제시되었다. 그리고 우리는 낙원 이야기에서 나타나는 조건을 정확하게 알고 있다. 즉 정당한 욕망의 대상들을 하나님 없이 소유하는 것은 옳지 않다. 예수는 그 대상들을 가질 수 있었겠지만, 그것은 그의 메시아적 성질을 포기한다는 의미였을 것이다.

욕망과 탐욕의 구별은 그리스도가 받는 유혹의 심각성이 제기하는 문제를 해결하는 첫 번째 단계다.

두 번째는 하나님과 완벽한 일치 상태에 있음에도 대체 어떻게 욕망이 있을 수 있는가라는 문제를 다루는 단계다. "욕망"이라는 단어는 미완성을 표현한다. 하지만 종교 문학은 하나님과 일치되어 있으면서도 완벽한 완성을 추구하는 인간들에 대한 묘사로 가득하다. 하지만 하나님과 본질적 일치 속에 있는 인간(아담)과 실존의 조건에서 하나님과 현실적 일치 속에 있는 인간(그리스도)이 유한한 완성을 향한 그들의 욕망 때문에 유혹을 받는다면, 욕망과 하나님과의 일치는 서로 대립하는 것이 아니다. (여기에는 **에로스**와 **아가페**가 서로 대립하지 않는다는 진술이 포함될 것이다.)[27] 긍정적으로 표현하자면, 이 말은 다음과 같은 의미다. 모든 생명처럼 하나님과 일치하는 생명도 역동성과 형식의 양극성에 의해 결정된다. 그 생명이라고 해서 역동성과 형식의 긴장에 내포되어 있는 위험이 없지 않다. 하나님과의 일치는 유한한 것과 재연합하려는 유한한 것의 욕망을 부정하지 않는다. 하지만 하나님과의 일치가 있는 곳에서, 우리는 그 일치와 별개로 유한한 것을 욕망하는 것이 아니라 그 일치 속에서 욕망한다. 욕망에 근거하는 유혹은 하나님과 별개로 유한한 것을 욕망하는 것이거나 욕망이 탐욕이 되는 것이다. 바로 이런 이유 때문에 욕망의 대상은 심지어 그리스도에

---

27 역주. 아가페와 에로스의 일치에 관해서는 Tillich, 『성서 종교와 궁극적 실재 탐구』, 108-10을 참조하라.

게조차도 심각한 유혹이 된다.

하지만 우리는 예수의 유혹이라는 실재에서 제기되는 물음에 대답하기 위해서는 세 번째 단계로 진행해야 한다. 앞의 고찰은 예수가 유혹을 거부한 것을 우발적 문제로 만들어버릴 수 있다는 두려움 때문에 누군가는 이 고찰을 의심한다. 만약 이 의심이 옳다면, 인류의 구원은 개별 인간의 우발적 결단에 의존하게 될 것이다. 하지만 그런 논증은 자유와 운명의 양극성을 고려하지 않고 있다. 보편적인 실존적 소외와 소외에 대한 유일무이한 승리는 운명의 문제일 뿐만 아니라 자유의 문제이기도 하다. 유혹에 굴복하지 않기로 한 그리스도의 결정은 그의 유한한 자유의 행위이며, 마찬가지로 유한한 자유인 자의 결정, 즉 모든 인간의 결정과 비슷하다. 자유로운 결정인 그의 행위는 그의 인격성 전체의 행위이며 자기 자신의 중심의 행위다. 동시에 그것은 유한한 자유인 모든 자에게 그러하듯이 그의 운명의 결과다. 그의 자유는 그의 운명을 통해 구현된다. 운명 없는 자유는 우발성일 뿐이고 자유 없는 운명은 필연성일 뿐이다. 하지만 인간의 자유 그리고 결과적으로 그리스도로서 예수의 자유는 운명과 연합되어 있으며 따라서 우발성도 아니고 필연성도 아니다.

그리스도의 모습에 나타난 운명이라는 요소는 신약에서 매우 진지하게 다루어졌다. 그의 출생과 육체적 실존은 공관복음서에서 사변과 탐구의 문제였다. 그는 홀로 존재하지 않았다. 그는 신적 계시의 연쇄에서 핵심적인 연결 고리였다. 그의 어머니의 중요성은 그녀가 그를 이해하지 못했다는 사실로 인해 감소되지 않는다. 인간의 운명을 결정하는 많은 요인이 성서 기록에 언급되어 있다. 그에게 일어난 일은 그의 자유의 행위일 뿐만 아니라 언제나 그의 운명의 결과이기도 했다. 구약의 예언서들에 대한 신약의 수많은 언급은 운명의 요소를 명백하게 표현하고 있다. 예수가 그리스도로서 등장하는 것과 예수에게서 그리스도로서의 특징을 박탈하려는 시도에 그가 저항했던 것은 모두 그 자신이 결정한 행위이기도 하고 신적 운명의 결과이기도 하다. 우리는 이 예수의 경우나 보편적 인간의 경우에서 이 일치를 넘어설 수 없다.

우리는 이러한 통찰로 인해서 인류의 구원이 개체적 인간의 우발적 결정(비결정론적 의미의 자유) 때문인가라는 물음에 부정적 대답을 하게 된다. 모든 인간의 결정처럼 예수가 실제적 유혹에 저항했던 결정도 하나님의 인도하는 창조성(섭리)에 포함되어 있다. 그리고 인간의 경우 하나님의 인도하는 창조성은 인간의 자유를 통해 작동한다. 인간의 운명은 신적 창조성에 **의해서**, 하지만 인간의 자기-결정을 **통해서**, 즉 인간의 유한한 자유를 통해서 결정된다. 이런 점에서 궁극적으로 "구원의 역사"와 "구원자의 역사"는 역사 일반과 모든 개체적 인간의 역사가 결정되는 방식과 동일하게 결정된다. 또 이것은 인류가 자신을 발견하게 되는 소외의 상태와도 관련이 있다. 보편적인 인간적 곤경의 원인이 개인의 잘못된 결정에 의해 우발적으로 발생한다는 부조리한 관념을 진지하게 옹호할 수 있는 사람은 없다. 마찬가지로 그리스도의 출현은 자유인 동시에 운명이며 하나님의 인도하는 창조성에 의해서 결정된다. 인류의 부정적이고 긍정적인 상황에는 결정되지 않은 우발성이 없다. 단지 하나님이 인도하는 창조성에 자유와 운명의 일치가 있을 뿐이다.

c) 그리스도의 유한성의 표지들

그리스도의 유혹의 심각성은 그가 유한한 자유였다는 사실에 근거하고 있다. 성서가 그리는 그리스도로서 예수의 모습에서 그의 유한성이 얼마나 강조되는지 주목할 필요가 있다. 유한한 존재자인 그는 스스로 존재하는 것이 아니라 실존으로 "내던져진" 모든 것의 우발성에 종속되어 있었다. 그는 죽을 수밖에 없었고 죽을 수밖에 없다는 불안을 경험했다. 이 불안은 복음서 저자들에 의해 가장 생생한 방식으로 기술되었다. 그 불안은 "삼일 후에" 부활할 것이라는 기대로도, 혹은 대속적 자기-희생의 황홀경으로도, 또는 소크라테스와 같은 현자의 영웅주의라는 이상으로도 사라지지 않았다. 모든 사람처럼 예수 역시 존재에 대한 비존재의 승리라는 위협을 경험했다. 예를 들어 그는 자신에게 주어진 생명의 시간적 한계라는 위협을 경험했다. 모든 유한한 존재자처럼 그 역시 정해진 장소의 부재를 경험했다. 그는 태어났을 때부터 세상 속에 낯설고 정처 없는 존재로 나타났다. 그는 육체적·사회적·정신적 불안정성을 가지고 있었고 결핍에 종속되어 있었으며 자기 민족으로부터 배척당했다. 다른 사람과의 관계 속에서 그의 유한성은 외로움으로 나타났는데 그 외로움은 군중과 친척 및 제자와 관련된 것이었다. 그는 사람들을 이해시키고자 고군분투했지만 일생동안 결코 성공하지 못했다. 고독을 향한 그의 잦은 욕망은 그의 많은 일상적 시간이 그와 세계의 만남으로 만들어진 다양한 유한한 관심들로 채워져 있음을 보여주었다. 동시에 그는 군중의 비참과 그에게로 나온 모든 자의 비참에 깊이 슬퍼했다. 비록 그들이 그를 거절했어도 그는 그들을 받아들였다. 그는 모든 유한한 인격의 자기-관계성 때문에 발생하는 모든 긴장을 경험했고 다른 인물의 중심에 들어가는 것이 불가능함을 증명했다.

사물과 인간을 포함한 실재 자체와 자신이 맺는 관계에서 그는 심판의 불확실성, 오류의 위기, 힘의 한계, 생명의 우여곡절에 종속되어 있었다. 제4복음서는 그에 관해서 그가 진리**라고** 말했지만,[28] 이것은 그가 전

---

28   역주. 요 14:6.

지 혹은 절대적 확실성을 **가지고 있다**는 의미가 아니다. 그의 존재―그에게서 나타난 새로운 존재―가 실존적 소외의 비진리를 정복하는 경우에만 그는 진리**다**. 진리라는 것은 유한한 모든 대상과 상황에 관한 진리를 아는 그런 것이 아니다. 유한성은 오류에 개방되어 있음을 의미하며 오류는 그리스도가 인간의 실존적 곤경에 참여함을 의미한다. 오류는 우주에 관한 그의 고대적 개념, 인간에 대한 그의 심판, 역사적 순간에 대한 그의 해석, 그의 종말론적 상상에서 명확하게 나타난다. 만약 우리가 최종적으로 그와 그 자신이 맺은 관계를 살펴본다면, 우리는 그의 유혹의 심각함에 관해 말했던 내용을 다시 언급할 수 있을 것이다. 그 유혹은 결핍과 욕망을 전제한다. 또 그가 메시아 칭호를 받아들이기를 주저했던 것과 같이 그가 자신의 사역에 관해 의심했음을 언급할 수 있으며, 무엇보다도 기대했던 하나님의 개입이 없었기 때문에 하나님에게 버림받았다고 그가 십자가에서 느꼈음을 언급할 수 있다.

　　이 모든 것은 그리스도로서 예수의 유한성에 관한 묘사로서 그의 전체 모습 속에서 나름의 자리를 차지하고 있다. 그 모든 것은 다른 것들과 같은 **한 가지** 요소다. 그렇지만 우리는 은폐된 전능, 전지, 편재, 영원을 그에게 할애하는 자들에 맞서 그것들을 강조해야 한다. 은폐된 전능, 전지, 편재, 영원은 그의 유한성의 심각함을 제거하고 이와 함께 그가 실존에 참여했음의 실재성을 제거해버린다.

d) 실존의 비극적 요소에 그리스도가 참여함

상황, 집단, 개인 등 그 무엇이든 실재와의 모든 만남에는 실천적이고 이론적인 불확실성이 있다. 이 불확실성은 개인의 유한성에서 기인할 뿐만 아니라 사람이 만나는 대상의 모호성에서도 기인한다. 생명에는 모호성이라는 특징이 있고 그 모호성 중 하나가 위대함과 비극의 모호성이다. (나는 이 모호성을 제3권에서 다룰 것이다.) 이로 인해 이런 물음이 제기된다. 새로운 존재의 담지자는 생명의 비극적 요소에 어떻게 포함되는가? 그는 비극적 죄책의 모호성과 무슨 관계인가? 자신과 함께 있는 자들, 자신에게 반대하는 자들, 이도 저도 아닌 자들을 위해서 행했던 그의 행위와 결단을 포함하는 그의 존재가 맞이했던 비극적 결과는 그와 무슨 관계인가?

이 영역에서 우선적이며 가장 중요한 본보기는 예수와 민족 지도자들의 갈등이다. 보통의 기독교적 견해에 따르면, 예수를 향한 지도자들의 적개심은 분명히 그들이 저지른 종교적이고 도덕적인 잘못이다. 그들은 그를 지지하기로 결단할 수도 있었지만, 그에게 반대하기로 결단했다. 그런데 바로 이 "할 수도 있었음"이 문제다. 그것은 실존에 보편적으로 속해 있는 비극적 요소를 제거한다. 그것은 지도자들을 인간성의 맥락 밖에 위치시키고 지도자들을 모호하지 않은 악의 대표자로 만든다. 하지만 모호하지 않은 악은 없다. 예수가 전통을 언급하고 자신이 "이스라엘의 집"에 속해 있음을 표현했을 때,[29] 그는 이 사실을 인정한 것이다. 유대인은 바울을 지속적으로 박해했지만, 바울은 하나님의 율법을 성취하려는 그들의 열심을 증언했다. 바리새인은 당대의 경건한 자들이었고 하나님의 율법과 예비적 계시를 대표하는 자들이었다. 그런 예비적 계시가 없었다면, 최종적 계시도 발생하지 않았을 것이다. 만약 그리스도인이 예수와 유대인의 만남에 있는 (그리고 마찬가지로 바울과 유대인의 만남에도 있는) 비극적 요소를 부인한다면, 그는 심각한 부정의를 행하는 것이다. 그리고 이 부정의는 일찍부터 기독교의 반유대주의를 낳았는데, 그것은 현대 반셈족주

---

29   역주. 마 15:24.

의의 영구적인 원천 중 하나다. 심지어 오늘날에도 많은 기독교의 가르침이 이런 종류의 반유대주의적 감정에 의식적으로나 무의식적으로 의존하고 있다는 것은 유감스러운 일이다. 우리가 예수와 그의 적들의 갈등이 비극적인 것이었음을 솔직하게 인정해야만, 이 상황이 변할 수 있다. 그것은 다음과 같은 의미다. 예수가 자신의 적이 불가피하게 죄책을 짊어지게 되는 일을 하는 경우에 예수는 죄책이라는 비극적 요소에 관여하고 있는 것이다. 이러한 죄책의 요소는 그가 하나님과 맺는 인격적 관계를 건드리지 않았다. 그것은 소외를 산출하지 않았다. 그것은 그의 인격적 중심을 분열시키지 않았다. 하지만 그것은 그가 실존적 소외와 그 소외에 내포된 것, 즉 창조와 파괴의 모호성에 참여하고 있음을 표현해주었다. 진리를 위해서 자신을 죽이도록 내어줄 수 있는 자의 권리에 관해서 키에르케고르가 물었을 때, 그것은 죄책이라는 비극적 요소에 대한 심오한 통찰이었다. 그렇게 내어주는 자는 자신을 죽이는 자의 죄책에 대해서 비극적 책임이 있음을 알아야만 한다.

예수와 유다의 관계에 관해서 많은 곤란한 물음들이 — 신약시대로부터 계속해서 — 제기되었다. 유다의 배반 이야기에 나오는 문제 중 하나는 예수 자신에 의해 제시된 것이었다. 한편으로 예수는 유다의 행위가 가진 섭리적 필연성 — 예언의 성취 — 을 주장하면서 다른 한편으로는 유다 개인의 엄청난 죄책을 강조한다. 유다의 죄책에서 비극적 요소와 도덕적 요소가 공평하게 언급된다. 하지만 비극성이라는 더 보편적인 요소와는 별개로 유다의 죄책에는 특별한 것이 있다. 배반은 유다가 친밀한 제자 집단에 속해 있었음을 전제한다. 그리고 이것은 예수의 의지 없이는 불가능한 일이었음을 의미한다. 암묵적으로 유한한 실존에서 분리될 수 없는 재판의 오류에 관해 말했을 때 우리는 이 점을 이미 언급했다. 우리는 명시적으로 다음과 같이 말해야 한다. 그 이야기의 기록에서 보듯이 (그리고 이것은 우리가 여기서 다루고 있는 유일한 물음인데) 순결한 자는 자신의 죽음에 기여한 바로 그 자에 대해서 비극적으로 죄책을 지게 된다. 만약 우리가 삶의 모호성에 진지하게 참여한다면, 우리는 새로운 존재의 담지자인 자가 만들어낸 이런 결과를 외면하지 말아야 한다. 만약 그리스도로서의 예수가 지상에서 걸어다닌 신(a God)으로 간주된다면, 그는 유한하지도 비극에 포함되지도 않을 것이다. 그의 심판은 궁극적일 것이다. 그리고 이것은 그의 심판이 모호하지 않은 심판임을 의미한다. 하지만 성서의 상징 체계에 따르면, 이것은 그의 "재림"과 관련된 문제이며 따라서 실재 전체의 변형과 연관되어 있다. 성서의 모습에서 드러난 그리스도는 실존에 비극적으로 관여한 결과를 스스로 받아들인다. 그에게서 나타난 새로운 존재는 유다를 포함해서 그의 죽음을 유발한 자들에게 영원한 의의가 있다.

e) 그리스도와 하나님의 영구적 일치

새로운 존재는 그리스도의 존재인데, 새로운 존재에서 나타난 실존적 소외의 정복으로 인해 유한성과 불안, 모호성과 비극성이 제거되는 것은 아니다. 그 정복에는 실존의 부정성을 하나님과의 온전한 일치 속으로 받아들이는 특징이 있다. 죽을 수밖에 없다는 불안은 제거되지 않는다. 그 불안은 "하나님의 의지"에 참여한다. 예를 들어 그것은 그의 인도하는 창조성에 참여한다. 물리적·사회적·정신적 자리와 관련된 그의 고향 상실과 불안정성은 감소하지 않고 오히려 최종적 수준까지 증가한다. 그러나 그것들은 "초월적 자리"에 참여하게 하는 힘에 받아들여지는데, 그 초월적 자리는 현실적으로는 없는 자리지만 모든 장소와 모든 순간의 영원한 근거가 되는 자리다. 그의 외로움과 또 다가가는 자들에게 받아들여지기 원했지만 좌절되었던 그의 시도들은 마지막에 갑작스러운 성공으로 끝나지 않는다. 그 시도들은 하나님 거부에 대한 신적인 수용 안으로, 존재자로부터 존재자에 이르는 수평선이 차단된 곳에서 수직적으로 연합하는 효력을 발하는 사랑 안으로 받아들여진다. 그는 하나님과 일치함을 통해서 유한한 자기-관계성과 실존적 자기-고립에 의해 자신과 분리된 자들, 서로 분리된 자들과 일치를 이룬다. 오류와 의심도 제거되지 않은 채 신적인 생명에 참여하도록 옮겨지고, 그래서 간접적으로는 신적인 전지(omniscience)에 받아들여진다. 오류와 진리도 초월적 진리로 옮겨진다. 그래서 우리는 그리스도로서 예수의 모습에서 의심을 억압하는 징후를 찾을 수 없다. 자신의 의심을 모든 유한한 진리를 초월하는 진리로 상승시킬 수 없는 자들은 의심을 억압해야 한다. 그들은 결국 광신주의가 된다. 하지만 어떠한 광신주의의 흔적도 성서의 모습에서 나타나지 않는다. 예수는 유한한 확신에 대해서 절대적인 확실성을 주장하지 않았다. 그는 자기를 따르지 않는 자들을 대하는 제자들의 광신주의적 태도를 거부했다.[30] 그는 세속적 삶뿐만 아니라 종교적 삶에서도 나타나는 확실성과 불확실성을 모두 초월하는 확실성의 힘을 통해서 불확실성을 유한성의 요소로서 받아들였다. 이 사실은 그 자신의 사역에 관한 의심, 즉 십자가에서 가장 강력하게 나타났지만 그와 하나님의 일치를 전혀 파괴하지 않았던 의심과도 관련 있다.

이것이 그리스도로서의 예수 안에 나타난 새로운 존재의 모습이다. 그것은 심각한 유혹, 실제적 투쟁, 생명의 모호성에 비극적으로 관여함이 없는 신-인적 자동인형의 모습이 아니다. 오히려 그것은 실존적 소외가

---

30   역주. 마 9:38-40.

가져오는 모든 결과에 종속된 인격적인 생명의 모습이지만, 소외가 그에게서 정복되고 하나님과의 영구적 일치가 유지되는 인격적인 생명의 모습이다. 그는 실존의 부정성을 제거하지 않고서도 그 부정성을 하나님과의 영구적 일치에 수용했다. 그는 이 일치의 힘으로 그 부정성을 초월함으로써 이런 일을 했다. 이것이 성서가 보여주는 그리스도로서 예수의 모습에서 나타난 새로운 존재다.

5. 새로운 존재의 역사적 차원

공동체 안에서 이루어지는 다른 인격과의 만남이 없으면 인격적 생명도 없으며 과거와 미래라는 역사적 차원이 없으면 공동체도 없다. 이 사실은 그리스도로서 예수의 성서적 모습에서 명확하게 제시되었다. 비록 그의 인격적 생명이 과거와 미래를 심판하는 기준으로 간주되더라도 그것은 고립된 생명이 아니며 그의 존재의 성질인 새로운 존재는 그의 존재로 제한되지 않는다. 이 사실은 그가 나온 공동체와 그 공동체 안에서 나타난 새로운 존재의 예비적 현현과 연관이 있다. 또한 이 사실은 그가 창조하는 공동체와 그 공동체 안에서 이루어지는 새로운 존재의 수용된 현현들과 관련이 있다. 신약의 기록은 예비적 계시를 담지하는 자들의 생명에서 예수의 가계를 매우 진지하게 이끌어낸다. "다윗의 자손"(앞의 논의를 보라)이라는 상징과 그의 어머니라는 인물에 대한 관심만큼이나 의심스러울 수도 있고 논쟁적일 수도 있는 예수의 조상 목록 역시 이런 상징적 가치를 지니고 있다. 이것들은 모두 과거라는 역사적 차원의 상징들이다. 열두 사도의 선택을 통해서 이스라엘의 열두 지파라는 과거는 교회라는 미래와 상징적으로 연결된다. 그리고 그리스도로서의 예수가 교회에 의해서 수용되지 않으면, 예수는 그리스도가 될 수 없었을 것이다. 왜냐하면 그는 누구에게도 새로운 존재를 가져다주지 못했을 것이기 때문이다. 공관복음의 모습이 과거라는 방향으로 특별히 주목하는 데 반해 제4복음서는 미래라는 방향으로 주로 관심을 보인다. 하지만 그 성서의 모습은 그리스도로서 예수의 "유일무이함"이라는 이름으로 그를 1년 이전과 30년 이후의 모든 것들로부터 단절시키는 신학에 아무런 책임이 없다. 역사를 통한 신적 자기-현현의 연속성을 기독교 이전의 과거와 기독교의 현재와 미래가 이런 방식으로 부정한다. 이로 인해 그리스도에게서 나타난 새로운 존재와 오늘날의 그리스도인이 맺고 있는 직접적 연결이 단절되는 경향이 발생한다. 그는 천년을 건너뛰어 "1-30년"으로 가고 기독교가 기초로 삼고 있는 사건에 자신을 종속시킬 것을 요청받는다. 하지만 그런 건너뜀은 환상일 뿐인데, 왜냐하면 그가 그리스도인이라는 사실, 곧 그가 예수를 그리스도라고 부른다는 사실은 새로운 존재의 힘이 가진 역사를 관통하는 연속성에 기초하고 있기 때문이다. 어떠한 반가톨릭적 편견도 개신교 신학자들이 이 사실을 인정하지 못하게 막을 수 없다.

비록 새로운 존재가 어떤 인격적 생명에게서 나타났을지라도, 새로운 존재는 새로운 존재의 공동체 안에서 공간적 폭을 가지며 새로운 존재의 역사에서 시간적 차원을 가진다. 개체적 인격에서 그리스도가 출현했다는 것은 그가 나온 공동체와 그가 창조한 공동체를 전제하고 있다. 물론 그 두 가지 기준은 그리스도로서 예수의 모습이다. 하지만 그 두 가지가 없었다면, 이 기준도 결코 출현할 수 없었을 것이다.

6. 그리스도로서의 예수의 모습에서 나타난 갈등 요소들

앞서 우리는 그리스도로서의 예수의 **유일한** 모습(the picture)에 관해 말했고 성서의 모습에서 나타나는 차이와 대립은 무시했다. 이제 우리는 사실상 신약에 그런 일치하는 모습이 있는지 또는 신약의 다른 저자들이 보여주는 서로 대립하는 관점들에도 불구하고 그런 모습을 그릴 수는 있는지 물어야 한다. 그 물음은 먼저 역사적 대답을 요구하고 이후에는 조직신학적 대답을 요구한다. 역사적 대답은 신약의 모든 부분이 예수가 그리스도라는 주장에 동의한다는 앞의 진술로 일부 이루어졌다. 필연적으로 그럴 수밖에 없다. 왜냐하면 신약은 예수를 그리스도로 수용하는 일을 자신의 토대로 삼는 공동체의 책이기 때문이다. 하지만 이 진술이 그 물음에 대한 완전한 대답은 아니다. 왜냐하면 예수가 그리스도라는 주장을 해석하는 서로 다른 방법과 어느 정도는 상충되는 방법들이 있기 때문이다. 우리는 실존의 조건에 새로운 존재가 참여한 것을 강조할 수도 있고, 실존의 조건에 대해 새로운 존재가 승리한 것을 강조할 수도 있다. 확실히 앞의 것은 공관복음서가 강조하는 것이고 뒤의 것은 요한복음서가 강조하는 것이다. 여기서 제기되는 물음은 "우리가 두 가지 모습을 결합하여 조화로운 역사적 모습을 생산할 수 있는가"가 아니다. 역사적 탐구는 거의 만장일치로 이 물음에 대해서 부정적으로 대답했다. 우리는 "그런 대조가 신자의 마음에 부각된 이후 그 대조는 성서가 보여주는 새로운 존재의 담지자인 예수의 모습이 가하는 충격을 막아낼 수 있는가"라고 물어야 한다. 예수가 실존의 부정성에 참여했음을 강조하는 공관복음서와 이러한 부정성에 대해 그리스도가 승리했음을 강조하는 요한복음서를 대조하는 경우, 우리는 "그 차이로 인해서 대립하는 요소를 배제하게 되는 것은 아니다"라고 묘사적으로 말할 수 있다. 공관복음서에도 그리스도로서 예수의 영광에 관한 이야기와 상징이 있으며, 요한복음서에도 그리스도로서 예수의 고난에 관한 이야기와 상징이 있다. 그렇지만 조직신학적 물음은 불가피하다.

공관복음서와 요한복음서의 일반적 분위기를 대조해보아도, 즉 공관복음서에서 나타나는 하나님 나라 중심적인 예수의 설교와 요한복음서에서 나타나는 그리스도 중심적인 예수의 가르침을 대조해보아도 그러한 대조는 거의 다 유사하다. 두 종류의 기록들에서 표현된 자기-의식은 절대적으로 모순적인 것처럼 보인다. 여기서도 예비적 대답을 묘사적으로 제시할 수 있다. 공관복음서에도 예수의 메시아적 자기-의식에 관한 표현이 있다. 무엇보다도 그 복음서들에는 예수가 자신을 인간성의 소외와 동일시했던 말이 없다. 예수는 소외 속으로 들어가서 비극적이고 자기-파괴적인 결과를 받아들였지만, 자신을 소외와 동일시하지는 않았다. 물론 공관복음서의 예수는 요한복음의 그리스도 같이 직접적이고 공개적인 방식으로 자신에 관해 말할 수 없었다. 하지만 그것은 하나님의 교제(communion)가 온전하게 남은 자의 특징에 속하기 때문에 그는 교제가 깨진 다른 사람으로부터 거리감을 느꼈다. 그렇지만 두 종류의 말하기 방식은 매우 다르기 때문에 조직신학적 문제가 만들어진다.

세 번째 문제가 공관복음서와 요한복음서 모두에서 등장한다. 그 문제는 예수가 자신을 종말론의 틀에 위치시킨 방식에 관한 것이다. 제4복음서와 공관복음서가 연이어 전승되는 차원들에서도 이와 관련된 차이가 나타난다. 공관복음서의 예수는 오고 있는 나라에 관한 한낱 예언적 선포자로 나타나기도 하고 종말론적 드라마 속 핵심 인물로 나타나기도 한다. 그는 백성의 죄들을 위해서 죽어야 했고 일으켜져야만 했다. 그는 구약의 종말론적 예언들을 성취했다. 그는 하늘의 구름 위로 되돌아가 세상을 심판할 것이다. 그는 자신의 제자들과 종말론적 만찬을 먹을 것이다. 요한복음서에서 예수는 종종 이 종말론적 진술들을 반복했다. 그는 종종 그 진술들을 종말론적 과정에 관한 진술로 변형했는데 그 과정은 심판하고 구원하는 그의 현존에서 일어나는 일이다. 하지만 우리는 요한복음서나 공관복음서에서 나타나는 그런 대조적인 모습들이 서로 배타적이지 않다고 말해야 한다. 그렇지만 그 대조적인 모습들은 조직신학적 고찰이 필요할 정도로 강력하긴 하다.

놀랍게도 이런 대조가 수백 년 넘는 시간 동안 느껴지지 않았던 것은 주로 교회의 은밀한 단성론적(cryptomonophysitic) 경향과 결합했던 제4복음서의 그리스도 상이 엄청난 영향을 끼쳤기 때문이다. 루터가 그리스도의 낮아지심을 강조했음에도 불구하고 그에게 제4복음서는 여전히 "중요한 복음"이었다. 대부분의 다른 그리스도인들처럼 그 역시 공관복음서에 나오는 예수 그리스도의 말씀을 마치 요한복음에 나오는 그리스도 예수의 말씀인 것처럼 읽었다. 그 둘이 문자적으로는 양립불가능함에도 불구하고 말이다. 이런 상황은 더 이상 남아 있지 않다. 많은 그리스도인이 그 대조들을 보았다. 그리고 눈을 감고 물음을 묻지 않는 것은 불가능하다.

대답은 이것이다. 우리는 그리스도로서 예수의 모습이 나타나는 상징적 틀과 새로운 존재의 힘이 현존하는 실체를 구별해야 한다. 우리는 "예수"라는 사실을 해석한 서로 다른 상징들을 열거하고 논했다. ("그리스도"는 그 상징 중 하나다.) 이 해석들은 그 해석이 없었으면 그 모습의 최종적 제시였을 것에 덧붙여지는 부가 사항이 아니다. 그 해석들은 그 제시가 그 안에 주어지는 포괄적인 틀이다. 예를 들면 "사람의 아들"이라는 상징은 종말론적 틀과 일치한다. "메시아"라는 상징은 예수의 치유 행위와 설교 행위를 보고하는 구절들과 일치한다. "하나님의 아들"이라는 상징과 "로고스"

라는 개념적 상징은 설교와 행위에 관한 요한복음의 양식과 일치한다. 하지만 어떤 경우에서도 실체는 훼손되지 않는다. 실체는 새로운 존재의 힘으로서 세 가지 색으로 빛나고 있다. 첫 번째이자 가장 결정적인 색은 그의 존재의 중심과 하나님이 이루는 훼손되지 않는 일치이고, 두 번째 색은 소외된 실존에서 오는 모든 공격에 맞서 이 일치를 보존하는 자의 평온함과 위엄이며, 세 번째 색은 실존적 자기-파괴를 짊어지면서도 신적 사랑을 재현하고 현실화하는 자기-포기적 사랑이다. 새로운 존재의 세 가지 현현이 보여주는 힘을 그리스도로서 예수의 성서적 모습에서 제거하는 구절이 복음서—또는 그 문제와 관련된 서신서—에는 존재하지 않는다.

C. 기독론 교의에 대한 평가

1. 기독론 교의의 본성과 기능

기독론 문제는 새로운 존재 요청을 할 때, 즉 인간이 자신의 실존적 곤경을 깨닫고 자신의 곤경이 실재의 새로운 상태를 통해서 극복될 수 있는지 물을 때 시작했다. 기독론 문제가 메시아 또는 사람의 아들과 연합되어 있는 예언자적이고 묵시론적인 기대들에서는 예견적 방식으로 나타났다. 정식화된 기독론의 토대는 신약의 저자들이 "그리스도"라고 불리던 예수에게 상징들을 적용했던 방식으로 제공되었다. 우리는 그런 상징들을 역사적으로 성서를 탐구하는 것에 대해 논하면서 열거했다. 우리는 그 상징들—사람의 아들, 하나님의 아들, 그리스도, 로고스—에 관해서 네 단계로 논했는데, 그 마지막 단계는 이 상징들의 문자주의적 왜곡이었다. 기독교에 늘 현존해 있는 이 위험 때문에 초기 교회는 기독론적 상징들을 고대 그리스 철학의 작업을 거친 유용한 개념적 용어로 해석하기 시작했다. 로고스 상징은 다른 무엇보다도 이 목적에 더 잘 부합했는데, 로고스는 본성적으로 종교적이고 철학적인 뿌리를 모두 가진 개념적 상징이었기 때문이다. 결과적으로 초기 교회의 기독론은 로고스-기독론이 되었다. 고대 그리스 개념들을 사용했다는 이유로 교부들을 비판하는 것은 불공평하다. 인간과 그의 세계의 인지적 만남을 제시할 다른 유용한 개념적 표현은 없었다. 이 개념들이 기독교 메시지의 해석에 적합한지는 신학의 영구적 물음으로 남아 있다. 하지만 초기 교회가 고대 그리스 개념의 사용을 선험적으로 거부했다면, 그것은 옳지 않은 일이었을 것이다. 대안이 없었다.

초기 교회의 교의화 작업은 기독론 교의를 만들어내는 일에 집중되어 있다.[31] 다른 모든 교리적 진술들—무엇보다도 하나님과 인간, 영(the Spirit), 삼위일체에 관한 진술들—은 기독론 교의의 전제를 제공하거나 아니면 기독론 교리에서 도출된 결과였다. 예수가 그리스도라는 세례식의 신앙고백이 본문이며 그 본문에 관한 기독론 교의는 주석이다. 기독교 교의에 대한 기본적 공격은 암묵적으로나 명시적으로 기독론의 수준에서 이루어진다. 어떤 공격들은 그 실체에, 예를 들어 세례식의 신앙고백에 가해지고 어떤 공격들은 사용된 그리스 개념 같은 그 형식에 가해진다. 교의

---

31   역주. Tillich는 교리(doctrine)와 교의(dogma)라는 용어를 모두 사용하는데, 교리는 인간론(doctrine of man)이나 로고스 교설(doctrine of logos)과 같이 넓은 의미로 사용되지만, 교의는 교회의 권위를 통해서 공식적으로 확립된 정식을 가리킨다. 예를 들어 Tillich는 『조직신학』 3권에서 교리와 교의를 구분하며 다음과 같이 말한다. "만약 로마 가톨릭 교인들 사이에서 이미 논의된 그 교리, 그녀가 그리스도를 돕는 보조구원자(co-savior)로 간주되어야 한다는 교리가 교의가 되었다면, 성 처녀는 궁극적 관심의 문제가 되고, 결과적으로 신적 생명 안에 있는 한 **위격**이 되었을 것이다." Paul Tillich, *Systematic Theology vol.3* (Chicago: The University of Chicago Press, 1964), 292.

에 대한 공격을 포함하여 교의를 올바르게 판단하기 위해서는 우리가 교의의 본성과 그 의의를 이해해야만 한다.

그런데 교의들이 소위 "사변적" 이성 때문에 발생한 것이 아님을 깨달았다면, 기독론 교의와 교의 자체에 대한 어떤 비판들은 발생하지 않았을 것이다. 비록 인지적 **에로스**가 교의 형성에서 배제되지는 않았을지라도, 루터가 말했듯이 교의는 교회 안팎에서 일어나는 왜곡에 맞서 기독교 메시지의 실체를 보존하려는 "방어적" 교리다. 이 사실을 이해한다면, 그리고 정치적 목적으로 교의를 사용하는 것이 교의의 원래 의미를 마성적으로 왜곡하는 일임을 인정한다면, 우리는 권위주의적 결과들을 두려워하지 않으면서 일반적 교의와 특정한 기독론 교의에 긍정적 의미를 부여할 수 있을 것이다. 이제 두 가지 매우 다른 물음을 물어야 한다. 교의는 현실적이고 위협적인 왜곡에 맞서 기독교 메시지의 참된 의미를 재확립하는 데 얼마나 성공했는가? 그리고 기독교 메시지를 표현하는 상징들을 개념화하는 일에 얼마나 성공했는가? 첫 번째 물음에 대해서는 상당히 긍정적으로 대답할 수 있는 반면, 두 번째 물음에 대해서는 꽤 부정적으로 대답할 수밖에 없다. 기독론 교의는 교회를 구했지만, 매우 부적합한 개념적 도구를 사용했다.

도구의 부적합성이 확인되는 부분적인 이유는 모든 인간적 개념이 그리스도로서의 예수에게서 나타난 새로운 존재라는 메시지를 표현하기에 부적합하기 때문이다. 또 부분적으로는 고대 그리스 개념들이 특별히 부적합하기도 했다. 그 개념들에는 보편적 의의가 있지만, 아폴론과 디오니소스라는 신적 형상으로 규정되는 구체적인 종교에 의존하고 있었다. 그런 비판은 아돌프 하르나크와 그의 전임자 및 추종자들이 가했던 비판, 즉 초기 교회가 고대 그리스 개념들을 활용함으로써 필연적으로 복음의 지성화가 초래되었다는 비판과 꽤 다르다. 이 주장은 고전 시대뿐만 아니라 헬레니즘 시대의 그리스 철학도 본성적으로 지성주의적이었다는 가정을 바탕으로 하고 있다. 하지만 그 두 시기와 관련된 이 가정들은 모두 틀렸다. 비극의 경우와 신비 종파에서도 알 수 있듯이 고전 시대와 고대 시대에 철학은 실존적으로 중요한 문제였다. 철학은—인식적 수단을 이용해서—이론, 도덕, 종교에서 불변하는 것을 열정적으로 찾았다. 소크라테스, 제논, 스토아주의자, 플로티노스, 신플라톤주의자 및 그 누구도 지성주의자라고 묘사될 수 없다. 그리고 헬레니즘 시대에 "지성주의"라는 용어는 거의 부조리한 것으로 들렸다. 심지어 고대 후기 철학 학파들은 소종파 공동체로 조직되었는데, 그 공동체는 "교의"라는 용어를 자신들의 기본적 통찰과 동일시했으며 설립자의 영감 받은 권위를 인정했고 구성원들에게 기본 교리를 수용할 것을 요구했다.

고대 그리스 개념들을 사용했다고 해서 기독교 메시지가 지성주의화되었다고 말할 수 없다. 그 개념을 사용한 것은 기독교 메시지의 헬레니즘화를 의미한다는 주장이 더 중요하다. 확실히 우리는 기독론 교의에 헬레니즘적 특징이 있다고 말할 수 있다. 하지만 이것은 교회가 헬레니즘 세계에서 선교 활동을 할 때 불가피한 일이었다. 교회는 받아들여지기 위해서 헬레니즘의 다양한 원천들이 만들어낸 형식 및 고대 세계의 말기에 합성된 삶과 사상의 형식들을 활용해야 했다. 그중 세 가지, 곧 신비 종파, 철학 학파, 로마 제국이 기독교 교회에 매우 중요했다. 기독교는 그 모든 것들에 적응했다. 기독교는 신비 종파, 철학 학파, 법률 조직이 되었다. 하지만 기독교는 예수가 그리스도라는 메시지에 기반한 모임(assembly)이 되는 일을 멈추지 않았다. 기독교는 헬레니즘적인 삶과 사상이라는 형식을 가진 교회를 남겼다. 기독교는 그중 어떤 것과도 동일화되지 않았고 심지어 그것들을 변형시키면서 비판적으로 남았다. 오랜 전통주의 시대를 거쳤음에도 교회는 자기-비판의 순간을 맞이했으며 적응했던 형식들을 다시 고찰할 수 있었다.

기독론 교의는 고대 그리스의 개념들을 사용했지만, 그 개념들은 로고스 개념처럼 이미 헬레니즘 시대에 헬레니즘적으로 변형된 것이었다. 이 과정은 지속되었고 거기에 개념의 기독교화가 추가되었다. 하지만 (실천 영역의 직관 같은) 이런 형식의 개념들은 기독교 신학에 지속적인 문제를 내놓았다. 예를 들어 기독론 교의를 논할 때, 다음과 같은 물음을 물을 수밖에 없다. 교의적 진술은 그 의도, 즉 현실적 왜곡에 맞서 그리스도로서의 예수라는 메시지를 재확인하는 일과 그 메시지의 의미를 개념적으로 명백하게 제시하는 일을 성취했는가? 이런 점에서 교의적 진술은 두 가지 방식에서 실패할 수 있다. 그 진술은 그 실체와 관련하여 실패할 수도 있고 그 개념적 형식과 관련하여 실패할 수도 있다. 첫 번째 실패의 본보기는 6세기 중반 이후 칼케돈 신조가 반쯤 단성론적으로 변해버린 것이다.[32] 이 사례에서 나타난 근본 메시지의 왜곡은 고대 그리스 철학 개념을 사용했기 때문이 아니었다. 그것은 마술적·미신적 경건이라는 매우 강력한 흐름이 공의회들에 영향을 끼쳤기 때문이었다. 개념적 형식의 부적합성에 관한 본보기는 칼케돈의 정식들 자체다. 칼케돈의 의도와 기획은 기독교 메시지의 참된 의미에 부합했다. 새로운 존재가 소외의 상태에 참여한 것과 관련해서 칼케돈은 기독교가 그리스도로서 예수의 모습을 완전히 상

---

32   역주. 알렉산드리아의 대표자들은 칼케돈 신조에 동의하지 않았다. 이로 인해 482년에서 519년 사이에 동방과 서방 사이에 큰 분열이 일어났다. 서방 교회는 칼케돈 신조를 유지하고자 했지만, 동방 교회는 단성론적 의미로 해석하려 했다. 단성론적 경향으로 기울어진 것에 관해서는 Tillich, 『그리스도교 사상사』, 161-62을 참조하라.

실하지 않도록 해주었다. 하지만 그것은 강력한 역설을 쌓는 방식으로 그런 일을 했다. 그렇게 하지 않았다면, 칼케돈은 사용했던 개념적 틀 안에서 그런 일을 할 수도 없었을 것이다. 하지만 구성적(constructive) 해석이 철학적 개념을 도입한 근원적 이유였음에도 불구하고, 칼케돈은 구성적 해석을 제공할 수 없었다. 그 실패의 원인이 잘못된 경건 때문이라면 신학은 필수적인 개념적 도구를 비난해서도 안 되고 개념적 도구의 부적합성을 종교적 허약함 탓으로 돌려서도 안 된다. 신학은 모든 철학적 개념들을 제거하고자 해서는 안 된다. 그것은 실제로 신학 자체를 제거하는 일이 될 것이다! 신학은 신학이 사용하는 개념으로부터 자유로워야 하고 자유롭게 개념을 사용할 수 있어야 한다. 신학은 개념적 형식과 실체를 혼동하지 말아야 하며 교회의 전통이 제공하는 개념들보다 더 적합하다고 증명된 모든 도구를 사용해서 이 실체를 자유롭게 표현해야 한다.

2. 기독론 교의의 발전에서 나타난 위험과 결정들

모든 기독론적 진술을 위협하는 두 가지 위험은 예수는 그리스도라는 주장의 즉각적인 결과들이다. 이 주장을 개념적으로 해석하려고 하면, 그리스도로서의 예수가 가진 그리스도라는 특징(Christ-character)을 현실적으로 부정하게 될 수도 있고 아니면 그리스도로서의 예수가 가진 예수라는 특징(Jesus-character)을 현실적으로 부정하게 될 수도 있다. 기독론에서 현현하지만 신비로 남는 신적 신비를 다루고자 한다면, 기독론은 늘 그 두 결과 사이에서 다리를 놓을 수 있는 방법을 찾아야 하고 결코 완벽하게 성공하지 못한다는 것도 알아야 한다.

전통적 용어로 말하자면, 그 문제는 예수의 신적 "본성"과 인간적 "본성"의 관계로 논의되어왔다. 그리스도로부터 인간적 본성을 감소시키면 그가 실존의 조건에 완전히 참여했음을 제거하게 된다. 또 그리스도로부터 신적 본성을 감소시키면 그가 실존적 소외에 맞서 완전히 승리했음을 제거하게 된다. 그 두 경우라면 그리스도는 새로운 존재를 창조하지 못했을 것이다. 그의 존재는 새로운 존재 이하의 것이 되었을 것이다. 따라서 완벽하게 인간적인 본성과 완벽하게 신적인 본성의 일치를 사유하는 방법이 문제가 된다. 이 문제는 인간의 가능성의 한계 안에서는 결코 적절하게 해결될 수 없었다. 그리스도의 두 본성에 관한 교리는 올바른 물음을 제기했지만, 잘못된 개념적 도구를 사용했다. 기본적 부적합성은 "본성"(nature)이라는 용어 때문에 발생한다. 그 용어가 인간에게 적용되면 그 용어는 모호하다. 그 용어가 하나님께 적용되면 그 용어는 잘못된 것이다. 이 사실은 공의회들이 가지고 있는 실체적 진리와 역사적 의의에도 불구하고 공의회들—예를 들어, 니케아와 칼케돈—이 명백한 실패를 피할 수 없었던 이유를 설명해준다.

아타나시오스가 교회의 생사 문제라고 옹호했던 니케아의 결정은 계시와 구원에서 나타난 그리스도의 신적 힘을 부인할 수 없게 만들었다. 니케아 논쟁의 용어를 따르면, 그리스도의 힘은 신적 로고스의 힘, 신적 자기-현현의 원리다. 이로 인해서 로고스의 신적 힘이 아버지와 동등한지 아니면 아버지 이하인지를 묻는 물음이 제기된다. 만약 아버지와 동등하다는 대답이 제시된다면, 사벨리우스주의 이단과 같이 아버지와 아들의 구별이 사라질 수도 있다. 만약 아버지 이하라는 대답이 제시된다면, 아리우스주의 이단과 같이 로고스는 모든 피조물 중에서 가장 위대한 것일지라도 단지 피조물일 뿐이며 따라서 창조된 것을 구원할 수 없을 수도 있다. 오직 실제로 하나님인 하나님만이 반신이 아닌 새로운 존재를 창조할

수 있다. **호모우시오스**(*homo-ousios*) 곧 "동일본질"이라는 용어는 이 관념을
표현하려는 것이었다. 그러나 그런 경우에 유사 아리우스주의자(the semi-
Arians)는 다음과 같이 묻는다. 아버지와 아들은 어떻게 차이가 날 수 있는
가? 그리고 역사적 예수의 모습은 완전히 이해 가능하지 않은가? 아타나
시오스 및 그와 가장 가까웠던 추종자들(예를 들어 마르켈루스)은 그런 물음
에 대답하기 힘들었다.

니케아 공의회의 정식은 줄곧 삼위일체론에 관한 교회의 기본 진술
로 간주되었다. 그것은 5세기의 기독론적 결정들과는 구별되지만 오해의
소지가 있다. 삼위일체 교리는 모든 하나님 현현에서 이루어지는 하나님
과의 만남에 독자적인 뿌리를 두고 있다. 우리는 "살아 계신 하나님"이라
는 관념이 거룩한 것의 심연적 요소와 형식적 요소를 구별하고 그 요소들
을 정신에서(spiritual) 일치시킬 것을 요구한다는 사실을 보여주고자 했었
다. 이를 통해 종교사에서 존재했던 삼위일체적 상징 체계를 드러내는 다
양한 형식들을 설명할 수 있다. 기독교의 삼위일체 교리는 그 관념을 조직
화하고 로고스와 그리스도의 관계라는 결정적 요소를 덧붙인다. 이 뒷부
분으로 인해서 조직적으로 발전된 삼위일체 교의가 나왔다. 비록 니케아
공의회의 결정이 삼위일체 교의에도 기본적인 공헌을 했지만, 그것은 기
독론적인 것이었다. 마찬가지로 콘스탄티노플에서 이루어진 니케아 신조
의 재진술과 확장(381)은 로고스의 신성에 성령의 신성을 추가했다고 하
더라도 기독론적인 진술이었다. 만약 그리스도로서 예수의 존재가 새로
운 존재라면, 인간 예수의 인간적 정신은 그를 그리스도로 만들 수 없을
것이다. 그리고 로고스처럼 신적인 영 또한 하나님보다 결코 열등할 수 없
을 것이다. 비록 삼위일체 교리에 관한 마지막 논의를 위해서는 영 관념의
발전(제4부)까지 기다려야 하지만, 삼위일체 상징들은 두 가지 경험적 뿌

리, 즉 살아 계신 하나님 경험과 그리스도에게서 나타난 새로운 존재 경험에서 분리되면 공허해진다는 사실을 여기서 말할 수 있다. 아우구스티누스와 루터는 모두 이 상황을 감지했다. 아우구스티누스는 다음의 사실을 알고 있었다. 삼위일체의 세 **위격들**(three personae, 인격들[persons]이 아니다)의 구별에는 어떠한 내용도 없으며, "어떤 것을 말하기 위해서가 아니라 침묵한 채로 남아 있지 않기 위해서"[33] 그 구별을 사용할 뿐이다. 그리고 실제로 "태어나지 않으심", "영원한 출생", "나오심" 같은 용어들은 상징으로 이해된다 하더라도—그것들은 분명히 상징이다—상징적 상상력에는 유의미한 어떤 것도 말하지 않는다. 루터는 다음의 사실을 알고 있었다. "삼위일체" 같은 단어는 낯설고 매우 조롱을 당하고 있지만, 다른 경우처럼 여기에도 더 좋은 단어가 없다. 아우구스티누스는 삼위일체 관념의 두 가지 실존적 뿌리를 깨닫고 있었기 때문에 삼위일체적 변증법을 무의미한 숫자 조합 놀이로 만들어버리는 신학을 거부했다. 삼위일체 교의는 기독론을 지원하는 부분이다. 그리고 니케아 공의회의 결정은 기독교가 반신들을 믿는 소종파가 되지 않도록 막아주었다. 그것은 그리스도로서의 예수에게서 새로운 존재를 창조하는 힘을 제거하는 그리스도로서의 예수 해석을 거부했다.

반신이 아닌 하나님 자신이 인간 나사렛 예수에게 현존했다는 니케아 공의회의 결정으로 인해서 그리스도로서의 예수가 가진 예수적 특징을 상실하는, 전통적 용어로 말하자면 예수의 온전한 인성이 부정되는 일이 일어날 수도 있었다. 그리고 우리가 몇 차례 지적했듯이 이 위험은 실제로 일

---

33   역주. 아우구스티누스, 『삼위일체론』, 김종흡 옮김(서울: 크리스챤다이제스트, 2014), 제5권, 9.

어났다. 수도원을 지지했던 대중적인 경건한 자들은 실존의 조건에서 나타난 하나님과 인간의 영원한 일치라는 메시지에 만족하지 않았다. 그들은 "더 많은 것"을 원했다. 그들은 이 땅에서 걸어다니고 역사에 참여했지만, 실존의 갈등과 생명의 모호성에는 관여하지 않은 신을 원했다. 대중적인 경건한 자들은 역설이 아니라 "기적"을 원했다. 그들은 시간과 공간 속에서 일어나는 다른 모든 사건과 유사한 사건, 즉 초자연적 의미의 "객관적" 사건을 원했다. 이런 경건한 자들 때문에 미신으로 발전할 수도 있는 길이 열렸다. 기독교는 단성론으로부터 신학적 정당성을 공급받고 있던 "부차적 종교"(secondary religion)라는 조류에 삼켜질 위험에 처했다. 이 위험은 곧 이집트 같은 나라들에서 나타났는데, 부분적으로는 이런 이유 때문에 그 나라들은 성상파괴적인 이슬람의 손쉬운 먹이가 되었다. 대중적인 경건한 자들이 강력하게 발전하던 금욕적인 수도원 운동과 중요한 교회 회의들(synods)에 끼친 그 운동의 직접적 영향력을 지지하지 않았다면, 그 위험은 더 쉽게 극복되었을 것이다. 자연적인 것에는 실존적 왜곡뿐만 아니라 본질적 선함도 나타남에도 불구하고 수도사들은 자연적인 것에 대해 적대감을 가지고 있었기 때문에, 그들은 그리스도가 인간의 실존적 소외에 완전히 참여했음을 강조하는 신학을 반대하는 광신적인 적대자가 되었다. 수도원을 지지하는 대중적인 경건한 자들의 동맹자들은 신학적으로 신중하고 정치적으로 능숙한 수호자인 알렉산드리아의 대주교 키릴로스(Cyril)를 찾아냈다. 만약 반대편이 부분적으로 승리하지 않았다면, 복잡한 형식의 단성론적 경향이 교회 전체 안에서 승리를 거두었을 것이다.[34]

---

34 역주. 네스토리우스는 신성과 인성의 분리를 강조하여 마리아를 하나님의 어머니(*theotokos*)가 아니라 그리스도의 어머니(*chrostotokos*)로 불러야 한다고 주장했다. 이와 달리 키릴로스는 신성과 인성, 두 본성을 인정하면서도 하나님의 어머니를 지지했다. "우리

그 반대편에는 예수가 인간의 실존적 곤경에 참여하였음을 진지하게 받아들인 신학자들이 있었다. 또 그 반대편에는 로마의 교황 레오(Pope Leo of Rome) 같은 교회 지도자들도 있는데, 그들은 동방 전통의 정적·위계적 특징을 반대했으며, 서구 전통의 흐름을 따라서 그리스도에게서 나타난 새로운 존재의 역사적·역동적 특징을 강조했다.[35] 이 반대편이 칼케돈 정식의 단점들에도 불구하고 칼케돈 공의회에서 거의 승리했다. 나중에 키릴로스의 계열을 따라서 칼케돈의 결정을 재진술하고자 했던 동방 교회의 성공적 시도에도 불구하고(콘스탄티노플),[36] 이 승리로 인해 그리스도의 예수적 특징이 제거된 것은 아니었다. 칼케돈의 권위는 너무 잘 확립되어 있었고 칼케돈의 정신은 서구 경건 — 이후에 등장한 개신교적 경건도 포함된다 — 의 기본적 경향과 너무나 일치되어 있었기 때문에 그 권위는 무너지지 않았다.

초기 교회의 두 가지 위대한 결정을 통해서 그리스도로서의 예수 사건이 가지고 있는 그리스도적 특징과 예수적 특징은 모두 보존되었다. 그

를 지배하는 왕이 된 것은 인간이 아니고 인간의 형태를 입고 나타난 신 자신이다. 만일 네스토리우스가 옳다고 한다면, 우리를 위해 죽었던 것은 인간에 지나지 않으며 그것은 로고스일 수가 없다. 그렇다면 우리는 인간의 이름으로 세례를 받게 되고, 주의 만찬에서 인간의 살을 먹게 될 것이다"(Tillich, 『그리스도교 사상사』, 158).

35 역주. 교황 레오 1세의 교서는 칼케돈 신조의 기초가 되었는데, Tillich는 레오 1세의 교서를 이렇게 인용한다. "두 가지 본성과 실체의 조성(proprietate)은 완전히 보존된 채 그것들은 하나의 인격에서 결합했다. 영광이 비천을 받아들이고, 덕이 연약함을 받아들이고, 영원성이 가사성을 받아들였다.…참 신이 완전하게 완벽한 참 인간성에서 탄생했다.…이리하여 신의 아들은 아버지의 영광에서 떨어짐이 없이 하늘의 왕좌에서 내려와서 이 낮은 세계에 발을 들여 놓았다.…두 가지 본성의 인격적 통일로 하여 우리는 사람의 아들이 아버지로부터 왔다고 말할 수 있고, 또한 거꾸로 신의 아들이 십자가에 달리고 땅에 묻혔다고 말할 수가 있다"(Tillich, 『그리스도교 사상사』, 159에서 재인용).

36 역주. 553년 제5차 콘스탄티노플 공의회와 681년 제6차 콘스탄티노플 공의회에 관해서는 Tillich, 『그리스도교 사상사』, 163-65을 참조하라.

리고 매우 부적합한 도구적 개념에도 불구하고 이런 보존이 이루어졌다. 지금의 기독론 해설은 교회의 기독론 작업에 대한 이런 판단을 바탕에 깔고 있다.

3. 조직신학에서 기독론의 과제

앞의 판단에서 도출되어야만 하는 일반적 결과들은 분명하다. 하지만 구체적인 설명이 필요하다. 개신교 신학이 초기 교회의 두 위대한 결정들(니케아와 칼케돈)의 실체에 근거하고 있다면, "로마 가톨릭" 전통을 수용해야 한다. 개신교 신학은 과거의 기독론적 실체를 표현할 수 있는 새로운 형식을 찾고자 시도해야 한다. 기독론에 관한 앞의 내용들은 그런 시도였다. 그 내용들에는 지난 세기 개신교 신학의 정통주의 기독론과 자유주의 기독론, 양쪽에 대한 비판적 태도가 내포되어 있다. 개신교 정통주의가 고전 시대와 그 이후의 재정식화를 거치면서 발전했다고 하더라도 고전적 용어로는 기독론 문제에 이해 가능한 해결책을 제시할 수 없음이 드러났다. 예를 들어 자유주의 신학의 공로는 하르나크의 『교의사』(History of the Dogma) 등과 같은 역사-비평적 탐구를 통해서 "두 본성론으로 기독론 문제를 해결하고자 했던 모든 시도는 불가피한 모순과 부조리에 빠졌다"라는 사실을 보여주었다는 것이다. 하지만 자유주의 자체는 기독론에 조직신학적으로 많은 공헌을 하지 못했다. "예수는 예수가 선포한 복음에 속해 있지 않다"라고 말함으로써 자유주의는 예수 그리스도 사건에서 그리스도적 특징을 제거했다.[37] 예수의 메시지가 가진 종말론적 특징과 예수

---

37   역주. Tillich는 Harnack에 관해 다음과 같이 말한다. "그러나 이 예수상(성서적인 예수

가 자신을 종말론적 구도 속에서 핵심적인 인물로 해석한 사실 등을 강조했던 알베르트 슈바이처(Albert Schweitzer) 같은 역사가들조차도 자신의 기독론에서 이 요소를 사용하지 않았다. 그들은 이 요소를 이상한 상상력의 복합체이자 묵시론적 황홀경의 문제라고 묵살해버렸다. 그 사건의 그리스도적 특징은 예수적 특징 안으로 흡수되어버렸다. 하지만 자유주의 신학을 아리우스주의와 동일시하는 것은 공평치 않다. 자유주의 신학이 제시한 예수의 모습은 반신의 모습이 아니었다. 오히려 그것은 하나님이 그를 통해서 유일무이한 방식으로 현현했던 어떤 사람의 모습이었다. 하지만 그것은 자신의 존재가 새로운 존재인 사람과 실존적 소외를 정복할 수 있었던 사람의 모습은 아니었다. 개신교 신학의 정통주의적 방법과 자유주의적 방법 중 그 어느 것도 개신교 신학이 지금 성취해야 하는 기독론의 과제에 적합치 않다.

초기 교회는 기독론이 이론적으로는 흥미로운 사역이 아니지만, 실존적으로는 필수적인 사역임을 잘 알고 있었다. 기독론의 궁극적 기준 자체가 실존적이다. 그것은 "구원론적"이다. 다시 말해서 그것은 구원 물음에 의해서 결정된다. 우리가 그리스도에 관해 더 위대하게 말할수록 그에게서 기대하는 구원도 더 커진다. 어떤 사도적 교부가 했던 이 말은 모든 기독론 사상에 해당되는 말이다. 물론 그리스도와 관련된 "위대함"의 의미를 정의하고자 하면 그 차이가 발생할 것이다. 초기 교회로부터 오늘날에 이르는 단성론적 사유 기조에 따르면, 그리스도의 왜소함, 즉 그리스도가

상-역자)을 다듬기 위해서 그는 예수의 복음(gospel of Jesus)과 예수에 관한 복음(gospel about Jesus)을 날카롭게 구별하는 정식을 생각해냈다. 예수에 관한 복음은 예수가 전한 복음에 속하지 않는다고 그는 말했다. 이것은 자유주의 신학의 고전적 정식이다. 다시 말해서 예수가 전한 복음이나 메시지는 예수에 관해서 전한 후대의 메시지를 아무것도 포함하고 있지 않다는 것이다." Tillich, 『19-20세기 프로테스탄트 사상사』, 284.

유한성과 비극성에 참여했다는 사실이 그의 위대함, 즉 실존적 소외를 정복하는 그리스도의 힘에 완전히 삼켜지는 경우에 그리스도에 관한 위대한 것들이 언급된다. "신적 본성"을 이렇게 강조하는 것을 "고"(high)기독론이라 한다. 하지만 그리스도 위에 쌓아 올린 신적 술어가 얼마나 고귀하든지 그 결과는 가치가 낮은 기독론일 것이다. 그 이유는 그런 기독론이 초자연적 기적을 위해서 역설을 제거하기 때문이다. 그런데 구원은 이 땅 위에서 거닐지만 "모든 면에서 우리와 동등하지 않은" 하나님이 아니라 인간의 실존적 곤경에 완전히 참여한 자에게서만 나온다. 개신교 원리에 따르면, 하나님은 가장 낮은 곳뿐만 아니라 가장 높은 곳과도 근접해 있으며 구원은 인간이 물질적 세계에서 소위 영적인 세계로 옮겨지는 것이 아니다. 그런데 그 원리는 "저"(low)기독론을 필요로 하며 현실적으로는 그것이 참된 고기독론이다. 앞으로 시도될 기독론은 이 기준으로 판단받게 될 것이다.

"신적 본성"과 "인간적 본성"이라는 용어들에서 사용된 본성 개념에 관해 이미 언급했고 "인간적 본성"이라는 용어가 모호하며 "신적 본성"이라는 용어는 완전히 부적절하다는 것을 지적했다. 인간적 본성은 인간의 본질적이거나 창조된 본성을 의미할 수 있다. 또 그것은 인간의 실존적이거나 소외된 본성을 의미할 수도 있다. 그리고 그것은 두 가지 본성이 모호한 일치를 이루고 있는 인간적 본성을 의미할 수도 있다. 그리스도로서의 예수에게 "인간적 본성"이라는 용어를 적용한다면, 우리는 그에게 첫 번째 의미의 완벽한 인간적 본성이 있음을 말해야 할 것이다. 그는 창조를 통해서 모든 인간처럼 유한한 자유가 되었다. "인간적 본성"의 두 번째 의미와 관련해서 말하자면, 그에게는 인간의 실존적 본성이 실재적 가능성으로 존재하지만 가능성이기도 한 유혹이 언제나 하나님과의 일치 속으로 받아들여지는 방식으로 존재한다고 말해야 한다. 이 사실에서 다음의 내용이 추론된다. 예수가 생명의 비극적 모호성에 관여되어 있는 한, 세 번째 의미의 인간적 본성이 예수에게 부가되어야 한다. 이런 환경에서 그리스도와 관련된 "인간적 본성"이라는 용어는 완전히 버려야 하며—우리가 해왔듯이—그 용어를 그리스도의 생명의 역동성에 관한 묘사로 대체해야 한다.

본성이 포괄적 개념이었던 문화에서는 "인간적 본성"이라는 용어가 적절했다. 인간들, 신들 그리고 우주를 이루는 다른 모든 존재자는 자연, 즉 스스로 자라나는 것에 속해 있다. 만약 하나님을 창조된 모든 것을 질적으로나 무한히 초월하는 자로 이해한다면, "신적 본성"이라는 용어는 하나님을 하나님으로 만드는 것, 하나님에 관해 생각할 때 우리가 생각해야만 하는 어떤 것을 의미할 수 있다. 이런 의미의 본성은 본질이다. 하지만 하나님에게는 실존과 분리된 본질이 없으며 하나님은 본질과 실존을 초월한다. 그는 영원히 그 자신인 자다. 이것이 하나님의 본질적 본성이라고 불릴 수도 있을 것이다. 하지만 그때에도 우리는 현실적으로 이렇게 말한다. 하나님이 모든 본질을 초월한다는 사실이 하나님의 본질이다. 이 관념을 더 구체적인 상징적 표현으로 말하자면, 하나님은 영원히 창조적이며 자신을 통해서 세계를 창조하고 세계를 통해서 자신을 창조한다. 하나님의 영원한 창조성에서 추상화될 수 있는 신적 본성이란 존재하지 않는다.

이런 분석은 "신적 본성"이라는 용어가 의심스러우며 그 어떤 유의미한 방식으로도 그리스도에게 적용될 수 없음을 보여준다. (나사렛 예수인) 그리스도는 본질과 실존을 초월하지 않기 때문이다. 만약 초월한다면, 그는 제한된 시대를 살았던, 태어났고 죽을 수밖에 없었던, 유한했던, 시험받았던, 그리고 실존에 비극적으로 관여되었던 인격적 생명일 수 없을 것이다. 그리스도로서의 예수가 신적 본성과 인간적 본성의 인격적 일치라는 주장은 그리스도로서의 예수 안에서 하나님과 인간의 영원한 일치는 역사적 실재가 되었다는 주장으로 대체되어야 한다. 하나님과 인간 사이에 재확립된 일치로서의 새로운 존재는 그의 존재에서 실재가 되었다. 우리는 "신적 본성"이라는 부적절한 개념을 "영원한 신-인 일치"(eternal God-man-unity)나 "영원한 신-인"(Eternal God-Man-hood) 등의 개념들로 대체한다. 그런 개념들은 정적인 본질을 역동적 관계로 대체한다. 이런 관계의 유일무이함이 그 역동적 특징 때문에 감소하는 것은 결코 아니다. 우리는 벽돌처럼 서로 양립하면서도 그 일치는 전혀 이해될 수 없는 "두 본성"이라는 개념을 제거함으로써 그리스도로서 예수의 역동적 모습을 이해할 수 있게 해주는 관계적 개념들을 활용할 수 있다.

이 두 용어에서 "영원한"이라는 용어가 관계적 묘사에 덧붙여져 있다. "영원한"이라는 용어는 그리스도로서의 예수라는 유일무이한 사건의 일반적 전제를 제시한다. 신적 생명에 하나님과 인간의 영원한 일치가 없었다면, 이 사건은 일어날 수 없었을 것이다. 순수한 본질성이나 잠재성의 상태에 있는 이러한 일치는 유한한 자유를 통해서 현실화될 수 있고 그리스도로서의 예수라는 유일무이한 사건을 통해서 실존적 파괴에 대항하며 현실화되었다. 이 일치의 특징은 복음서 이야기들에서 구체적 용어로 기술되었다. 이 일치의 특징에 대한 심리학적 탐구가 불가능하듯이 이 일치의 본성에 대한 추상적 정의 역시 불가능하다. 우리는 이렇게 말할 수 있을 뿐이다. 하나님과 인격적 생명의 중심 사이에서 일어나는 교제야말로 이 생명에 관한 모든 발언을 결정했으며, 실존적 소외 안에서 그 교제를 파괴하려 했던 모든 시도에 저항했다.

이제 다음과 같은 물음이 제기된다. 두 본성 이론을 역동적·관계적 개념으로 대체함으로써 "성육신"이라는 중요한 관념이 제거되는 것은 아닌가? 관계적 개념은 성육신 기독론에서 양자 기독론으로 회귀하는 것이 아닌가? 무엇보다도 우리는 다음과 같이 대답할 수 있다. 양자 기독론과 성육신 기독론은 모두 성경적 근거를 갖고 있으며 이러저러한 이유로 기독교 사상에서 정당한 지위를 가지고 있다. 하지만 여기서 더 나아가 우리는 다음과 같이 말해야 한다. 그 기독론 중 어느 것도 다른 것 없이는 완성될 수 없다. 양자론, 즉 하나님이 자신의 영을 통해서 인간 예수를 메시아로 입양했다는 관념은 다음과 같은 물음으로 귀결된다. 왜 꼭 예수여야만 했는가? 그리고 이 물음으로 인해서 예수와 하나님 사이의 깨어지지 않는 일치를 창조했던 자유와 운명의 양극성으로 돌아가게 된다. 동정녀 탄생 이야기는 이 일치를 예수의 기원까지, 심지어 이를 넘어 그의 조상까지 추적한다. 예수의 선재라는 상징은 영원한 차원을 제공하며 역사적 실재(육신)가 된 로고스라는 교리는 "성육신"이라 불리는 것을 제시한다. 양자 기독론을 설명하기 위해서 성육신 기독론이 필요했다. 이것은 필연적인 발전이었다. 하지만 성육신 기독론의 완성을 위해서 양자 기독론이 필요했다는 것 역시—늘 그렇게 보이지는 않지만—필연적이다. "성육신"이라는 용어 자체가 ("신적 본성"이라는 용어와 마찬가지로) 다른 종교에 적합하다. 신들은 우주에 속하기 때문에 손쉽게 우주의 모든 형식에 들어올 수 있다. 끝없는 변신(metamorphoses)이 가능하다. 기독교는 "성육신"이라는 단어를 사용하면서 우주를 초월하는 자가 우주 안에, 그리고 우주의 조건 아래 나타난다는 역설을 표현하고자 했다. 하지만 그 용어의 함의로 인해 이교의 변신 신화들과 거의 구분되지 않는 관념으로 귀결되었다. 만약 **"말씀이 육신이 되었다"**(*Logos sarx egeneto*)라는 요한복음의 문장에서 **되었다**(*egeneto*)가 강조되면, 우리는 변신 신화 한가운데 있는 것이다. 그리고 다음과 같은 물음이 제기되는 것은 당연하다. 어떻게 어떤 것이 다른 것이 **되면서** 동시에 어떤 것으로 남아 있을 수도 있는가? 그렇지 않다면, 나사렛 예수가 태어났을 때 로고스가 사라진 것은 아닌가? 여기서 부조리가 사유를 대체하고 신앙은 부조리의 수용으로 간주된다. 로고스의 성육신은 변신이 아니라 로고스가 인격적 생명에 전적으로 현현했다는 것이다. 하지만 인격적 생명에서 현현했다는 것은 긴장, 위기, 위험과 관련이 있으며 운명에 의한 결정뿐만 아니라 자유에 의한 결정과도 관련이 있는 역동적 과정이다. 이것은 양자론적인 측면인데, 그런 측면이 없었다면 성육신만을 강조함으로써 그리스도의 살아 있는 모습을 비실재적인 것으로 만들어버렸을 것이다. 그는 자신의 유한한 자유를 상실했을 것이다. 왜냐하면 변신이 이루어진 신적 존재자는 신적인 것이 아닌 다른 존재자가 되는 자유가 없었을 것이기 때문이다. 그는 진지한 유혹을 받지 않았을 것이다. 개신교는 기존의 해답을 선호했다. 개신교는 성육신 관념을 부인하지는 않지만, 이 교적 함의들을 제거했고 성육신에 대한 초자연주의적 해석을 거부했다. 개신교는 죄인의 칭의를 주장하는 것처럼 그리스도가 죄악된 실존에 참여하는 동시에 그 실존을 정복한다는 기독론을 요구한다. 기독론적 역설과 죄인의 칭의라는 역설은 하나의 동일한 역설이다. 그것은 자신을 거부하는 세계를 수용하는 하나님에 관한 역설이다.

여기서 취했던 기독론적 입장의 몇몇 흔적들은 『신앙론』(*Glaubenslehre*)에서 전개된 슐라이어마허의 기독론과 유사하다. 그는 두 본성 교설을 신-인 관계 교설로 대체했다. 그는 예수가 가진 신 의식, 다른 모든 사람을 능가하는 강력한 신 의식에 대해 말했다. 그는 예수를 인간의 본질로 묘사했고 인간이 거기서 타락해버린 **원형**(Urbild, "원래의 형상")으로 묘사했다. 그 유사성은 분명하지만, 유사성이 동일성은 아니다. 본질적인 신-인은 신-인 관계의 양쪽 측면을 지시하며 또 이 관계를 영원과 관련하여 지시한다. 그것은 객관적 구조이지 인간의 상태가 아니다. "하나님과 인간의 본질적 일치"라는 구절에는 존재론적 특징이 있다. 하지만 슐라이어마허의 신 의식에는 인간학적 특징이 있다. **원형**이라는 용어가 그리스도로서의 예수에게 사용되었을 때, 그 단어에는 "새로운 존재"라는 용어가 가진 결정적 함의가 없었다. **원형**이라는 용어는 인간적 실존을 능가하는 참된 인간성이라는 이상주의적 초월을 표현하지만, "새로운 존재"에서는 **원형**("본질적 인간")이기도 한 자의 참여가 결정적으로 중요하다. 본질이 단지 잠재성으로만 남아 있는 반면 새로운 존재는 실존을 극복한다는 점과 함께 본질을 극복한다는 점에서도 새롭다. **원형**은 실존 너머에서 불변하는 상태로 남아 있다. 하지만 새로운 존재는 실존에 참여하여 실존을 정복한다. 여기서 다시 존재론적 요소로 인해 차이가 만들어진다. 하지만 다양한 전제와 결과들을 표현하는 이 차이 때문에 다음의 사실이 은폐되어서는 안 된다. 개신교 신학이 고전적 기독론과 자유주의적 기독론 사이에 놓인 길을 갈 때 유사한 문제와 해결책이 나타날 것이다. 이것이 우리의 현 상황이다. 우리는 이런 상황 때문에 우리 앞에 발생하는 문제들에 대해서 해답을 찾아야 한다.

D. 예수 그리스도 사건의 보편적 의의

1. 예수 그리스도 사건의 유일무이함과 보편성

기독론은 구원론의 기능이다. 구원론의 문제가 기독론적 물음을 만들어내며 기독론적 대답에 방향을 제공한다. 그 이유는 그리스도가 새로운 존재를 가져오는 자, 옛 존재로부터, 즉 실존적 소외와 이에 따른 자기-파괴적 결과들로부터 인간을 구원하는 자이기 때문이다. 이 기준이 모든 기독론적 주장에 전제되어 있었는데 지금 우리는 그 기준을 직접 고찰하고자 한다. 우리는 그리스도로서의 예수가 어떤 의미에서 그리고 어떤 방식으로 구원자가 되는지, 더 정확하게 말하자면, 그리스도로서의 예수라는 유일무이한 사건이 어떤 방식으로 모든 인간에게 그리고 간접적으로는 우주에 대해 보편적인 의의를 갖게 되는지를 물어야 한다.

성서가 보여주는 예수의 모습은 유일무이한 사건의 모습이다. 예수는 다른 사람들과 같은 개인으로 나타났지만, 자신의 운명과 그가 보여준 성격의 모든 특징 및 그의 역사적 배경에서 유일무이한 개인이었다. 기독교는 "실재" 모습이 보여주는 바로 이런 구체성과 비교할 수 없는 유일무이함으로 인해 신비 종파와 영지주의적 전망을 능가하는 우월성을 획득했다. 실제적이고 개인적인 생명은 예수의 모든 말과 행위를 통해서 드러났다. 비교하자면, 신비 종파의 신적 인물들은 추상적으로 남아 있기에 실제로 살았던 어떤 생명의 신선한 색깔도 없고 유한한 자유의 긴장과 역사적 운명도 없다. 그리스도로서 예수의 모습은 구체적 실재의 힘으로 신비 종파의 인물들을 정복했다.

그렇지만 신약은 유일무이하게 흥미로운 사람에 관해서 이야기하는 일에는 관심이 없었다. 신약은 그리스도인 자와 이런 이유로 보편적 의의를 가진 자의 모습을 제시하고자 했다. 동시에 신약은 그리스도의 모습에서 개인적 흔적들을 지우지 않고 오히려 그 특징들을 그의 그리스도로서의 성격과 연결했다. 신약성서에서 나오는 모든 특징은 그리스도의 존재인 새로운 존재를 반투명하게 보여주었다. 그의 개체성을 보여주는 모든 표현에서 그의 보편적 의의가 나타났다.

우리는 성서의 기록들에 나오는 역사적 요소, 전설적 요소, 신화적 요소를 구별했다. 이렇게 구별함으로써 그의 개체성 안에 있는 그리스도로서 예수의 보편성을 보여주기 위한 세 가지의 성서 자료 이해 방식이 제시된다. 첫 번째는 역사적 보고서로 이해하는 방식인데 그 보고서는 인간 실존 일반의 물음, 특히 초기 교회의 물음에 대답하는 가치에 따라서 선택된 것이다. 이 방식으로 인해서 복음 이야기들은 소위 "입증되지 않은 일화"(anecdotal)라는 특징을 지니게 되었다. 두 번째는 특정한 이야기들이 가진 보편적 성질을 다소간 전설적인 형식을 통해서 강조하고 있는 것으로 이해하는 방식이다. 세 번째는 나사렛 예수라는 전체 사건이 가진 보편적 의미를 상징과 신화를 통해서 표현하는 것으로 이해하는 방식이다. 세 가지 방식은 종종 겹치지만, 세 번째 방식이 기독론적 사유에서 결정적이었다. 그 마지막 방식에는 직접적 고백이라는 특징이 있다. 따라서 그 방식은 기독교 신앙을 신조로 표현하기 위한 자료를 제공해주었다. 성서에 기초해서 그리스도로서의 예수가 가진 보편적 의의를 기술하고자 한다면 우리는 상징을 고수해야 하며 역사적이고 전설적인 이야기들은 오직 이를 보강하기 위해서만 사용해야 한다.

하지만 상징과 신화는 신약의 "비신화화"에 관한 논의에서 대두되었던 문제를 유발한다. 비록 그 논의에 몇 가지 "낡아버린" 특징들이 있다 하더라도 그 논의에는 기독교의 전 역사와 관련해서 그리고 종교 일반의 역사와 관련해서 의의가 있다. 우리가 역사적 탐구의 본성과 그리스도 수용의 본성을 앞에서 다루었을 때, 그 요점은 다음과 같은 것이었다. 기독론의 상징들은 나사렛 예수를 그리스도로 간주했던 자들이 나사렛 예수라는 역사적 사실을 받아들였던 방식이다. 이런 상징은 상징으로 이해되어야 하며, 그 상징이 문자적으로 받아들여지면 그 의미를 상실하게 된다. 기독론의 상징을 다룰 때, 우리는 "비신화화"가 아니라 "비문자화"와 연관되어 있다. 우리는 그 상징을 상징으로 인정하고 해석하고자 했다. "비신화화"에는 두 가지 의미가 있음에도 그것들을 구별하는 데 실패함으로써 논의는 혼란에 빠졌다. 비신화화가 상징과 신화에 대한 문자주의적 왜곡에 맞선 싸움을 의미할 수도 있다. 이것은 기독교 신학의 필수 과제다. 기독교는 비신화화에 의해서 거룩한 것을 미신적으로 "사물화"하는 흐름에 빠지지 않도록 보호받는다. 하지만 비신화화가 종교적 표현의 도구인 신화를 제거하고 과학과 도덕으로 대체하는 것을 의미할 수도 있다. 이런 의미의 비신화화는 강력하게 거부되어야 한다. 그러한 비신화화는 종교에서 언어를 박탈해버린다. 그것은 거룩한 경험에 관해 말하지 못한다. 상징과 신화는 상징이라는 이유만으로 비판받아서는 안 된다. 그것들은 표현하고자 하는 것을 표현하는 힘에 근거해서 비판받아야 한다. 다시 말해 그것들은 그리스도로서의 예수 안에 나타난 새로운 존재에 근거해서 비판받아야 한다.

바로 이것이 그리스도로서의 예수가 가진 보편적 의미를 표현하는 상징과 신화에 접근하기 위한 태도다. 이 각각의 상징들은 그가 실존과 맺는 특별한 관계 속에서 새로운 존재의 담지자가 됨을 보여준다. 우리는 조직신학적 이유로 신약에서 예견되었던 두 가지 핵심적 상징을 선별할 수 있다. 그것들은 그리스도가 실존적 소외와 맺는 두 가지 기본 관계에 상응하며 기독론 교의의 발전과 그 교리와 관련된 갈등을 결정했다. 그리스도와 실존의 첫 번째 관계는 그가 실존에 종속되어 있었다는 것이다. 그리고 그리스도와 실존의 두 번째 관계는 그가 실존을 정복했다는 것이다. 다른 모든 관계가 직간접적으로 이 둘에 의존하고 있다. 그 각각의 관계들은 핵심적 상징들로 표현된다. 실존에 종속되어 있음은 "그리스도의 십자가"라는 상징으로 표현되고, 실존을 정복했음은 "그리스도의 부활"이라는 상징으로 표현된다.

2. 그리스도로서의 예수의 보편적 의의를 보여주는 핵심적 상징들과 그 상징들의 관계

"그리스도의 십자가"와 "그리스도의 부활"은 상호의존하는 상징들이다. 그것들이 분리되면 그 상징들은 의미를 상실하게 된다. 그리스도의 십자가는 실존적 소외의 죽음을 정복한 자의 십자가다. 그렇지 않았다면 그것은 인간의 오랜 비극적 역사 속에서 일어난 또 한 번의 비극적인 사건일 뿐이었을 것이다. (그것 **또한** 비극적인 사건이다.) 그리고 그리스도의 부활은 그리스도로서 실존적 소외의 죽음에 자신을 종속시킨 자의 부활이다. 그렇지 않았다면 그것은 또 한 번의 의심스러운 기적 이야기일 뿐이었을 것이다. (그것 또한 기록 속에 있는 의심스러운 이야기다.)

십자가와 부활이 상호의존적이라면, 그것들은 실재이면서 상징임에 틀림없다. 그 두 가지를 통해 어떤 일이 실존 안에서 일어났다. 그렇지 않았다면 그리스도는 실존에 들어가지 않았을 것이고 실존을 정복할 수 없었을 것이다. 하지만 질적인 차이가 있다. 십자가 이야기들이 역사적 관찰이라는 측면에서 일어난 사건을 제시하는 반면, 부활 이야기들은 그 사건을 깊은 신비의 장막으로 덮었다. 전자는 매우 개연적인 사실이지만, 후자는 소수의 사람들이 겪은 신비한 경험이다. 우리는 이러한 질적 차이가 실제적인 상호의존을 불가능하게 하지는 않는지 물을 수 있다. 부활을 십자가에 대한 어떠한 종류의 객관적 실재도 없는 상징적 해석으로 이해하는 학자들의 제안을 따르는 것이 어쩌면 더 현명하지 않을까?

신약은 부활의 객관적 측면에 큰 의의를 둔다. 동시에 신약은 십자가 처형 이야기가 제시하는 객관적 사건을 보편적인 상징적 의의를 가진 사건으로 격상한다. 우리는 다음과 같이 말할 수 있을 것이다. 제자들과 신약 저자들의 사유에서 십자가는 사건이자 상징이며 부활은 상징이자 사건이다. 확실히 예수의 십자가는 시간과 공간 안에서 발생한 사건으로 간주되었다. 하지만 그 십자가는 그리스도인 예수의 십자가로서 상징이자 신화의 일부였다. 그것은 새로운 시대의 담지자에 관한 신화인데, 그 담지자는 자신이 정복하고자 했던 옛 시대의 힘들로 인해 죄수와 노예 같은 죽음을 당한 자다. 그 역사적 환경이 어떠했든지 이 십자가는 사실에 기초한 상징이다.

그런데 부활도 마찬가지다. 신들이나 반신들의 부활은 친숙한 신화적 상징이다. 부활은 어떤 신비 종파들에서 주요한 역할을 담당했는데, 그 종파에서 가입자가 신의 죽음과 부활에 신비적으로 참여하는 것은 예배의 핵심이었다. 순교자가 미래에 부활할 것이라는 믿음은 후기 유대교에서 성장했다. 예수가 그리스도라 불리는 순간과 그의 메시아적 위엄과 수치스러운 죽음의 조합이 — 기대로든 회상으로든 — 주장되는 순간 부활 관념을 그리스도에게 적용하는 것은 거의 불가피했다. 그 상징이 사건이 되었다는 제자들의 주장은 예수에 대한 그들의 믿음에 부분적으로 의존하고 있는데, 그 믿음은 그리스도인 예수가 메시아가 되었다는 것이다. 하지만 그리스도로서 예수의 구체적 모습이 신비주의적 신들의 신화적 모습들을 초월하는 것처럼 그 주장은 신비 종파들의 신화론적 상징주의를 초월하는 방식으로 긍정되었다. 이 사건의 특징은 심지어 부활절 이야기가 보여주는 시적 합리화에서도 어둠 속에 남아 있다. 하지만 한 가지는 확실하다. 그의 확실한 부활이 작고 흩어졌으며 절망하는 추종자 집단을 사로잡았던 바로 그날 교회가 태어났다. 그리고 교회가 없으면 그리스도는 그리스도가 아니므로 그날 그는 그리스도가 되었다. 새로운 시대를 가져오는 자인 그는 옛 시대의 힘들에 굴복할 수 없다는 확실성 때문에 부활 경험은 나사렛 예수의 그리스도적 특징을 검사하는 결정적 절차가 되었다. 제자들은 실제적인 경험으로 인해 부활이라는 알려진 상징을 예수에게 적용할 수 있게 되었고 따라서 그를 그리스도로 명확히 인식하게 되었다. 제자들은 경험된 이 사건을 "그리스도의 부활"이라 불렀는데, 그것은 사건과 상징의 결합이었다.

십자가와 부활이라는 두 가지 사건을 그 상징적 의미로부터 분리해서 사실적 사건으로 기술하려는 시도가 이루어졌다. 두 상징은 상징과 사실의 조합이므로 의의가 있다고 한다면, 이 시도는 정당하다. 사실적 요소가 없다면 그리스도는 실존에 참여하지 않은 것이고 결과적으로 그리스도가 되지 못했을 것이다. 하지만 앞에서도 보았듯이 사실적 요소와 상징적 요소를 분리하려는 욕망은 신앙의 주된 관심이 아니다. 순수한 사실적 요소를 찾는 탐구의 결과는 결코 신앙이나 신학을 기초로 삼을 수 없다.

우리는 이 사실을 명심하면서 다음과 같이 말할 수 있다. 십자가 처형 이야기의 기초가 되는 역사적 사건은 서로 다른, 때로는 모순적인 보고들을 통해서 비교적 명확하게 드러난다. 수난 이야기를 다양한 방식으로 언급된 소종파의 전설로 간주하는 자들은 그리스도로서 예수의 십자가가 가진 상징적 특징을 제시하는 명제에 단순히 동의할 뿐이다. 그 이야기의 유일하게 사실적인 요소, 신앙의 직접적인 확실성을 갖고 있는 그 사실적 요소는 그리스도라 불리는 자가 실존의 궁극적 결과에, 즉 소외의 조건에서 맞이하는 죽음에 굴복했다는 점이다. 그 외의 모든 것은 역사적 개연성의 문제이고 전설을 해석함으로써 나온 것이다.

부활 상징의 기초가 되는 사건도 유사한 방식으로 다루어져야 한다. 사실적 요소는 (십자가 상징에 필수적으로 내포되어 있듯이) 부활 상징에도 필수적으로 내포되어 있다. 역사적 탐구는 사실적 요소를 둘러싸고 있는 전설적이고 신화적인 자료들에 기초해서 이 사실적 요소를 설명하고자 할 때 정당화된다. 하지만 역사적 탐구는 결코 개연적인 대답을 넘어서는 것을 할 수 없다. 그리스도의 부활에 대한 신앙은 역사적 탐구에 긍정적으로도 부정적으로도 의존하지 않는다. 신앙은 그리스도가 자신이 종속되어 있던 실존적 소외의 궁극적 결과에 대해 거둔 승리에 관해서만 확실성을 제공할 수 있다. 그리고 신앙 자체가 그 승리에 근거하고 있기 때문에 신앙은 이 확실성을 줄 수 있다. 신앙의 근거는 소외의 파괴적 결과를 정복한 새로운 존재의 힘에 사로잡힌 경험이다.

실존적 소외의 죽음에 맞선 자의 승리의 확실성 때문에 사건이자 상징인 그리스도의 부활의 확실성이 만들어진다. 역사적 확신이나 성서의 권위를 수용하는 방식으로는 이 확실성이 만들어질 수 없다. 이 지점을 넘어서면 어떤 확실성도 존재하지 않으며 때로는 매우 낮고 때로는 매우 높은 개연성만이 있을 뿐이다.

부활을 개연적인 사건으로 만드는 세 가지 이론이 있다. 가장 원초적이면서 동시에 가장 아름답게 표현된 이론은 물리적 이론이다. 이 이론은 부활절 아침 여인들이 빈 무덤을 확인했던 이야기를 언급한다. 이 이야기의 자료들은 매우 후기의 것이며 의심스러운 것이다. 그리고 부활 사건에 관한 가장 초기의 전승, 즉 고린도전서 15장에도 이 이론의 조짐은 없다.[38] 신학적으로 말하자면, 그 이론은 사건의 합리화이며 부활을 물리적 몸의 있음 또는 없음과 동일시하는 물리적 범주를 가지고 그 사건을 해석한다. 이후 나사렛 예수의 시체를 구성하는 분자들에 무슨 일이 일어났는지 묻는 부조리한 물음이 제기되며 그 이후 부조리는 합성되어 신성모독이 된다.

---

38   역주. 고전 15:5-6은 부활한 예수가 누구에게 나타났는지를 열거하는데 여인들에 관한 언급은 없다.

부활 사건의 사실적 측면으로 들어가는 두 번째 시도는 영성주의적 이론이다. 무엇보다도 그 이론은 바울이 기록한 것처럼 부활한 자의 출현을 활용한다. 그것은 그 출현을 인간 예수의 영혼이 그의 추종자들에게 나타난 것이라고 설명하는데 이는 죽은 자의 영혼이 현현하는 영성주의적 경험과 유사하다. 분명히 이것은 그리스도의 부활이 아니라 일반적인 영혼 불멸을 증명하려는 시도이며 영혼에는 죽음 이후 살아 있는 자에게 자신을 나타낼 수 있는 능력이 있음을 주장하고 있다. 영성주의적 경험은 타당할 수도 있고 아닐 수도 있다. 하지만 타당하다고 해도 그 경험은 다음의 사실을 설명할 수 없다. 그리스도의 부활이 가진 사실적 측면은 인격성 전체의 재출현으로 상징되는데, 그 재출현에는 그의 존재의 육체적 표현이 포함된다. 바로 이런 사실 때문에 그는 육체 없는 "정신"(spirit)의 출현 이상의 방식으로 인식될 수 있었다.

부활의 사실적 측면에 접근하는 세 번째 시도는 심리학적 이론이다. 그것은 부활의 사실적 측면을 기술하는 가장 용이하고 가장 많이 받아들여진 방법이다. 부활은 예수를 지지하는 자들의 사고에서 일어난 내부적 사건이다. (자신의 경험을 포함한) 부활 경험에 대한 바울의 기술은 심리학적 해석에 적합하다. 그리고—우리가 물리적 해석을 제외한다면—바울의 회심 이야기와 같은 바울의 말들은 그 경험을 가진 자들의 사고에서 일어난 어떤 일을 가리킨다. 이것은 그 사건 자체가 "단지" 심리학적 요인들임을, 즉 그 사건이 바울이 열거한 자들의 사고 속에 있는 심리학적 요인들 (예를 들어, 예수에 대한 기억의 강화)에 전적으로 의존함을 의미하지 않는다. 하지만 심리학적 이론은 그 상징이 전제하고 있는 사건—그리스도의 부활 사건—의 실재를 놓치고 있다.

우리는 이 실재가 무엇인지 새롭게 물어야 한다. 우리는 그 실재를 기술하기 위해서 그 실재로 극복된 부정성을 보아야만 한다. 확실히 그 사람이 얼마나 중요하든 그 실재는 단순히 한 개인의 죽음이 아니다. 따라서 개인의 재생이나 정신의 재출현은 부활 사건이 될 수 없다. 부활에서 극복되는 부정성은 새로운 존재를 자신의 존재로 가지고 있는 자가 사라졌다는 부정성이다. 부활은 그가 현재의 경험에서 사라짐과, 이에 따라 그가 기억의 한계 너머의 과거로 이행됨을 극복한다. 그리고 그런 일시성의 정복은 새로운 존재에게 본질적이기 때문에 새로운 존재가 나타났을 때 예수는 새로운 존재의 담지자일 수 없는 것처럼 보였다. 동시에 그의 존재의 힘은 새로운 존재의 힘으로서 제자들에게 지워지지 않도록 새겨졌다. 이런 긴장 속에서 유일무이한 어떤 일이 일어났다. 나사렛 예수의 구체적 모습은 황홀경적 경험을 통해서 새로운 존재의 실재와 분리 불가능하게 연합되었다. 그는 새로운 존재가 현존하는 곳마다 현존한다. 죽음조차도 그를 과거 속으로 밀어 넣을 수 없다. 하지만 이 현존에는 재생된 (그리고 변용된) 몸이라는 특징도 없고 개인 영혼의 재출현이라는 특징도 없으며 정신적(spiritual) 현존이라는 특징이 있을 뿐이다. 그는 "영이고" 그가 영이기 때문에 우리는 "그를 지금 알고 있다."[39] 이런 방식으로 인간 나사렛 예수의 구체적인 개인의 삶은 일시성 너머에 있는 영이신 하나님의 영원한 현존으로 높여진다. 이 사건은 먼저 예수가 처형되었을 때 갈릴리로 도망쳤던 그의 몇몇 추종자에게 일어났다. 이후 다른 많은 자들에게, 이후 바울에게, 이후 모든 시대, 지금 여기서 그의 살아 있는 현존을 경험하는 모든 자들에게 일어났다. 이것이 그 사건이다. 그 사건은 그 당시의 사유 형식 중에서 손쉽게 활용 가능했던 "부활"이라는 상징을 통해

---

39   역주. 고후 3:17; 5:16.

해석되었다. 그리스도의 부활은 상징과 사건 그렇게 조합된 기독교의 핵심적 상징이다.

부활 상징의 기초인 그 사건을 설명하는 앞의 이론은 영성주의적 문자주의뿐만 아니라 물리적 문자주의도 떨쳐버린다. 그 이론은 그 두 문자주의를 가장 오래된 자료에 더 근접해 있는(고전 15장) 묘사, 제자들(과 제자들의 모든 추종자들)이 경험했던 부정성과 절망이라는 이전 상태와 달리 그들에게 드러난 부활의 종교적 의미를 부활 분석의 중심으로 삼는 묘사로 대체한다. 이 관점은 새로운 존재와 그 담지자 나사렛 예수의 파괴될 수 없는 일치를 황홀경적으로 확증한다. 그것들은 영원히 서로 결합된다. 우리는 부활 사건에 관한 물리적 이론, 영성주의적 이론, 심리학적 이론과는 다른 이것을 "복원 이론"(restitution theory)이라 부를 수 있을 것이다. 이 이론에서 부활은 그리스도인 예수의 복원, 예수와 하나님의 인격적 일치에 근거한 복원, 제자들의 사고에 이 일치가 끼친 충격에 근거한 복원이다. 제자들의 사고에서 예수가 위엄 있는 그리스도로 복원되는 일은 베드로가 예수를 그리스도로 수용한 이야기보다 선행한다는 것은 당연하다. 후자는 전자의 반영일 것이다. 하지만 비록 그럴지라도, 예수 안에 나타난 새로운 존재를 경험하는 일은 부활한 자를 경험하는 일보다 선행해야 한다.

복원 이론이 사실에 가장 부합한다는 것이 내 확신이긴 하지만 그것 역시 한 가지 이론으로 간주되어야 한다. 그 이론은 개연성의 영역에 남아 있고 신앙의 확실성을 소유하고 있지 않다. 복음서들에서 나오는 그리스도의 모습은 새로운 존재가 충만하게 나타난 인격적 생명이라는 확실성과, 나사렛 예수의 죽음은 새로운 존재와 그 담지자의 모습을 분리할 수 없다는 확실성을 신앙이 제공한다. 만약 물리적 문자주의자나 영성주의적 문자주의자가 이 해답에 만족하지 않을지라도 우리는 그 문자주의자들이 그 대답을 수용하도록 신앙의 이름으로 강요할 수 없다. 하지만 신약의 태도, 특히 비문자주의적인 사도 바울의 태도가 복원 이론을 정당화한다는 것을 그 문자주의자들도 인정할 수 있을 것이다.

3. "그리스도의 십자가" 상징을 보강하는 상징들

그리스도로서 예수의 십자가 이야기는 그의 생애에서 독립된 사건이 아니라 그의 생애 이야기가 지향하고 있는 사건, 곧 다른 사건들이 그 사건을 통해서 의미를 얻게 되는 사건을 보고하고 있다. 그 사건들은 그리스도인 자가 실존의 궁극적 부정성들에 자신을 종속시켰음을 의미하고, 그 사건들은 그를 하나님과의 일치로부터 분리할 수 없었음을 의미한다. 따라서 우리는 그리스도로서 예수의 십자가라는 더 핵심적인 상징을 지시하면서 보강하는 다른 상징들을 신약에서 찾을 수 있다.

바울은 빌립보서 2장에서 신화적 용어로 자기의 종속이라는 관념을 표현했다. 선재하는 그리스도는 자신의 신적 형식을 포기했고 종이 되었으며 종의 죽음을 경험했다. 선재와 자기-포기가 이 상징 체계에서 결합되었다. 그것은 십자가라는 핵심적 상징을 보강하지만 그것을 천상의 어떤 장소에서 어떤 시간에 일어난 사건이라고 문자적으로 받아들여서는 안 된다. 그리스도가 베들레헴에서 탄생했고 구유에 누웠으며 이집트로 도망갔고 어렸을 때 정치 권력자들이 그의 생명을 위협했다는 이야기를 통해서 전설적 용어로 동일한 관념이 표현되었다.

그가 유한성과 유한성의 범주들에 종속되었음에 관한 묘사는 십자가의 상징적 의미를 준비하기도 하고 보강하기도 한다. 그의 메시아적 위엄과 그의 실존의 비천한 조건, 이 둘 사이의 긴장을 포함한 많은 것에 관한 묘사는 실존에 "종속됨"이라는 특징을 제시했다. 겟세마네 장면에서, 그의 죽음과 장례에서 이 모든 것은 절정에 달했다. 쉽게 확대되고 정교해질 수 있었던 이 모든 흔적들은 십자가의 상징으로 요약되었다. 그 흔적들 전체는 새로운 존재의 현존을 보여주는 그가 실존적 소외에 종속되었음을 보여주는 표현으로 해석되어야 하듯이 십자가는 그 흔적들로부터 분리되어서는 안 된다. 이런 표현들이 신화적인 것이든, 전설적인 것이든, 역사적인 것이든 아니면 이 모든 것이 혼합된 것이든, 십자가뿐만 아니라 그 표현들—그 표현들은 십자가를 지지하는 상징들이다—도 자체적으로 성서의 모습이라는 맥락 속에서 중요한 것은 아니다. 그 표현들은 새로운 존재의 담지자인 자가 옛 존재의 파괴적 구조에 종속되었음을 보여주는 그 힘 때문에 중요하다. 그 표현들은 실존적 소외 안에서 신-인의 영원한 일치가 나타났다는 신적 역설의 상징들이다. 사도신경의 위대한 특징은 포괄적인 두 번째 항목 속에 승리의 상징과 함께 종속의 상징들이 열거되어 있다는 점이다. 그렇게 함으로써 사도신경은 새로운 존재의 담지자인 예수 그리스도의 보편적 의의를 보여주는 기본 구조를 예견했다.

4. "그리스도의 부활" 상징을 보강하는 상징들

십자가 이야기처럼 그리스도의 부활 이야기도 그의 죽음 이후에 일어난 고립된 사건을 보고하지 않는다. 그 이야기는 다른 많은 사건에서 예견된 사건을 보고하는 동시에 그 사건들의 확증인 사건을 보고한다. 그것은 부활뿐만 아니라 부활을 보강하는 역사적·전설적·신화적 상징들도 그리스도로서의 예수 안에 나타난 새로운 존재가 그리스도로서의 예수가 종속되어 있던 실존적 소외를 정복했음을 보여준다. 이것이 그 상징들의 보편적 의의다.

종속의 상징들에 관한 논의에서 그러했듯이 우리는 선재(pre-existence)라는 신화적 상징으로 시작해서 여기에 후재(postexistence)라는 상징을 더 해야 한다. 종속의 상징들과 연결되어 있는 선재는 그리스도의 초월적 자기-비하를 위한 전제 조건이었다. 반면에 후재는 현재의 맥락 속에서 그 자체의 의의를 고찰하는 한편 부활을 보강하는 상징으로서도 고찰되어야 한다. 그것은 예수 그리스도 사건에 역사적으로 현존해 있는 새로운 존재의 영원한 뿌리를 표현한다. 제4복음서에 따르면 예수가 자신이 아브라함 보다 선행한다고 말했을 때,[40] 이 말은 (이야기 속 유대인들이 이해할 수 없었던 것처럼) 수평적으로는 이해될 수 없고 오직 수직적으로만 이해될 수 있었다. 이것 역시 제4복음서 로고스 교설의 함의이며 신적 자기-현현의 영원한 원리가 나사렛 예수에게 현존함을 지시한다.

후재라는 상징은 선재라는 상징에 상응한다. 또 후재는 수직적 차원에 위치하는데, 그리스도로서의 예수 안에 새로운 존재가 역사적으로 출현하기 위한 영원한 전제로서가 아니라 그 출현의 영원한 확증으로서 위치한다. 후재와 관련된 특별한 상징들은 이제 논의될 것이다. 여기서 문자주의, 즉 선재와 후재를 하늘에서 내려왔다가 하늘로 올라간 신적 존재자에 관한 초월적 이야기의 단계들로 간주하는 문자주의를 경고할 필요가 있을 것 같다. 내려옴과 올라감은 공간적 은유로서 새로운 존재의 담지자가 실존에 종속되었다는 사실과, 새로운 존재의 담지자가 실존을 이겼다는 사실 속에 있는 영원한 차원을 가리킨다.

예수가 베들레헴에서 태어난 것은 십자가를 보강하는 상징들에 속하

---

40   역주. 요 8:56-59.

는 반면에 동정녀 탄생 이야기는 부활을 보강하는 상징들에 속한다. 그것은 다음과 같은 확신을 표현한다. 인간 나사렛 예수를 메시아로 만들었던 신적인 영은 이미 그를 자신의 도구(vessel)로 삼았으며, 그래서 새로운 존재가 구원하기 위해 출현한 일은 역사적으로 우발적인 사건들로부터 독립해 있으면서 오직 하나님께만 의존하고 있는 일이다. 비록 로고스 기독론이 또 다른 사상 계열에 속한다 하더라도 바로 그 동일한 주제(motif)가 로고스 기독론으로 귀결되었다. 그 안에 있는 사실적 요소는 그가 태어나기도 전에 역사적 운명이 새로운 존재의 담지자를 결정했다는 것이다. 그러나 현실적 이야기는 신화이며 우리는 그 신화의 상징적 가치를 진지하게 물어야 한다. 그 이야기는 기독교 사유의 가현설적·단성론적 방향을 지향하고 있으며 그 이야기는 그 사유 안에서 중요한 단계를 이룬다. 메시아의 잉태에서 인간 아버지의 참여를 배제함으로써 그 이야기는 그가 온전히 인간적 곤경에 참여했음을 배제한다.

부활을 명확하게 예견하는 상징은 예수의 변용, 그리고 그와 모세, 엘리야 간에 나눈 대화에 관한 이야기다.

성서의 기록들은 기적 이야기들로 가득하며 어떤 기적들에는 사물들의 새로운 상태가 출현했음을 지시하는 의의가 있다. 세례 요한의 제자들이 예수에게 예수의 메시아적 특징에 관해 물었을 때, 예수는 그들에게 새로운 시대의 도래를 증언해주었다.[41] 예수가 행한 모든 기적을 통해서 실존적 자기-파괴인 몇 가지 악들은 정복되었지만 완전히 정복된 것은 아니다. 왜냐하면 기적을 경험했던 사람들이 질병과 죽음 및 자연의 흥망성쇠에 다시 종속되었기 때문이다. 하지만 그들에게 일어난 일은 실존적 자

---

41   역주. 마 2:2-6; 눅 7:18-23.

기-파괴를 이겨내는 새로운 존재의 승리를 재현하면서 예견할 수 있게 해주었다. 이 사실은 정신적 질병과 몸의 질병에서, 재앙과 결핍에서, 절망과 무의미한 죽음에서 분명히 나타났다.

그가 자신의 메시아적 힘을 보여주기 위해서 기적을 행했다면, 예수의 기적은 이런 기능을 담당하지 못했을 것이다. 그는 그런 식으로 사람들에게 접근하는 방법을 자신의 적과 사탄으로부터 오는 마성적 유혹으로 간주했다. 그가 기적을 행한 이유는 인간 상황의 비참함에 온전히 참여하고 그렇게 참여한 모든 곳에서 비참함을 극복하고자 노력했기 때문이다. 치유 이야기들은 영적 귀신들림과 이에 따른 육체적 결과를 극복하는 예수에게서 새로운 존재의 우월성이 특별한 방식으로 나타난 것을 보여주었다. 그는 귀신에 맞서면서 개인을 초월하는 파괴의 구조에게 승리했음을 보여주었다. 바울과 초기 교회는 이 사실을 받아들였다. 무엇보다도 새로운 존재의 구원하는 힘은 악의 노예화하는 구조를 이기는 힘이었다. 후대에 이르러 기독교의 가르침과 설교는 기적 이야기의 이 기초적 의미를 무시하면서 대신에 그 이야기의 기적적 특징을 강조했다. 이것은 전통 신학이 하나님과 세계의 관계를 파악했던 초자연주의적 관계 구도가 보여준 불행한 결과 중 하나였다. 하나님의 현존과 힘은 일상적인 사건들의 과정에 초자연적으로 개입하는 일이 아니라, 실재의 창조된 구조 안에서 그리고 그 구조를 통해 실존적 소외의 자기-파괴적 결과들을 극복하는 새로운 존재의 힘에서 찾아야 한다. 이런 의미로 받아들여진다면 그리스도로서 예수의 기적들은 승리의 상징에 속하며 부활이라는 핵심적 상징을 보강한다.

일반적인 기적 개념은 제1부에서 논의했으므로 여기서 반복할 필요가 없다. 여기서는 다음과 같이 말할 수 있을 뿐이다. 기적이란 신적인 존재의 근거를 제시하는 요인들의 배치가 황홀경적으로 이해되면서 받아들여진 것이다. 이 정의는 신약의 기적 이야기들과 그 기적 이야기들에 대한 신약 자체의 판단을 기초로 삼아 정리한 것이다. 하지만 전설적 요소와 신화적 요소가 실제로 경험했던 기적들에 관한 보고에 들어간 것은 쉽게 이해할 수 있는 일이다. 신약성서만큼이나 일찍 합리화가 발생한 것은 더 쉽게 이해할 수 있다. 그 합리화는 실존적 파괴를 극복하는 신적인 힘이 현존했음을 지시하는 그 이야기들의 힘이 아니라 그 이야기들 안에 있는 자연적이지 않은 요소를 강조하기 위해서 표현되었다.

지금 우리는 일관적인 일군의 상징들, 풍성한 종말론적 상징 체계의 장에서 이끌어낸 일군의 상징들을 고찰해야 하는데, 그 상징들은 그리스도, 그의 교회, 그의 세계를 위한 결과들이라는 관점에서 부활을 보강한다. 이 상징들은 그리스도의 승천이라는 상징으로 시작한다. 어떤 점에서 이것은 부활의 중복이지만 부활과 구별되기도 하는데, 그 이유는 승천에는 부활한 자에 대한 반복되는 경험과 뚜렷한 대조를 이루는 최종성이 있기 때문이다. 역사적 실존과 그가 최종적으로 분리됨을 보여주는 승천은 그가 새로운 존재의 힘으로서 영적으로 현존하는 것과 동일하지만, 그의 구체적인 인격적 모습과도 동일하다. 따라서 승천은 부활이 표현하는 동일한 사건의 또 다른 상징적 표현이다. 문자적으로 받아들여지면 그 공간적 상징 체계가 부조리해질 뿐이다.

"하나님의 오른편에 앉아 계신" 그리스도라는 상징도 마찬가지다. 루터가 하나님의 오른손을 하나님의 전능, 즉 모든 것 안에서 모든 일을 하는 하나님의 힘과 동일시할 때 이미 느끼고 있었던 것처럼,[42] 그것은 문자

---

42   역주. 루터는 복음으로 통치하는 하나님의 영적 왕국과 법과 칼로 통치하는 세상적 왕국을 구분하면서 전자는 하나님의 오른손, 후자는 하나님의 왼손이라고 칭했다. 이를 "두 왕국론" 또는 "두 정부론"이라 한다.

적으로 받아들여지면 부조리하고 우스꽝스러워진다. 따라서 그 상징의 의미는 다음과 같다. 하나님의 창조성은 그리스도에게서 나타난 새로운 존재와 분리되지 않으며 창조성의 세 가지 형식(근원적 창조, 보존하는 창조, 인도하는 창조)에서 나타나는 창조성의 최종적 목적은 그리스도에게서 현현한 것과 같은 새로운 존재가 현실화하는 것이다.

그리스도가 영을 통해 교회를 통치한다는 상징은 신적 창조성에 새로운 존재가 참여한다는 내용과 직접적으로 연결되어 있다. 사실상 교회는 그리스도, 즉 새로운 존재인 그리스도로서 예수의 존재에서 그리스도의 교회 내 사역에 대한 기준들을 취한다. 새로운 존재가 신적 창조성에 참여하는 것에 관한 또 다른 표현이지만 가깝게 관련되어 있는 표현은 그가 역사의 통치자라는 상징이다. 그는 그리스도이자 새로운 시대를 가져온 자로서 새로운 시대의 통치자다. 역사는 매 순간 일어나는 새로운 것의 창조다. 하지만 역사가 지향하는 궁극적으로 새로운 것은 새로운 존재다. 그것은 역사의 목표, 즉 역사의 예비적 시대의 목표, 역사의 목적이다. 우리가 그리스도에게서 나타난 역사의 통치라는 상징 배후에 무슨 사건이 있느냐고 묻는다면, 그 대답은 다음과 같은 것 외에 다른 것이 없을 것이다. 새로운 존재는 그리스도로서 예수의 존재라는 기준을 따를지라도 역사적 섭리를 통해 역사 안에서 그리고 (단편적으로 그리고 생명의 모호성의 영향을 받으면서) 역사를 통해 현실화된다. 역사의 주인인 그리스도라는 상징은 천상의 존재자가 외부적으로 개입한다는 말도 아니고 역사 속에서 새로운 존재가 완성되거나 역사가 하나님 나라로 변형된다는 말도 아니다. 오히려 이 상징은 새로운 존재의 사역을 불가능하게 하는 어떤 일도 역사 속에서 일어나지 않는다는 확실성을 의미한다.

더 직접적인 종말론의 상징들도 살펴보아야 한다. 그중 천년으로 상징되는 시대가 도래할 것이라는 기대는 전통 신학에서 많이 간과되고 있다. 이런 일이 일어나는 부분적 이유는 그 상징이 성서에서 두드러진 자리에 있지 않기 때문이다. 또 다른 부분적 이유는 그 상징이 교회의 보수주의에 대항하는 몬타누스주의의 저항이 일어난 이후 예리한 논쟁의 문제가 되었기 때문이다.[43] 그것은 급진적 프란체스코주의자들의 저항에서도 여전히 문제로 남아 있었다. 하지만 그 상징은 기독교의 역사 해석에서 결정적이기 때문에 신학에서 진지하게 받아들여져야 한다. 묵시적 전망에 따른 최종적 재앙과 달리 그리스도의 천년 통치라는 상징은 역사-내적(inner-historical)으로 역사가 완성될 것을 전망하는 예언자적 전통을 계승하고 있다. 물론 그 상징이 완벽한 완성을 의미하는 것은 아니다. 악마적 힘은 근절되지는 않고 억제될 뿐이며, 다시 회복될 것이다. 덜 신화적인 언어로 우리는 이렇게 말할 수 있다. 악마적인 것은 전체적으로나 보편적으로는 정복되지 않지만, 특별한 공간과 특별한 시간 안에서 실증적으로는 정복될 수 있다. 천년 통치에 대한 기대는 많은 유토피아 운동을 일으켰지만, 현실적으로 그 기대 자체에는 유토피아주의에 반대하는 참된 경고가 담겨 있다. 악마적인 것은 잠시 굴복해 있지만 결코 죽지는 않는다!

그리스도의 "재림"(Second Coming) 또는 **파루시아**(*parousia*)라는 상징에는 두 가지 기능이 있다. 첫째, 그 상징은 특별한 방식으로 예수가 그리스도임을, 즉 인간 역사의 과정에 나타날 누구도 초월할 수 없는 자임을 표현한다. 이 사실이 기독론의 주장에 분명하게 내포되어 있음에도 불구하고, 그것은 있을지도 모를 새로운 엄청난 종교적 경험들에 관해 말하는

---

43   역주. 몬타누스는 아버지 하나님의 시대와 아들의 시대를 이어 성령의 시대가 도래할 것을 대망하는 종말 신앙을 강조했다. 이런 몬타누스주의를 교회가 거부함으로써 종말론은 사도 시대에 비하여 중요성이 저하되었다. Tillich, 『그리스도교 사상사』, 93-94.

자들과, 따라서 그리스도로서의 예수와 관계를 맺으면서도 미래를 개방해 두어야 한다고 생각하는 자들에게 특별히 강조되어야 한다. 이 문제를 제4복음서의 저자도 잘 알고 있었다. 그는 그리스도의 부활 이후에도 종교적 경험이 이어진다는 것을 부정하지 않았다. 그는 그리스도를 통해 영이 사람들을 모든 진리로 인도할 것이라고 말했다.[44] 하지만 그는 곧이어 영이 보여주는 것은 영에게서 나오는 것이 아니라 그리스도에게서 온다고 경고했다.[45] 또 그리스도의 모든 것은 그 자신에게서 나온 것이 아니라 아버지에게서 나온 것이었다.[46] 그리스도의 재림이라는 상징은 새로운 존재가 더 우월하게 현현할 것이라는 기대를 배제하는 기능을 담당한다.

하지만 이것은 "재림"이라는 상징이 담당하는 한 가지 기능일 뿐이다. 다른 기능은 새로운 시대가 오지 않았고 사물의 옛 상태가 변함 없이 그대로 있기 때문에 예수가 메시아일 리 없다는 유대인의 비판에 대답을 제공하는 것이다. 유대인은 우리가 여전히 메시아의 오심을 기다리고 있어야 한다고 논증한다. 기독교는 우리가 기다림의 시대에 있다는 사실에 동의한다. 하나님 나라의 힘이 증가하는 것과 함께 악마적 영역 또한 더 강해지고 더 파괴적이 된다는 사실이 증명된다. 하지만 유대교와 달리 기독교는 그리스도가 새로운 존재의 담지자인 나사렛 예수에게서 나타났기 때문에 악마적인 것의 능력이 (힘과 근원에 있어서) 원칙적으로 파괴되었다고 주장한다. 그의 존재가 새로운 존재다. 그리고 새로운 존재, 옛 시대의 정복은 그리스도안에 참여하는 이들에게 이루어지고 교회가 그리스도를 기초로 삼고 있는 한 교회에서도 이루어진다. 그리스도의 재림이라는 상

---

44   역주. 요 14:16-17.
45   역주. 요 14:26.
46   역주. 요 14:24.

징은 **카이로스들**, 즉 영원한 것이 시간적인 것에 침투하는 시간들 사이의 시대, "이미"와 "아직" 사이의 시대에 그리스도인을 위치시킴으로써 부활을 보강하며 그리스도인들을 인격적 실존과 역사적 실존이 처한 이러한 상황에서 발생하는 긴장들에 종속시킨다.

세계에 대한 그리스도의 궁극적 심판은 가장 극적인 상징 중 하나다. 그것은 모든 세대의 예술가와 시인들에게 영감을 주었으며 신자들의 무의식적 영역뿐만 아니라 의식적 영역에서도 심오하고 때로는 신경증적인 불안을 낳았다. 루터가 자신의 젊은 시절의 경험에 관해 말했듯이 그 상징은 치유자이자 구원자라는 그리스도의 이미지를 무자비한 심판자라는 이미지로 오염시키며, 사람들은 그런 심판자로부터 벗어나 성자, 정신분석가, 회의주의자의 보호를 받고자 한다. 이런 경우 우리는 신약 자체가 ("비신화화" 대신 우리가 말하고자 했던) "비문자화"를 시작했다는 사실을 알아야 한다. 제4복음서는 마지막 심판이라는 신화적 상징을 부정하지 않는다. 하지만 제4복음서는 새로운 존재를 만나 그 존재를 수용하거나 거부한 사람들에게서 일어나는 위기라는 사실적 측면을 기술한다. 비록 예수의 이름이 알려지지 않은 곳일지라도, 예수의 존재인 새로운 존재의 힘이 현존하거나 부재하는 곳에서는 바로 그 내적 심판이 역사 속에서 늘 이어지고 있다(마 25장). 내적 심판은 실존의 조건 아래에서 계속되고 있기 때문에 이 심판은 생명의 모호성들에 종속되어 있다. 따라서 그것은 실재의 모호한 요소들을 궁극적으로 분리시킴에 관한 상징이나, 그 요소들을 정화하여 하나님 나라의 초월적 일치로 상승시킴에 관한 상징을 필요로 한다.

이렇게 그리스도의 부활이라는 핵심적 상징을 보강하는 상징들에 관해서 다 논의했다. 그 상징들을 부조리하고 비실존적인 것으로 만들어버리는 문자주의로 인해서 그 상징들은 크게 왜곡되었고 많은 사람이 그 상징들을 거부했다. 그 상징들의 우주적 성질과 실존적 성질을 연합시키는 재해석, 상징이 사물과 사건에 기초하고 있음을 입증하는 재해석, 상징은 자신이 상징하는 것의 힘에 참여하고 있음을 입증하는 재해석을 통해서 그 상징들의 힘이 재확립되어야 한다. 따라서 상징은 자의적으로 대체될 수 없다. 상징은 살아 있는 한 해석되어야 한다. 상징은 죽을 수도 있으며, 앞서 해석된 상징 중 몇 가지는 이미 죽었을지도 모른다. 오랫동안 상징은 정당한 공격과 정당하지 않은 공격을 받아왔다. 신학자는 자신이 해석하는 상징의 삶과 죽음에 대해서 판단을 내릴 수 없다. 이 판단은 살아 있는 교회의 의식 속에서 일어나며 집단 무의식에 깊이 뿌리내리고 있다. 판단은 예배 영역에서, 인격적 헌신에서, 설교와 가르침에서, 세계를 향한 교회의 활동에서, 교회 회원의 조용한 관상(contemplation)에서 일어난다. 판단은 역사적 운명에 따라서 일어나며, 따라서 궁극적으로는 그리스도에게서 나타난 새로운 존재의 힘과 연합된 신적 창조성을 통해서 일어난다. 새로운 존재는 새로운 존재를 표현하는 특수한 상징들에 의존하지 않는다. 그는 새로운 존재를 나타내는 모든 형식으로부터 자유로울 수 있는 힘을 갖고 있다.

E. 그리스도로서의 예수 안에 구원의 힘으로 나타난 새로운 존재

1. 구원의 의미

그리스도로서의 예수가 가진 보편적 의의는 실존에 종속됨에 관한 상징과 실존에 대한 승리의 상징으로 표현되는 한편, "구원"이라는 용어로도 표현될 수 있다. 그는 구원자, 중보자, 구속자라고 불린다. 이 각각의 용어들에 대한 의미론적이고 신학적인 해명이 필요하다.

구원을 필요로 하는 부정성들만큼이나 "구원"이라는 용어도 많은 함의를 가지고 있다. 그러나 우리는 구원을 궁극적 부정성과 구별할 수 있고, 궁극적 부정성으로 귀결되는 것과 구별할 수 있다. 궁극적 부정성은 정죄나 영원한 죽음, 존재자의 내적 **텔로스** 상실, 하나님 나라의 보편적 일치에서 배제됨, 영원한 생명에서 배제됨이다. "구원"이라는 단어나 "구원받음"이라는 구절이 사용되는 엄청나게 많은 경우에서 그 단어는 궁극적 부정성으로부터의 구원을 의미한다. 구원 물음이 엄청난 무게를 가지는 이유는 그 용어가 다음과 같이 이해되고 있기 때문이다. 그 물음은 "있음이냐 없음이냐"라는 물음이 된다.

"구원"의 더 제한적인 의미는 궁극적 목적 — 영원한 생명 — 을 이룰 수도 있고 상실할 수도 있는 방식으로 정해진다. 따라서 초기 그리스 교회에서 사람들은 죽음과 잘못으로부터 구원받기를 요구하고 원했다. 로마가톨릭교회에서 구원은 죄책 및 현생과 다음 생에서 (연옥과 지옥에서) 받게 될 죄책의 결과로부터 구원받는 것이었다. 고전적 개신교에서 구원은 율법과 불안을 생산하며 정죄하는 율법의 힘으로부터 구원받는 것이었다. 경건주의와 부흥운동에서 구원은 회심을 통해 무신적 상태를 정복하는 것과 회심자로 변형되는 것이었다. 금욕주의적이고 자유주의적인 개신교에서 구원은 특별한 죄들의 정복과 도덕적 완전함을 향한 진보였다. 궁극적 생명과 죽음 문제는 (신학적 인문주의라 불리는 어떤 형식들을 제외하고) 이후의 집단들에서 사라지지는 않았지만 드러나지도 않게 되었다.

구원의 근원적 의미와 우리의 현재 상황과 관련해서 구원을 "치유"로 해석하는 것이 적합할 것이다. 그것은 실존의 주요 특질인 소외의 상태와 대응한다. 그런 의미의 치유는 소외된 것을 재연합함, 분열된 것에 중심을 제공함, 하나님과 인간, 인간과 그의 세계, 인간과 자기 자신의 분열을 극복함을 의미한다. 이러한 구원의 해석에서 새로운 존재 개념이 성장했다. 구원은 옛것에서 갱신됨, 새로운 존재로 이전함이다. 이런 이해에는 다른 시대에 강조되었던 구원의 요소들이 포함되어 있다. 무엇보다도 그 이해에는 인간 실존의 궁극적 완성이 포함되어 있다. 하지만 그 이해에서 이 완성은 특별한 측면에서, **"건강하게, 온전하게"**(*salvus*) 만듦, 곧 "치유"라는 측면에서 이해된다.

기독교가 구원을 그리스도로서 예수의 출현에서 도출한다면, 그리스도를 통한 구원을 구원의 과정, 즉 모든 역사에서 발생하는 치유의 과정으로부터 분리하지 않을 것이다. 우리는 계시에 관한 부분에서 "치유"의 문제를 폭넓게 다루었다. 인간이 인간으로 실존하는 모든 시대에는 구체적인 계시 사건들의 역사가 있다. (어떤 신학적 인문주의자들처럼) 역사 자체를 계시의 역사라고 부르는 것은 잘못일 것이다. 하지만 계시 사건들이 그리스도로서 예수의 출현과는 별개로 어떠한 곳에서도 일어난다는 것을 부인하는 것 또한 잘못일 것이다. 예수 그리스도 사건이 그 중심이 되는 계시의 역사가 있다. 하지만 그 중심으로 인도하는 계열(예비적 계시)이 없고 또 그 중심으로부터 나오는 계열(수용적 계시)이 없으면, 그 중심도 있을 수 없다. 게다가 우리는 계시가 있는 곳에 구원이 있다고 주장했다. 계시는 신적인 것들에 관한 정보가 아니다. 그것은 사건, 인격, 사물을 통해서 존재의 근거가 황홀경적으로 현현하는 것이다. 그런 현현에는 뒤흔들고, 변형하며, 치유하는 힘이 있다. 그런 현현은 새로운 존재의 힘이 현존하는 구원 사건이다. 새로운 존재의 힘은 예비적 방식에 단편적으로 현존해 있고 마성적 왜곡에 개방되어 있다. 하지만 그 힘은 진지하게 수용되는 곳에 현존해 있으며 그곳에서 치유를 행한다. 인류의 생명은 언제나 이 치유하는 힘에 의존한다. 그 힘은 인류가 실존의 자기-파괴적 구조로 인해 완전한 무에 빠져드는 것을 막아준다. 이 사실은 집단뿐만 아니라 개인에게도 해당되며 인간의 종교와 문화가 긍정적으로 진화하기 위한 기초이기도 하다. 하지만 보편적인 구원의 역사라는 관념은 "생명과 영" 그리고 "역사와 하나님 나라"를 다루는 부분들(제3권)에 가서야 완전히 발전될 수 있다.

구원의 역사에 대한 이런 관점은 비성서적이지만 교회가 현재 가지고 있는 구원관을 배척한다. 그것은 구원에는 전체적 구원 아니면 구원받지 못함(non-existent)만 있다는 믿음이다. 이런 관점에서 전체적 구원은 궁극적인 복의 상태에 받아들여지는 것과 일치하며 지속적인 고통이나 영원한 죽음을 받게 되는 전체적 정죄와는 정반대의 것이다. 영원한 생명으로의 구원이 그리스도로서 예수와의 만남과 그의 구원하는 힘에 수용됨에 달려 있다면, 오직 소수의 사람만이 구원에 이르게 될 것이다. 다른 사람들은 신적 작정을 통해서든 아니면 아담으로부터 그들에게 전해진 운명을 통해서든 또는 그들 자신의 죄책을 통해서든 영원한 생명으로부터 배제되는 정죄를 받는다. 보편구원론을 주장하는 신학들은 언제나 이 부조리하고 마성적인 관념을 벗어나고자 했지만, 일단 구원과 정죄의 절대적인 양자택일이 전제된 이상 이를 벗어나기는 어려운 일이었다. 구원이 모든 역사 속에서 새로운 존재를 통해 나타나는 치유하고 구원하는 힘으로 이해될 때만, 그 문제는 다른 차원에 놓인다. 모든 사람은 어느 정도 새로운 존재의 치유하는 힘에 참여한다. 그렇지 않으면 그들은 존재할 수 없을 것이다. 소외의 자기-파괴적 결과들이 그들을 파괴했을 것이다. 하지만 어떤 사람도 완전히 치유되지는 않았다. 심지어 그리스도로서의 예수 안에 치유의 힘이 나타났을 때 그 치유하는 힘을 만난 자들도 완전히 치유되지는 않았다. 여기서 우리는 이런 구원 개념으로 인해 종말론적 상징 체계와 그 해석으로 나아가게 된다. 우리는 그 개념으로 인해 우주적 치유라는 상징으로 나아가며, 미래와 관련하여 영원한 것과 시간적인 것의 관계에 대해 묻는다.

그렇다면 그리스도로서의 예수 안에 나타난 새로운 존재를 통해 이루어진 치유의 특별한 특징은 무엇인가? 만약 그를 구원자로 수용한다면, 그를 통한 구원이란 무슨 의미인가? 그 대답은 그리스도로서의 예수 외에 구원하는 힘이 없다는 것이 아니고, 그는 모든 치유 과정과 구원 과정의 궁극적 기준이라는 것이다. 우리는 그를 만난 자들조차도 오직 단편적으로만 치유받았을 뿐이라고 앞서 말했다. 하지만 지금 우리는 다음과 같이 말해야 한다. 그에게 있는 치유하는 성질은 완전하고 무제한적이다. 그리스도인은 구원과 관련하여 상대적인 상태에 남아 있다. 그리스도 안에서 나타난 새로운 존재는 그 치유하는 성질과 힘에 있어 모든 상대성을 초월한다. 바로 이 사실로 인해 그는 그리스도가 된다. 따라서 구원하는 힘이 인류에게 나타나는 곳마다 그 힘은 그리스도로서의 예수 안에 나타난, 구원하는 힘의 심판을 받아야 한다.

2. 구원자(중보자, 구속자)로서의 그리스도

전통 신학은 그리스도의 인격과 사역을 구별한다. 인격은 기독론의 주요 주제였고 사역은 구원론의 주요 주제였다. 이 구도는 그리스도로서의 예수 안에 나타난 새로운 존재라는 개념과 그 개념의 보편적 의의에 의해 폐기되었다. 그 구도는 매우 불만족스럽고 신학적으로도 위험한 구도다. 그것은 그리스도의 인격이 예수를 그리스도로 만든 것, 즉 그에게서 나타난 새로운 존재—치유와 구원의 힘—와 아무 관계도 없는 실재 자체라는 인상을 만들어냈다. 예수가 그리스도가 된 이유들의 상관관계는 인격과 사역에 관한 이중적이지만 별개인 묘사에서 간과되고 있다. 반대로 사역은 그리스도인 인격의 행위(act)로 이해되었지만, 그 인격은 그가 그의 사역을 했든지 안 했든지 상관 없이 그의 인격이다. 이런 이유로 우리는 속죄를 구원을 위해서 떠맡게 된 일종의 제사장적 기술(technique)로 — 비록 이 기술에 자기-희생이 포함되어 있다 하더라도 — 이해하게 되었다. 그리스도의 존재가 그의 사역이고 그의 사역이 그의 존재라는 원리, 즉 새로운 존재가 그의 존재라는 원리가 수용된다면, 구원론에서 나타나는 많은 유사 기계론적인 실책들을 피할 수 있을 것이다. 이 원리의 도움을 받아 우리는 그리스도의 사역을 예언자 사역, 제사장 사역, 왕 사역으로 나누는 전통적 구분을 다룰 수 있다. 예언자 직분에는 그의 말씀이 포함되고, 제사장 직분에는 그의 자기-희생이 포함되며, 왕 직분에는 세계와 교회에 대한 그의 통치가 포함된다. 어떤 환경에서는 그런 구별이 설교나 예배에서 유용하겠지만, 그런 구별에는 조직신학적 가치가 전혀 없다. 그리스도로서 예수의 의의가 그의 존재다. 그리고 그의 존재에 있는 예언자적 요소, 제사장적 요소, 왕적 요소는 (몇몇 다른 결과들에 덧붙여) 그의 존재의 직접적 결과들이긴 하지만, 그 요소들이 그의 "사역"과 연결된 특별한 "직분들"인 것은 아니다. 그리스도로서의 예수는 새로운 존재라는 그의 존재의 보편적 의의를 통해서 구원자가 된다.

"구원자"(soter)라는 용어 외에 "중보자"라는 용어도 그리스도에게 적용된다. 그 용어는 종교사에서 깊은 뿌리를 가지고 있다. 비역사적 유형의 종교와 역사적 유형의 종교는 인간과 점차적으로 초월적·추상적 존재가 된 최상의 신 사이의 틈을 연결하는 중보자-신이라는 관념을 활용했다. 종교적 의식, 즉 무조건적 관심을 가지는 상태는 그 신의 무조건적 초월성과 그 신과의 만남을 가능케 하는 구체성을 모두 인정해야 한다. 중보자-신은 이런 긴장 속에서 성장했다. 그 신은 초월적 신성을 인간이 접근할 수 있는 것으로 만들었고 초월적 신성을 향해 인간을 상승시켰다. 그 신은 자신 안에서 초월적 신성이라는 무한과 인간이라는 유한을 연합시켰다.

하지만 이것은 중보자 관념에 있는 한 가지 요소일 뿐이다. 다른 요소는 소외된 것을 재연합시키는 그 기능이다. 그는 화해시켜야 하는 중보자다. 그는 인간을 향한 하나님과 하나님을 향한 인간을 대표한다. 중보자 관념에 있는 두 가지 요소들이 그리스도로서의 예수에게 적용되었다. 우리는 그의 얼굴에서 하나님의 얼굴을 보고, 우리는 그에게서 하나님의 화해하려는 의지를 경험한다. 그는 이 양쪽 측면에서 중보자다.

"중보자"라는 용어에는 신학적 난점이 없지 않다. 중보자란 계시와 화해를 위해서 하나님과 인간이 의존해야 하는 제3의 실재를 의미할 수도 있다. 하지만 이것은 기독론적인 관점과 구원론적인 관점에서 모두 옹호될 수 없다. 하나님과 인간 사이 제3의 존재는 반-신(half-god)일 것이다. 정확히 이것은 아리우스주의적 이단으로서 거부되었다. 그리스도를 통해 영원한 신-인의 일치가 실존의 조건에서 나타났다. 중보자는 반-신이 아니다. 이 사실, 즉 중보자는 하나님과 인간 사이 제3의 실재가 아니라는 사실은 기독교가 이단에 반대하면서 실행했던 가장 위대한 결정이었다.

이것은 구원론과 관련해서 더 강하게 강조되어야 한다. 중보자가 하나님과 인간 사이 제3의 실재라면, 하나님은 자신의 구원 활동을 위해서 인간을 의존하게 될 것이다. 하나님은 자신을 현현하기 위해서 누군가를 필요로 하며―심지어 더 오해의 소지가 있는 것은―화해되기(to be reconciled) 위해 누군가를 필요로 한다. 이로 인해 하나님을 화해되어야 하는 자로 간주하는 속죄론 유형이 만들어진다. 하지만 기독교의 메시지는 영원히 화해되어 있는 하나님이 우리가 하나님과 화해되기를 원한다는 것이다. 하나님은 자신을 우리에게 계시하며 중보자를 통해서 우리를 하나님과 화해시킨다. 하나님은 언제나 행동하는 자이며 중보자는 하나님이 그를 통해서 행동하게 되는 자다. 이것을 이해한다면, "중보자"라는 용어를 사용할 수 있다. 그러나 이해하지 못하면 이 용어를 버려야 한다.

("구속"뿐만 아니라) "구속자"라는 용어와 관련해서도 유사한 의미론적 난점이 있다. "다시 사오다"(*redemere*)에서 나온 그 단어에는 자신의 힘 안에 사람들을 가지고 있는 자—즉 사탄—라는 함의가 들어 있다. 구원자는 그로부터 사람들을 해방시키기 위해서는 몸값을 지불해야 한다. 이 이미지가 "구속자"라는 용어의 일상적 활용에서 강력하지는 않을지라도 그렇다고 완전히 사라진 것도 아니다. 마성적 힘으로부터 인간을 해방시킨다는 상징 체계는 전통적인 속죄론에서 큰 역할을 담당한다. 따라서 "구속자"라는 용어를 그리스도로서의 예수에게 적용하는 것은 매우 정당하다. 하지만 "중보자"라는 단어의 함의와 마찬가지로 그 단어에는 위험한 의미론적 함의가 있다. 그 단어는 하나님이 죄책과 처벌의 굴레에서 인간을 해방시키기 전에 자신을 반대하는 신적인 힘들에게 대가를 지불해야한다는 이미지를 만들어낸다. 이로써 속죄론과 속죄론의 몇 가지 유형들에 관해 논할 때가 되었다.

3. 속죄론들

속죄론은 그리스도로서의 예수 안에 나타난 새로운 존재의 효과에 관한 기술인데, 그 효과는 소외 상태 속에서 그 새로운 존재에 사로잡히게 된

자들에게서 나타난다. 이 정의는 속죄 과정의 두 가지 측면, 곧 속죄하는 효과를 가진 새로운 존재의 현현이라는 측면과, 속죄하는 효과를 접한 인간에게 일어난 일이라는 측면을 지시한다. 이런 정의에서 속죄는 언제나 신적 행위이자 인간적 반작용이다. 소외가 인간의 죄책의 문제인 한, 신적 행위는 하나님과 인간 사이의 소외를 극복한다. 속죄를 통해서 하나님으로부터 인간을 분리시키는 인간의 죄책이라는 요소가 제거된다. 하지만 인간이 반작용하여 하나님과 인간의 죄책이 제거되었음을 수용할 때만, 즉 죄책에도 불구하고 하나님이 화해를 제시했음을 수용할 때만 이 신적 행위가 유효하다. 따라서 속죄에는 객관적 요소와 주관적 요소가 필연적으로 존재한다.

주관적 요소로 인해서 속죄 과정은 인간의 반작용 가능성에 부분적으로 의존한다. 그로 인해 불명확성이라는 계기가 속죄론에 도입된다. 기독론 교의가 그러했듯이 교회가 명확한 교리적 용어로써 속죄론을 진술하기를 본능적으로 거부했던 이유가 바로 이것이다. 이런 이유로 인해 서로 다른 유형의 속죄론들이 발전하는 길이 열렸다. 그 모든 속죄론이 교회에서 허용되었고 그 각각에 특별한 강점과 약점이 있다.

이런 유형들은 객관적인 면이 우세한 유형, 주관적인 면이 우세한 유형, 그 양쪽 사이에 있는 단계들로 구별될 수 있다. 이 사실 자체는 속죄 과정의 객관적·주관적 특징에 상응한다. 극단적 의미의 객관적 유형은 오리게네스에 의해 발전된 교설로서 죄책과 자기-파괴의 굴레로부터 인간이 해방되는 것은 하나님, 사탄, 그리스도 사이의 거래에 의해 가능해졌다는 것인데, 이 거래에서 사탄은 배신당했다. 사탄은 그리스도를 능가하는 힘을 받았지만, 사탄에게는 이 힘을 실행하여 순결한 자를 다스릴 권리는 없었다. 사탄이 가진 그리스도를 이기는 힘과 그리스도와 함께 있는 자를 이기는 힘은 결국 무너졌다. 오리게네스의 이런 구상은 악마적 힘들에 대한 그리스도의 승리를 표현하는 일군의 성서 구절에 기초하고 있다. 이러한 사상 계열은 "승리자 그리스도"(*Christus Victor*)라는 제목으로 최근에 다시 강조되었다.[47] 이러한 속죄론 정식은 인간과는 아무런 관계도 없는 것처럼 보인다. 우주적 드라마—오리게네스의 경우에는 거의 희극에 가깝다—가 인간의 머리 위에서 일어났다. 그리고 인간이 악마적 힘으로부터 해방되었다는 그 드라마에 관한 확실한 보고서가 인간에게 제시되었다. 하지만 이것은 객관적 유형의 올바른 의미가 아니다. 모든 악마적 힘을 이겨낸 그리스도에게서 하나님의 사랑의 승리가 나타났다고 말하는 바울의 의기양양한 구절에서,[48] 하나님의 사랑을 경험하는 일은 그 경험을 악마적 힘들이 포함된 상징 체계—결국 악마적인 것들에 대한 그리스도의 승리라는 상징—에 적용하는 것보다 우선한다. 실존적 소외의 정복이라는 경험이 없으면, "승리자 그리스도"라는 상징은 바울이나 오리게네스에게서 결코 나타나지 않았을 것이다.

하지만 이런 일반적 고찰은 속죄에 관한 객관적 이론을 평가하는 데 충분치 않다. 우리는 구체적 상징들 자체를 조사해야 한다. 사탄의 배신당함에는 심오한 형이상학적 차원이 있다. 그것은 부정적인 것이 자신이 왜곡하고 있는 긍정적인 것에 의존해서 살아간다는 진리를 제시한다. 사탄이 결코 그리스도를 가둬둘 수 없는 이유는 그리스도가 새로운 존재를 재현함으로써 실존 안에서 긍정적인 것을 재현하기 때문이다. 사탄, 곧 부정적인 것의 원리에는 어떠한 독립적인 실재도 없기 때문에 사탄의 배신당

---

47   역주. Gustaf Aulen, 『속죄론 연구 : 승리자 그리스도』, 전경연 옮김(서울: 대한기독교서회, 1965).
48   역주. 롬 8:35-39.

함이라는 주제는 종교사에 만연해 있다.

기독교가 들어온 세계는 악마적 힘들에 대한 두려움으로 가득 차 있었는데, 그 힘들은 악의 원천과 처벌의 도구(실존적 소외의 자기-파괴적 특징에 대한 신화적 표현)로 간주되었다. 이런 악마적 힘들은 영혼이 하나님과 재연합하는 것을 방해한다. 그것들은 사람을 실존적 자기-파괴의 속박과 그 지배에 가둬둔다. 기독교의 메시지는 이런 악마에 대한 두려움으로부터 해방됨에 관한 메시지다. 그리고 속죄의 과정은 해방의 과정이다. 하지만 파괴적이고 처벌적인 힘에 대한 두려움에서 해방되는 것은 중요한 어떤 일이 객관적으로만 일어나지 않고 주관적으로도 일어나는 경우에 가능하다. 주관적 요소는 악마적 힘들에 외적으로 굴복한 자가 내적 힘의 영향력을 경험하는 것이다. 그리스도로서의 예수 안에 나타난 새로운 존재의 힘을 경험하지 못하면, 그리스도로서의 예수가 속죄를 위해 실존의 권세들에 종속되었던 사실도 악마에 대한 두려움을 극복하지 못할 것이다.

따라서 아벨라르두스가 속죄 과정의 객관적 측면을 부정하지는 않으면서 그 주관적 측면을 강조하는 이론을 발전시킨 것은 놀랍지 않다. 십자가에 달린 그리스도의 모습에 의해서 인간에게 심어진 해방의 인상은 그의 자기-포기적 사랑의 인상이다. 이 사랑은 인간 안에서 대답하는 사랑을 일깨우는데, 그 사랑은 하나님 안에는 진노가 아니라 사랑만이 있음을 확신하는 사랑이다. 하지만 이것은 죄책의 불안과 처벌받아야 한다는 느낌을 제거하는 데 충분치 않다. 손상된 정의는 신적 사랑의 메시지만으로 회복되지 않는다. 그 이유는 사랑에 정의가 포함되지 않으면, 그 사랑은 허약한 감상주의가 되기 때문이다. 신적 정의의 메시지를 무시하는 신적 사랑의 메시지는 인간에게 선한 양심을 줄 수 없다. 우리는 여기서 심층심리학을 언급할 수 있는데, 심층심리학은 치유를 약속하기 전에 환자가 (비록 실재론적 의미나 율법주의적 의미는 아닐지라도) 자기 존재에 대한 실존적 통찰의 고뇌를 경험케 한다. 주관적 측면이 우세한 속죄 과정 묘사에서 이 점을 놓치게 되면, 기독교 신학은 그런 속죄론을 적합한 것으로 수용할 수 없을 것이다.

안셀무스가 이 심리학적 상황을 공정하게 다루었기 때문에 그의 교설은 적어도 서구 기독교에서 가장 유효한 교설이 될 수 있었다. 그것은 형식적인 면에서 객관적인 측면이 우세한 유형에 속한다. 그것은 하나님 안에서 나타나는 하나님의 진노와 사랑의 긴장에서 출발하며, 그리스도의 사역으로 인해 하나님은 정의의 요구를 위반하지 않고서도 자비를 실행할 수 있게 되었음을 보여준다. 그리스도의 고난이 가진 무한한 가치는 하나님에게 보상(만족)을 제공하며 죄의 무한한 무게 때문에 인간을 처벌해야 할 필요가 없게 만든다. 오직 신-인만이 이런 일을 할 수 있었다. 왜냐하면 그는 인간으로서 고난당할 수 있고 하나님으로서 자신의 죄 때문에 고단당할 필요가 없기 때문이다. 신앙하는 그리스도인에게 이는 그의 죄책 의식의 무조건적인 특징을 인정해야 함을 의미한다. 그는 그 처벌에서 벗어날 수 없음을 느끼지만, 동시에 그 처벌은 그리스도의 고난이 지닌 무한한 깊이와 가치에 넘겨진다. 그리스도인이 하나님께 그리스도의 순결한 고난과 죽음 때문에 자신의 죄들을 용서해달라고 기도할 때마다, 그는 자신이 무한한 처벌을 받아야 한다는 요구와, 자신이 그리스도의 대속적 고난에 의해서 죄책과 처벌로부터 풀려났다는 메시지를 수용했다.

이로 인해 안셀무스의 교설은 강력한 심리학적 효과를 갖게 되었고 낡은 율법주의적 용어, 죄와 처벌에 대한 양적 측정에도 불구하고 살아남게 되었다. 우리는 깊이 은폐된 죄책감을 발견함으로써 개인적 경건, 찬양, 예배, 많은 기독교의 가르침과 설교에 안셀무스의 이론이 끼친 거대한 효과를 설명할 수 있는 새로운 열쇠를 얻게 되었다. 자신이 수용될 수 없음을 알면서도 자신을 수용하는 용기를 개인에게 제공하고 있는 상징들의 조직에는 수용될 가능성 자체가 포함되어 있다.

이 이론에 대한 비판은 "중보자"와 "구속자"라는 명칭들에 관한 논의와 연결하여 이미 다 이루어졌다. 그리고 우리 역시 안셀무스가 속죄의 객관적 측면에 대한 묘사에서 사용했던 율법주의적이고 양적인 범주들을 비판적으로 언급했다. 우리는 더 기본적인 비판—토마스 아퀴나스가 했던 비판—을 덧붙여야 하는데, 그 비판은 속죄 과정의 주관적 측면이 전혀 없다는 비판이다. 아퀴나스는 그리스도인이 기독교적 몸의 "머리"인 그리스도에게 참여한다는 관념을 덧붙였다. 대속 개념을 참여 개념으로 대체하는 것이 더 적합한 속죄론으로 가는 길인 것 같다. 아퀴나스의 속죄론에서는 객관적 측면과 주관적 측면이 균형을 이루고 있기 때문이다.

4. 속죄론의 원리들

속죄론의 기본 유형에 대한 암시적이고 부분적으로는 명시적인 비판들로 인해 속죄론의 발전을 결정하는 원리들을—또는 미래의 신학에서 속죄론을 대체할지도 모르는 것을—제시할 수 있게 되었다.

속죄론의 첫 번째이자 포괄적인 원리는 속죄 과정이 하나님에 의해서, 오직 하나님에 의해서만 만들어진다는 것이다. 이것의 의미는 다음과 같다. 하나님은 자신과 인간 사이에 있는 죄책과 처벌을 제거할 때 그리스도에게 의존하지 않으며, 새로운 존재의 담지자인 그리스도는 하나님의 화해하는 행위를 인간에게 매개한다.

속죄론의 두 번째 원리는 하나님께는 화해하는 사랑과 보복적 정의의 갈등이 없다는 것이다. 하나님의 정의는 죄인의 죄책에 따라서 계산하여 행하는 특별한 처벌 행위가 아니다. 하나님의 정의는 실존적 소외의 자기-파괴적 결과들이 그대로 이루어지도록 하는 행위다. 하나님은 그 결과들을 제거할 수 없다. 왜냐하면 그 결과들은 존재의 구조 자체에 속하며, 하나님이 그 결과를 제거하는 경우 하나님은 하나님이기를 그치게 될 것이기 때문이다. 그런데 이것은 하나님께 유일하게 불가능한 일이다. 무엇보다도 하나님은 사랑이기를 그치게 될 것인데 그 이유는 정의가 사랑의 구조적 형식이기 때문이다. 그 형식이 없으면 사랑은 단지 감상주의일 뿐이다. 정의의 실행은 하나님의 사랑의 사역으로서 사랑에 맞서는 것에 저항하고 그것을 깨뜨린다. 따라서 하나님에게는 사랑과 정의의 갈등이 있을 수 없다.

속죄론의 세 번째 원리는 하나님이 죄책과 처벌을 제거하는 행위가 실존적 소외의 실재와 깊이를 간과하는 행위가 아니라는 것이다. 그런 생각은 종종 자유주의적 인문주의에서 발견되는데, 자유주의적 인문주의자들은 주기도문에 나오는 신적 용서와 인간적 용서를 비교하는 방식으로 그 생각을 지지했다. (예를 들어 예수의 비유에서 나타난) 신적인 것과 인간적인 것의 모든 비교와 마찬가지로 이런 비교는 어떤 지점까지는 유효하지만 그 지점을 넘어서면 오류가 된다. 유사한 지점이 명확하더라도 그 차이 역시 언급해야 한다. 모든 인간관계에서 용서하는 자 자신은 일반적으로 죄책 있는 자이며 용서하는 자가 속해 있는 구체적 환경 안에서 죄책 있는 자이기도 하다. 인간의 용서는 노골적으로 인정되지는 않더라도 언제나 상호적이어야 한다. 하지만 하나님은 자신이 행하는 배상으로 인해 손상되는 존재의 질서를 나타낸다. 하나님의 용서는 사적인 문제가 아니다.

속죄론의 네 번째 원리는 하나님의 속죄 행위가 실존적 소외와 그 파괴적 결과에 하나님이 참여한 것으로 이해되어야 한다는 것이다. 하나님은 이 결과를 제거할 수 없다. 그 결과들은 하나님의 정의에 내포되어 있다. 하지만 하나님은 그 결과에 참여함으로써, 그리고 하나님의 참여에 참여하는 자를 위해 그 결과를 변형함으로써 그 결과를 짊어진다. 여기서 우리는 속죄론의 핵심과 인간 및 인간 세계와 함께하는 하나님의 행위의 핵심에 도달한다. 물론 다음과 같은 문제는 있다. 하나님이 실존적 소외에 참여함으로써 세계의 고난을 짊어진다는 것은 무슨 의미인가? 첫 번째 대답은 그것은 일종의 매우 상징적인 말이지만 성서의 저자들에게 낯설지 않은 말이라는 것이다. 하나님의 "인내", 하나님의 "후회"(마음의 변화), 하나님이 겪는 "인간의 죄로 인한 고역", "하나님이 자신의 아들을 아끼지 않음", 그리고 이런 유형의 다른 표현들은 세계를 향한 하나님의 살아 있는 반작용에 관해 말할 때 구체적으로 드러나는 자유를 드러내는데, 그런 자유는 신학이 본성적으로 두려워하는 것이다. 만약 우리가 "하나님이 세계의 고난을 짊어진다"는 상징적 주장 이상의 것을 말하고자 한다면, 이 고난은 하나님의 영원한 복과 그 복의 기초, 즉 하나님의 영원한 "자족성", 달리 말해 하나님은 스스로 존재하며 따라서 자유와 운명을 초월해 있다는 성질과 모순되지 않는다는 진술을 덧붙여야만 한다. 다른 한편, 우리는 살아 있는 하나님에 관한 부분에서 언급했던 것, 즉 신적 생명에서 영원히 정복된 비존재의 요소를 언급해야 한다. 내부에서 관찰되는 비존재의 요소는 하나님이 실존적 소외 또는 정복되지 않은 부정성의 상태에 참여함으로써 짊어지는 고난이다. 이 지점에서 살아 있는 하나님 교리와 속죄 교리는 일치한다.

속죄론의 다섯 번째 원리는 그리스도의 십자가에서 하나님이 실존적 소외에 참여했음이 현현했다는 것이다. 이것이 한 번 더 강조되어야 한다.

만약 "현현했다"(becomes manifest)라고 말하는 대신 "가능해졌다"(becomes possible)라고 말한다면, 그것은 기본적으로 속죄론을 왜곡한 것이다. 반대로 "현현했다"는 "알려졌다"(becomes known)만을 의미하지 않는다. 현현은 단지 소통이기만 한 것이 아니라 효과적인 표현이기도 하다. 중요한 일이 효과와 결과를 가진 채 현현함으로써 발생한다. 그리스도의 십자가는 이런 의미의 현현이다. 십자가는 현실화에 의한 현현이다. 그것은 단지 현실화이기만 한 것이 아니라 중심적 현현, 곧 하나님이 세계의 고난에 참여함을 드러내는 다른 모든 현현의 기준이다. 십자가를 바라보며 죄책을 느끼는 양심은 십자가**에서** 그리고 십자가를 **통해서** 이루어진 하나님의 속죄 행위를, 즉 하나님이 속죄의 파괴적 결과를 짊어지는 것을 본다. 죄책과 죽음 속에서 얻게 되는 위로를 그리스도의 "공로", 그의 "보혈", 그의 "순결한 고난"에서 이끌어내는 예배 언어는 하나님의 속죄 행위가 현현하는 그리스도를 지시한다. 하지만 예배의 언어나 불편한 양심은 "십자가에서"와 "십자가를 통해서"라는 용어들을 신앙 행위에서 구별하지 않는다. 신학은 (처음의 두 원리들 때문에) 이 둘을 구별**해야 한다**. 십자가는 하나님이 인간 죄책의 결과를 짊어지게 되는 원인이 아니라 그 짊어짐이 드러나는 효과적인 현현이다. 그리고 그 속죄 과정에 주관적 측면, 즉 하나님과 영원히 화해했다는 인간의 경험이 포함되어 있기 때문에, 우리는 속죄가 그리스도의 십자가를 통해서 현실화되었다고 말할 수 있다. 이로 인해 하나님의 속죄 행위가 그리스도의 "공로"에 의존하는 신학이 부분적으로 정당화된다.

속죄론의 여섯 번째 원리는 인간도 그리스도로서 예수의 존재인 새로운 존재에 참여함으로써 하나님의 속죄 행위의 현현에 참여한다는 것이다. 사람들은 실존적 소외의 결과를 짊어진 하나님의 고난에 참여한다.

또는 간략하게 말하자면, 사람들은 그리스도의 고난에 참여한다. 여기서 "대속적 고난"이라는 용어에 대한 평가가 뒤따라 나온다. 그것은 매우 유감스러운 용어이며 신학에서 사용되어선 안 된다. 하나님은 실존적 소외의 고난에 참여했지만 그의 고난은 피조물의 고난을 위한 대속물이 아니다. 그리스도의 고난도 인간의 고난을 위한 대속물이 아니다. 오히려 보편적으로 나타나거나 그리스도에게서 나타난 하나님의 고난은 참여와 변형을 통해 피조물의 자기-파괴를 극복하는 힘이다. 대속이 아니라 자유로운 참여가 신적 고난의 특징이다. 그리고 반대로, 신적 참여에 대한 이론적 지식을 가지는 것이 아니라 신적 참여에 참여하는 것, 신적 참여를 수용하는 것, 신적 참여에 의해 변형되는 것이 구원의 상태가 가진 세 가지 특징이다.

이제 우리는 참여의 원리에 비추어 그리고 속죄론에 기초해서 구원의 세 가지 특징을 고찰해야 한다. 신적 속죄 행위의 특징들이 인간에게 나타난 효과는 (고전적 용어로 중생, 칭의, 성화라 불리는) 참여, 수용, 변형이라고 표현된다.

5. 구원의 세 가지 특징

a) 새로운 존재에 참여로서의 구원(중생)

그리스도로서의 예수 안에 나타난 새로운 존재의 구원하는 힘은 인간이 새로운 존재에 참여함에 의존한다. 새로운 존재의 힘이 여전히 옛 존재의 속박을 받는 자를 사로잡아야 한다. 이런 일이 일어나는 심리학적이고 정신적인 과정에 관한 묘사는 제3권의 "생명과 영"에 포함될 것이다. 지금 인간의 반응은 고찰해야 할 주제가 아니다. 객관적 측면, 새로운 존재와 새로운 존재에 사로잡힌 자들의 관계가 문제다. 이 관계는 "새로운 존재에 사로잡히고 이끌림"이라 할 수 있으며 이 관계로 인해 바울이 "그리스도 **안에** 있음"이라 했던 상태가 발생한다.

이 상태에 관한 고전적 용어가 "새로운 탄생", "중생", "새로운 피조물 됨"이다. 확실히 새로운 존재의 특질들은 소외의 특질들과 정반대에 있다. 다시 말해서, 불신앙이 아닌 신앙, **교만**(hubris)이 아닌 포기(surrender), 탐욕이 아닌 사랑이 새로운 존재의 특질들이다. 일반적인 용어에 따르면, 이런 것들은 단지 주관적 과정, 개인의 영혼 안에서 일어나는 신적인 영의 사역일 뿐이다. 하지만 이것은 신약 이전의 자료들과 신약의 자료들에서 "중생"이라는 용어가 사용되었던 유일한 방식이 아니다. 중생은 보편적인 만물의 상태다. 그것은 그리스도가 가져온 만물의 새로운 상태, 새로운 시대다. 개인은 "그 상태에 들어가고", 그 상태에 들어가면서 그 상태에 참여하며, 그 참여를 통해서 다시 태어난다. 새로운 존재의 객관적 실재는 새로운 존재에 주관적으로 참여하는 일보다 선행한다. 회심의 메시지는 먼저 있는 새로운 실재를 향해 돌아서라고 요청하는 메시지다. 우리는 그 메시지에 따라서 옛 실재, 곧 우리가 그 안에서 살아왔던 실존적 소외의 상태에서 벗어나야 한다. 이런 식으로 이해되는 중생은 (그리고 회심은) 개인의 주관성에 호소함으로써 감정적 반작용을 만들어내려는 시도와 아무런 관계가 없다. 중생은 그리스도로서의 예수 안에 나타난 새로운 실재로 이끌려 들어간 상태다. 주관적 결과는 단편적이고 모호하며 그리스도께 참여했다고 주장하기 위한 기초도 아니다. 오히려 예수를 새로운 존재의 담지자로 수용하는 신앙이 이 기초가 된다. 이로 인해 새로운 존재가 새로운 존재에 사로잡힌 자와 맺는 두 번째 관계로 나아가게 된다.

b) 새로운 존재의 수용으로서의 구원(칭의)

구원의 과정에서 칭의 또는 중생 중 어느 것이 우선하는지가 논의되어왔다. 루터파는 칭의를 강조하고 경건주의와 감리교는 중생을 강조한다. 그 중에서 무언가를 결정하는 일은 부분적으로는 용어를 정의하는 방식에 의존하며, 부분적으로는 서로 다른 종교적 경험에 의존한다. 중생은 현실적 변형으로 정의될 수 있다. 만약 그렇게 정의된다면 중생은 성화와 동일하며 확실히 두 번째 자리에 놓여야 할 것이다. 하나님의 속죄 행위는 인간의 구원이 인간의 발전 상태에 의존하지 않음을 의미한다. 하지만 이 조직신학의 경우와 같이 중생은 새로운 존재에, 객관적 힘 — 이것이 얼마나 단편적이든 상관없이 — 에 참여하는 것이라고 정의될 수도 있다. 만약 이렇게 정의된다면, 중생은 칭의보다 선행한다. 칭의는 신앙, 신적 현존에 사로잡힌 상태를 전제하기 때문이다. 신앙, 칭의 신앙은 비록 인간에게서 발생하는 일이라고 해도 인간의 행위가 아니다. 신앙은 그리스도, 개인, 교회에서 이루어진 신적인 영의 사역, 새로운 존재를 창조하는 힘의 사역이다. 멜란히톤이 신앙의 행위 뒤에 신적인 영의 수용을 위치시켰을 때 그 것은 개신교 신학의 함정(pitfall)이 되었다. 이 순간 신앙은 인간의 지성적 사역이 되었으며 새로운 존재에 참여함 없이도 가능한 일이 되었다. 이런 이유 때문에 새로운 존재에 참여함으로 정의되는 중생을 칭의 앞에 두어야 한다.

칭의는 구원의 과정에 "그럼에도"라는 요소를 끌어들인다. 그것은 속 죄론의 직접적 결과이며 구원의 요지이자 핵심이다. 중생처럼 칭의도 먼저 객관적 사건이며 그다음이 주관적 수용이다. 객관적 의미의 칭의는 하나님의 영원한 행위로서, 하나님은 그 행위를 통해 실제로 자신으로부터 소외되어 있는 자들을 소외되지 않은 자로서 받아들이며 그들이 자신과 일치를 이루도록 인도한다. 그 일치는 그리스도에게서 나타난 새로운 존재를 통해 현현한 일치다. 문자적으로 칭의는 "의롭게 함", 즉 인간을 인간이 소외되어 나왔던 본질적 존재로 되돌리는 것을 의미한다. 이런 의미로 사용된다면, 그 단어는 성화와 동일한 것이 된다. 하지만 은혜에 의한 신앙을 통한 칭의(justification by grace through faith)라는 바울의 교리[49]는 칭의라는 단어를 성화의 반대편에 위치시키는 의미를 부여했다. 칭의는 결코 인간에게 의지하지 않는 하나님의 행위이며 수용할 수 없는 자를 하나님이 수용하는 행위다. 루터파 혁명의 중추인 **죄인인 동시에 의인**(*simul peccator, simul justus*)이라는 역설적 정식에서 나타나는 "그럼에도"는 인간의 죄책으로 인한 절망으로부터 구원받는다는 기독교 메시지 전체에서 결정적 특징이다. 그것은 죄책의 불안을 극복하는 현실적으로 유일한 방법이다. 그것은 인간이 자기 자신 및 소외와 자기-파괴라는 자신의 상태로부터 눈을 돌려 하나님의 칭의하는 행위를 볼 수 있게 한다. 자신을 바라보면서 자신의 성취로 자신과 하나님의 관계를 측정하려는 자는 자신의 소외, 죄책의 불안, 절망이 증가할 뿐이다. 우리는 자기-구원의 실패에 관한 논의에서 이러한 진술의 근거를 예비적으로 언급했다. 루터에 따르면 아무런 인간의 공헌도 없음이 중요했기 때문에, 멜란히톤은 "법정적"(forensic) 칭의론을 정식화했다. 그는 하나님을 재판관에 비유했는데, 그 재판관은 단지 그렇게 하고자 결심했기 때문에 유죄임에도 불구하고 유죄인 자를 풀어주는 재판관이었다. 하지만 이런 방식은 주관적 측면, 즉 수용을 고려하지 않은 칭의론을 말하고 있다. 실제로 하나님이 인간을 수용하도록 만들 수 있는 수단이 인간에게는 없다. 하지만 인간은 바로 이

---

49   역주. 롬 3:22-24.

사실을 수용해야 한다. 그는 자신이 수용되었다는 것을 수용해야 한다. 즉 인간은 수용되었음을 수용해야 한다. 그리고 이러한 물음을 묻게 된다. 하나님을 적대하게 만드는 인간의 죄책에도 불구하고 이런 일이 어떻게 가능할 수 있는가? 전통적인 대답은 "그리스도 때문에!"다. 이 대답은 앞서 해석되었다. 그것은 인간이 그리스도에게서 나타난 새로운 존재의 힘 안으로 이끌려가는 것을 의미하며 그렇게 이끌려감으로써 신앙이 가능해진다. 그것은 그 이끌려감이 아무리 단편적으로 실현될지라도 하나님과 인간의 일치 상태를 의미한다. 자신이 수용되었음을 수용하는 것이 구원의 역설인데, 그 역설이 없으면 구원은 없고 오직 절망만 있을 뿐이다.

"은혜에 의한 신앙을 통한 칭의"라는 표현에 관해서 말할 것이 더 있다. 그것은 종종 "신앙에 의한 칭의"라는 축약된 형태로 사용되었다. 하지만 여기에는 심한 오해의 소지가 있는데, 그 이유는 신앙이 칭의에 공헌하는 인간의 행위라는 인상을 주기 때문이다. 이것은 칭의론에 대한 매우 심각한 왜곡이다. 오직 하나님만이 원인이며(은혜에 의해), 자신이 수용되었다는 신앙은 은혜가 인간에게 매개되는 통로일 뿐이다(신앙을 통해). **교회가 서고 넘어지는 조항**(*articulus stantis et cadentis ecclesiae*)은 은혜에 의한 신앙을 통한 칭의의 정식화에서도 확실하게 준수되어야 한다.

c) 새로운 존재에 의한 변형으로서의 구원(성화)

중생과 칭의는 신적 행위라는 점에서 동일하다. 그 둘은 소외된 것의 재연합을 기술한다. 중생은 현실적 재연합이고, 칭의는 이 재연합의 역설적 특징이며, 이 둘은 수용할 수 없는 자를 수용하는 것이다. 과정이 그 과정에 포함되어 있는 사건과 구별되는 것처럼 성화는 그 두 가지와 구별된다. 종교개혁에서 이루어진 "성화"와 "칭의"의 예리한 구별은 그 단어들의 근원적 의미에 뿌리를 두고 있지 않다. "칭의"는 문자적으로 "의롭게 함"을 의미하고 반대로 "성화"는 **성도들**(*sancti*)의 공동체에 받아들여짐", 즉 새로운 존재의 힘에 사로잡힌 자들의 공동체에 받아들여짐을 의미**할 수 있다**. 그 용어들은 그 문자적 의미 때문이 아니라 종교개혁에서 나타난 바울주의의 부흥과 같은 교회사의 사건들 때문에 구별되었다.

성화는 새로운 존재의 힘이 교회 안팎에서 인격성과 공동체를 변형하는 과정이다. 개체적 그리스도인과 교회, 종교적 영역과 세속적 영역은 모두 신적인 영이 수행하는 성화 사역의 대상이며 신적인 영은 새로운 존재의 현실성이다. 하지만 이러한 고찰은 제3부의 범위를 벗어난다. 그 고찰의 내용은 제3권 제4부와 제5부인 생명과 영" 그리고 "역사와 하나님의 나라"에서 논의될 것이다.

여기서 제3부인 "실존과 그리스도"를 마무리한다. 하지만 현실적으로 인간론과 기독론은 제3부에서 끝나지 않는다. 인간은 본질적 선함과 실존적 소외만으로 결정되지 않고 생명과 역사의 모호성에 의해서도 결정된다. 인간 존재의 이런 특질에 대한 분석이 없으면, 지금까지 논한 모든 것은 추상적인 것으로 남게 될 것이다. 또 그리스도는 "옛날에" 일어난 고립된 사건이 아니다. 그리스도는 새로운 존재의 힘으로서 이전의 모든 역사를 통해 그리스도로서의 예수 안에 결정적으로 현현하도록 준비했으며, 뒤이은 모든 역사를 통해 자신을 그리스도로서 현실화했다. 교회가 없으면 그리스도는 그리스도가 아니라는 우리의 진술 때문에 영과 그 나라에 관한 교리들은 기독론 작업의 필수적인 부분이 된다. 오직 외적 편의성 때문에 각 부를 분리했을 뿐이다. 제3부에서 해결되지 않은 채 남은 몇 가지 문제들은 뒷부분에서 답을 찾게 되길 바란다.

폴 틸리히 조직신학 2

실존과 그리스도

Copyright ⓒ 새물결플러스 2022

1쇄 발행 2022년 10월 28일

지은이 폴 틸리히
옮긴이 남성민
펴낸이 김요한
펴낸곳 새물결플러스

편   집 왕희광 정인철 노재현 정혜인 이형일 나유영 노동래
디자인 박인미 황진주
마케팅 박성민 이원혁
총   무 김명화 이성순
영   상 최정호 곽상원
아카데미 차상희

홈페이지 www.holywaveplus.com
이메일 hwpbooks@hwpbooks.com
출판등록 2008년 8월 21일 제2008-24호
주   소 (우) 04118 서울시 마포구 마포대로19길 33
전   화 02) 2652-3161
팩   스 02) 2652-3191

ISBN 979-11-6129-242-7 93230
      979-11-6129-209-0 94230(세트)

책값은 뒤표지에 있습니다.